邓拓评传

王必胜◎著

人民日报出版社

图书在版编目（CIP）数据

邓拓评传 / 王必胜著. —北京：人民日报出版社，2013.8
ISBN 978-7-5115-1499-8

Ⅰ.①邓… Ⅱ.①王… Ⅲ.①邓拓（1912～1966）-评传 Ⅳ.①K827=7

中国版本图书馆CIP数据核字（2013）第154871号

书　　名：	邓拓评传
著　　者：	王必胜
出版人：	董　伟
责任编辑：	宋　娜　张　扬
封面设计：	Lily书籍装帧工作室
出版发行：	人民日报出版社
社　　址：	北京金台西路2号
邮政编码：	100733
发行热线：	(010) 65369527　65369509　65369510
邮购热线：	(010) 65369530
编辑热线：	(010) 65369521
网　　址：	www.peopledailypress.com
经　　销：	新华书店
印　　刷：	北京朝阳印刷厂有限责任公司
开　　本：	710mm×1000mm　1/16
字　　数：	229千字
印　　张：	16
版　　次：	2013年8月第1版　2013年8月第1次印刷
书　　号：	ISBN 978-7-5115-1499-8
定　　价：	38.00元

目 录

必须尊重知识、尊重人才 / 001
　　——《邓拓评传》代序 .... 廖沫沙 / 001

第一章　故乡和童年 / 001
　　在"第一山房" 001
　　在"凤池书院" 007

第二章　上海—开封时期 / 018
　　"补读平生未见书" 018
　　铁窗风雨唱高歌 023
　　哲学论战——崭露思想光芒 029
　　"中州客梦寒" 033
　　深入研究中国经济历史 038
　　一部"扛鼎"之著 044

第三章　晋察冀边区十年 / 052
　　"奋翅越重山" 052
　　"战史编成三千页" 056
　　引线与号角——数百篇社论的写作 063

党的新闻事业的财富 069
　　宣传毛泽东思想 075
　　革命友谊战斗情 083
　　"战歌诗思倍匆匆" 092
　　文艺理论的探求 102
　　散文和报告文学写作 111

第四章　在人民日报社 / 118
　　"为新生活而奋斗" 118
　　社论、时评及其他——深沉思考的结晶 125
　　《人民日报》改版前前后后 134
　　关于报纸与社论、新闻与哲学 142
　　"文章常助百家鸣" 150
　　"屈指当知功与过" 160

第五章　文之殇：捍卫真理的斗争 / 168
　　《前线》社论和"于遂安政论" 169
　　《燕山夜话》和《三家村札记》 175
　　绘画艺术研究和诗歌散文创作 187
　　不屈的抗争 204
　　不能忘怀的纪念 214

第六章　结束语 / 219

附录一　邓拓生平年表 / 221
附录二　邓拓主要著述目录 / 235
后　记 / 244
修订补记 / 246

必须尊重知识、尊重人才

——《邓拓评传》代序

廖沫沙

去年《吴晗传》出版时,我曾想过:邓拓同志也应当有一本传记。想不到前几天王必胜同志来访,谈到他最近已完成了《邓拓评传》的书稿,即将出版。这是一件令人满意的事。邓拓同志离开我们快20年了,他是"文化大革命"这场灾祸的最先受难者。现在大家已经知道,所谓"文化大革命"是当时党的领导者错误发动,被林彪、江青反革命集团乘机利用为他们篡党夺权而掀起的一场灾难性的动乱。林、江集团为了从北京市委打开缺口,扰乱全国,就抓住所谓"三家村的黑店",向它开火。《三家村札记》不过是林、江反革命集团向全党全国发动爆炸的引火线而已,爆炸的重点,并不在引火线上。但是他们这个阴谋,在1966年的4、5月——"文革"初起时,人们是绝不可能看清楚的。所以,当林、江一伙通过姚文元宣告"向三家村反党黑店开火"时,一时之间真像是"黑云压城城欲摧",一切沉重的压力都加在"三家村"的头上,尤其是加在邓拓同志这位"三家村的黑掌柜"的头上,这是使人难以忍受的;再加上邓拓同志当时本已身患多种疾病,而"革命派"的小将们却开始"破门而入",搅得天翻地覆,邓拓同志受不了这种侮辱,只得以一死来表示抗争。

我得到邓拓同志去世的消息,是稍后一些时日,当时我虽因失去一位领导和战友而痛心,但也为他在那样疾风暴雨之下能自己解脱自己而庆幸。

"三家村"的另一位战友吴晗同志则死得更加悲惨,是经受了三年的残酷迫害之后,于1969年末死于狱中。我也被关禁着,直到1973年才听到这个噩耗。从此以后,"三家村"三去其二,只留下我孑然一人。

在今天,被颠倒的历史重新颠倒过来,党中央已经为十年动乱中受诬陷、受迫害的大批同志平反昭雪,20年前的漫天风雨,早已是烟消云散,现在已经是天朗气清,海天如镜。但是,倘有人再向我提到"三家村"冤案,提到邓拓、吴晗两位战友时,我仍然感觉到摧心裂肺般的伤痛,同时也百感交集,连谈话都不知道从何处谈起。

幸亏关于邓拓同志从一个爱国知识分子走上共产主义的光辉大道,他的一生革命的经历,他作为党的优秀的文化战士为党、为人民、为革命事业所作出的一切优异贡献和成就等,都大体反映于这本《评传》之中,用不着我再来一一加以评介了。在这里我只就我同本书作者王必胜同志交谈中,听他一再提到教育、科学、文化和知识分子在"文化大革命"中的遭遇问题,略谈我的一点看法。

教育、科学、文化和知识分子遭受政治上的迫害,遭受精神和肉体的摧残,这在中外历史上不但是"古已有之",而且是屡见不鲜。问题不在这种历史现象的必然出现,而在它竟然出现于以马克思主义为指导思想的社会主义新中国,而且是以史无前例的规模、横扫于960万平方公里的国土之上,这就使"文化大革命"成为历史纪录的一个突破点:大革文化命。

为什么会产生这样一个破历史纪录的文化大灾难?党的十一届六中全会《关于建国以来的若干历史问题的决议》对这个问题有正确、详尽的分析与论断,除开《决议》所指出的"文革"的历史根源、社会根源以及个别领导者的错误思想之外,我还从《决议》中发现我们党在教育、科学、文化和知识分子问题上,有一条长期存在的"严重的左的偏差"。在这里我且引一段《决议》的原文为证:

在意识形态领域,也对一些文艺作品、学术观点和文艺界、学术界的一些代表人物进行了错误的过火的政治批判，在对待知识分子问题、教育科学文化问题上发生了愈来愈严重的左的偏差，并且在后来发展成为"文化大革命"的导火线。

这里所说的"左的偏差"，是指"文革"以前就已存在，而且是长期存在，在我们党的历史上，在新中国成立以前，曾经发生过多次左倾路线的错误，而且在那些路线错误中，知识分子和教育科学文化，往往是这种左倾路线摧残迫害的重点。这就是产生"文化大革命"的主要根源之一。

为什么会产生这种轻视教育科学文化和歧视知识分子的思想呢？一个根本的原因，就是误解了马克思主义的历史唯物主义，误解了马克思"劳动创造世界"的观点中的"劳动"一词，以为人类的生产劳动只是手的劳动，只是体力劳动。真正的革命力量只有工农业劳动者、无产阶级，从事脑力劳动的知识分子既不是劳动者，也不属于无产阶级而属于剥削阶级，即使他们投身于革命阵营，也仍旧是无产阶级的异己分子。

这些错误思想发展到"文化大革命"，就出现了这样一些宣传口号："知识越多越反动"、"文革"是"一个阶级推翻一个阶级的政治大革命"、"阶级斗争，一抓就灵"……

在这样一种错误思想的指导之下，一切的教育、科学、文化机关以及在这些单位工作的一切知识分子，当然大祸临头，成了重灾区和主要的受害者。

为了彻底破除这种"左"的错误思想，必须根据马克思列宁主义的基本原理，澄清这样一些问题：什么是人类的生产劳动？什么是劳动生产力？完全不用脑力单用体力的生产劳动在人类社会中存在不存在？教育科学文化等脑力劳动算不算劳动？它们同生产劳动的关系如何？脑力劳动者、知识分子究竟是属于哪个阶级？无产阶级革命和社会主义建设，需要不需要教育科学文化？需要不需要脑力劳动者、知识分子？

要回答这些问题，非写一本"万言书"不可。我现在没有这个力量，且把它们留待我们的社会科学工作者去作研究的课题吧。我在这里只是把偶然翻到的恩格斯在《自然辩证法》中的一段话摘下来，作为这篇序言的结束：

> 由于手、发音器官和脑髓不仅在每个人身上，而且在社会中共同作用，人才有能力进行愈来愈复杂的活动，提出和达到愈来愈高的目的。①

最后我还要把中共中央《关于经济体制改革的决定》中的一段话抄下来，供读者参考：

> 中共中央已经多次指出，进行社会主义现代化建设必须尊重知识、尊重人才，同一切轻视科学技术、轻视智力开发、轻视知识分子的思想和行为作斗争，坚决纠正许多地方仍然存在的歧视知识分子的状况，采取有力措施提高知识分子的社会地位，改善他们的工作条件和生活待遇……

"尊重知识，尊重人才"，这就是我们党中央对前面所说的那些问题十分正确、完全符合马克思列宁主义基本原理的有力的回答，也是我们怀念邓拓、吴晗等一大批受"文化大革命"迫害的优秀知识分子、反思"文革"历史，引起思考的一个重要问题。

1985 年 9 月

---

① 马克思、恩格斯著：《马克思恩格斯选集》第 3 卷，中共中央马克思、恩格斯、列宁、斯大林著作编译局编译，人民出版社 1995 年版，第 515 页。

第一章　故乡和童年

蜿蜒秀丽的闽江，滔滔东流而下。这条古老的河流以它甘美的乳汁哺育着八闽大地。在它的下游，有一座经济、文化的重镇——福州。福州，古时候又称"闽侯"。据史书记载，两千多年前的汉高帝时，越王勾践后裔无诸，受封闽越王，在这里设建"冶城"，尔后历经晋、唐、五代、宋、明各朝的修缮扩建，到北宋时，已成为雄踞东南沿海的重要都市。元朝时意大利著名航海家马可·波罗曾率船队到达过这里。他还在所著的游记中描绘了当时"珍珠宝石的商业很盛"、"许多船只从印度载着商人，来到这里"的情景。

19世纪以后，西方资本主义势力不断发展，他们以"船坚炮利"显示其赫赫威势。为了寻找海外的原料市场，西方殖民主义者在19世纪末叶把侵略魔爪伸向了中国。他们发动了一次次的鸦片进攻，打开了古老封闭的中华帝国的大门。地处东南沿海的福州曾是外国殖民者入侵中国的重要口岸，早在1844年就辟为"五口通商"口岸之一。随着"西学东渐"，西方列强经济文化的不断浸入，这里得风气之先，仅在中国近代历史上，福州就出现了像林则徐、严复、林纾等有一定影响的人物。我国当代优秀的新闻工作者，无产阶级文化战士、诗人、杂文家邓拓就出生在这里。

在"第一山房"

福州俗称"三山"，有所谓"三山藏、三山现"之说。"三山"即城东的于山、城北的屏山和城西的乌石山。三山鼎足而驻，成犄角之势，又似三支长剑守护着古老城池。进得乌山脚下道山路口，穿过一片茂林修竹，可以看到一个刻有"第一山房"的石碑，相对雄峙威视的"三山现"来说，"第一山房"是所谓"藏"者。这里多是一些依山而傍的小院落和低平的房屋。

1912年2月26日（农历正月初九）清晨，邓拓诞生在"第一山房"树木葱郁的小院里。这时，正是春节后的不几天，屋檐下纸灯笼和院子里飘洒的爆竹屑，让人感到新春喜庆犹存。邓拓降临人世，给家人平添了几分欣喜。当教员的父亲给小儿取乳名"旭初"，意为"生在旭日初升之时"。"旭初"便成了邓拓上学前所用的名字。

◀ 福州道山路的邓拓旧居

同家庭增丁添口的欢乐气氛不同的是人间世态的炎凉和生活的严峻。

邓拓的祖家在宋代时从外乡迁居到福州。至今，福州城东郊的竹屿乡邓家是邓拓祖上的同一族姓。祖父邓燮香常年以做酱菜生意谋生，为人正直，家务操持得辛勤节俭。他受时务的影响，把读书看成是进身仕途之道，对子女"读书习文"很是看重，常常催促邓拓的父亲求学上进。他用自己勤俭的劳动和精明的操持，供给孩子们读书。邓拓的父亲邓鸥予在老父亲的指教下，读书上进好强争胜，先后多次参加考试。1903年，他在一次考试中中榜，成为清代最末一科举人。

在这样的知识背景下，父亲邓鸥予继承祖辈清廉洁身的传统，无多嗜好，却喜欢读书，曾开玩笑说："鱼与熊掌吾不求也，独取书中之乐。"按当时规定，中举后的读书人要担任一定官职，他被委任到广西名叫土中外的地方任县官。他在任职时期，一次外出时遭到土匪的抢劫，被抢去一些财物。后来，他有感于兵燹匪祸灾难，愤然辞职，跑回家来，在福州道山路中学担任国文教员。虽远离官场，他对于急迫的政治形势，也多为关注。这时，正值辛亥革命爆发。福州城里革命党人组织集会，欢迎孙中山到福州，他任教的学校离孙中山演讲的会场不远。他听说之后，即向家人传递了这个消息，并说："有幸、有幸，乃吾国人之大幸。"

辛亥革命推翻了中国封建帝制，结束了两千多年的中国封建专制统治，在人类历史上，伟大的中华民族揭开了新的历史篇章。但是，由于资产阶级的革命不彻底性，"赶跑了一个皇帝"，对于国人来说，并没有消弥灾难战祸的根源，黎民百姓仍饱受贫困动乱的祸害。

辛亥革命后第二年，邓拓出生。来到这个家庭，父母膝下共有三男二女五个孩子。作为家中最小的成员，他感受到长辈们爱的温暖，但一个九口之家，长辈们要终日为生活事务操劳。邓拓出世后，如果说最早的人生体味的话，那就是同父兄们一样，过早地承受生活的担子，尝到人生的艰辛滋味。他在后来上大学时，曾同一位同乡谈到过：我们家孩子多，家底很薄，生活过得艰窘，因此，我也就学会了干许多活计。

全家人的生活主要靠父亲微薄的教薪来维持。邓拓刚懂事，哥哥们常

带他到屋前屋后的竹林、菜地干活。乌石山的北端有风景秀丽的小西湖，那里长年流过来的小溪经乌石山下转流而过，形成了一块块大大小小的水沼地，农民们在这里种上了稻子、芋头之类的庄稼。庄稼地和一些小水沟有不少螃蜞（即小螃蟹），能做一种味道鲜美的菜肴。每每在雨后，邓拓和哥哥们便去捕捞回来做菜。除此，他还到山上拣拾树枝，到屋前园地上剥竹笋。在这些儿时的劳动中，他结识了一些小伙伴，有些是附近农民家的孩子，他们教会邓拓不少的活计。

邓拓的儿时劳动是多方面的，种菜、挖野菜、钓鱼蟹、剥竹笋、打柴禾，有时也帮助母亲从店铺里租来手工活等。在邓家附近，居住的多是些做小买卖的生意人，早出晚归，忙于生计，这样一个生活环境，对他质朴、坚韧的思想性格的形成是一个良好的开端。

在一个清贫的知识分子家庭里，邓拓很早就受到严格的家庭教育。刚刚懂事时，祖母拿来许多枣仁杏核教他练习"心算"，开启他的童知。有时候，家里收了南瓜，摘了豆角，祖母也让邓拓数数。这些潜心的辅导，使邓拓接触了众多有趣的知识。

祖母识字不多，却能看画本，会记账，是一精明干练的老太太。她爱给孙儿们讲故事，每每在夏夜，暮霭初合，晚风习习，一轮澄净的明月悬在天边，萤火虫飞来扑去的时候，奶奶就搬来一把竹椅放到院子里，手中摇着大蒲扇，向围过来的孙儿们"说古"。而哥哥们的发问又往往在小小的邓拓心灵里引发出一些新奇的联想。从这些口头文学中邓拓开始吮吸文学的乳汁，向着丰富而广阔的知识世界跨去。

奶奶最爱念叨的是一些历史上英雄拼战的传奇"古话"。一部《水浒》梁山英雄谱不知讲过多少回，而有时她也讲历史上民族英雄打仗的故事，讲历史上闽籍名人的传奇轶话等。邓氏族姓里有一位英雄邓茂七，也是纳凉时的话题。这位明代福建的农民起义领袖，出身雇农，由于反抗豪绅势力的欺压，杀了当地的恶霸地主，被迫逃离家乡，到福建沙县一带组织农民队伍，杀富济贫，同官军作战，号称"铲平王"，威震四乡。他的事迹数百年一直为人们敬仰。对此有浓厚兴趣的邓拓，曾天真地问过奶奶好几次："邓茂七是不是我们这个邓姓？""他到过我们这里没有？"及至长大以后，邓拓仔细研读和考证了一些明史资料，在他的讲话中，多次提到邓茂七，并在一首诗中写了"五百年前是一家"的诗句，以纪念这位可敬佩的"英雄祖先"。他在参加革命后的一首诗中还写有"神州定铲平"的句子。

当然，出生于书香门第，邓拓比一般人家有着更早地接触古典文化和各类书籍的条件。在他童年的记忆里，除了经常干些家务活外，再就是读书写字。做教员的父亲教子有方，要求严格，规定子女黎明即起，洒扫庭院，然后早课、晨读。"三更灯火五更鸡，正是男儿立志时。"父亲把这些古诗写在壁柜上，借以催发儿女们勤奋不息。对于童年时的启蒙学习生活，邓拓几十年以后写有"猛忆儿时课读虔"的诗句，追忆那些难忘的情景。

邓氏兄弟姊妹年龄相差较大，大哥邓伯宇比邓拓年长20岁，在邓拓之前的一个姐姐也比他长6岁，当哥哥姐姐们咿咿呀呀背诵诗文时，邓拓好奇地在一旁观看，后来，稍大一点了，也加入了他们的队伍。姐姐邓淑彬回忆说，那时候他四五岁，看到我们念书，他也跟着念，我们写字他也写。

邓拓最早是从写大字、临摹诗句开启了他的童心知识窗口的。家门口紧挨着乌石山坡上有一株大榕树，约有百余年历史。榕树在福州到处可见，在一些老屋场和坡地长得更是高大、粗壮。榕树虬枝盘杂、根须飘冉。一株有些年龄的老树，绿荫如盖，显示了主人家代的久远。在这株老榕树下，有一个半山坡的土包，旁边横卧着一块大诗石，上面刻着清嘉庆年间文人楚麓材的手迹，流畅丰腴的柳体笔法与诗味相得益彰："鳞次台高势接天，百年乔木护云烟。休嗟陵谷湮池馆，且喜蓬壶近市廛。花鸟结成风月友，诗书留作子孙田。闲来徒倚层峦上，不尽岚光入翠巅。"这里是学习的极好处所。二哥邓仲輶是美工教员，常常在大榕树下铺开纸，画榕树剪影，临摹诗石上的书法。有时也让邓拓画上几笔。这时，邓拓学着哥哥的样子，墨蘸饱，纸展开，描诗石的句子。这种"描红法"，确实使邓拓受益匪浅，一面练习了书法，一面学习诗句。后来，邓鸥予发现了小儿爱好书法、美工，就找来一些名家字帖，让邓拓学习。邓拓的书法取法颜柳，又兼及行草，得力于早年的家教。他曾说到，幼年时先后学习过颜体、魏碑，以及章草等各家字体。

邓拓母亲严爱美（又名严佳绮）出身也很贫穷。作为独生女，她从小受到父母宠爱。她和邓鸥予结婚后，因丈夫常年在外，她几乎挑起了生活的全部担子。作为母亲，她希望孩子们特别是儿子们在家务上帮忙，但对他们的学习，她也是要求严格的。也许是一种习惯吧，长辈们对最小的孩子都有一种偏爱。奶奶把邓拓视为掌上明珠，家里有好吃的先让给他，哥哥欺负了他，总是要遭到一顿责骂。

孩子渐渐大了，父母注意培养他们正直诚实的品质，引导他们在学习和生活上不断进取。邓鸥予多次对子女们说，"诚"和"信"是立人修身之本。他还对邓拓母亲说，古时候孟子母亲为教育孩子多次搬家，曾子为不欺骗儿子把猪杀掉，古人教子有方。在一些小事上，邓鸥予夫妇也要求严格。邓家庭院里有一口深井，在"第一山房"，水位低，遇有天旱，邻家水井干枯，这里还有水，常常接济邻居。一年夏天，福州遇到大旱，邓鸥予要家人把大门打开，让邻居来自家取水。山坡上生长的"六月麻"毛竹，是包粽子的上好原料，奶奶在端午节前后总让孙子们采摘一些分送给邻居。邓鸥予除了教书以外，还懂一点医道，有时候熟人找他，他号脉开方，予人方便。每到年节，他总要忙着给邻人写对联。他不但言传——口头上训导孩子"人要行得正，路要走得直"，还从自己的行为上"身教"，让邓家兄弟们幼小的心灵受到良好的教育。

正是在这些严格有方的教导下，邓拓和兄姊们从小就有了良好的教育。邓拓的二哥邓叔群刻苦攻读，曾作为清华高材生留学美国，新中国成立后成为我国著名的真菌学家，二姐邓淑彬在福建女子师范毕业。

从家庭之爱，早年接受传统教育来说，邓拓童年是温馨的。他生长在书香门第、一个传统文化教育和思想影响的家庭。家教的严格和父亲清廉正直的表率，使后辈们在走向人生之路时，迈着较为纯正、坚实的步子。如果说童年生活是人生立志的摇篮的话，邓拓在这个很可追忆的摇篮里，培养了知书识礼、勤奋好学的作风，同时，也使他对于中国传统文化和思想，产生了浓厚的兴趣。从时间上来说，邓拓接受正规教育是他七岁进入福州市立小学后，但这以前，在家庭教育中，他已经初步接触到一些文化知识。在他思想和知识的帷幕上，描画了淡淡的第一笔。

父兄们用书籍这把迷人的钥匙，开启着他天真的童心，使他童年的早期生活主要感受到的是温馨和乐趣。当然，生活的艰窘和劳作的辛勤，使他体弱多疾，也培养了吃苦精神——一种质朴、谨严的作风。这些在以后的生活实践中，愈益充实和增强，成为他思想的基本面貌。

"第一山房"的生活是多么令人难忘！这不仅是因为有苦涩的薯米粥、狡猾的小蟛蜞，有高大古老的榕树和诗石，有奶奶的"故事会"，有母爱的温存和孩童们结伴而乐的天趣，也因为在家长们苦心的早期教育中，一个卓越的文化战士接受了早期的思想和知识的熏陶。如果把一个人才成长当作一棵树的长成的话，"第一山房"是邓拓这棵"小树"的幼苗期，他汲取了足以催发滋生的水分和养料，在成长为浓荫密枝的大树之前，有了良好的根基。

在"凤池书院"

1919年夏天，7岁的邓拓进入福州市闽侯小学。这时他的名字是邓子健。

学校的生活是新奇的，虽然有严厉的课堂教育和那些自恃高贵的大户人家子弟们的横蛮、霸道，但从"第一山房"来到这里，对幼年的邓拓来说，如同乌石山深幽的林泉景致一样，是一个新鲜奇妙的去处，更何况，时间已是一个风雷激荡、"国人无不振奋"的年月。

1919年，这是中国近代史上一个辉煌的年月，伟大的"五四"运动爆发，中国无产阶级登上政治舞台演出了威武雄壮的话剧。从此，中国近代历史掀开了崭新的一章。

福州是"五四"运动"闽案"的中心。"五四"运动爆发不久，福州

学生纷纷响应，上街贴传单，罢课游行，大力开展了"抵制日货"的运动。5月29日这天，福州市33所学校约七八千人聚集在英华书院举行游行。这以后，福州人民不断抵制日货，同"日本浪人"进行英勇斗争。"五四"运动爆发后，7岁的邓拓刚上小学，一个刚刚懂事的孩童，对这一重大事件历史背景的了解还难以深刻，绝少的历史知识使他对所谓"山东问题"、"丧权辱国"也不甚了然。但是，"五四"运动以来，学校不断举行罢课、游行、抵制日货，进步教员向学生讲授国事严重等，"八闽气象，为之一壮"，使邓拓感受到一种从未有过的振奋和激动。

如果说这以前，由于年小幼稚和生活视野的狭小，邓拓对于社会人生还未曾涉足的话，而这以后，生活发生了变化，知识的增进，思想和心志的渐次成熟，他像一叶小舟，乘着时间的风帆被裹挟到时代的大波急浪中。

那情景是多么难忘。这年夏天，福州各校成立了学生联合会。会议商议为声援京津沪等地学生的行动，特假城内魁辅里谢氏祠堂举行游行。

一天晚饭后，邓拓早早就出门，他和同学来到市区南大街口，远远听到游行队伍"民国万岁"、"还我青岛"的口号声在夜色沉沉的福州上空飞扬激荡。游行的人们走近了，队伍里有的挥舞着小白旗，上面写着"时日曷丧，与汝皆亡"、"勿买日货"等字。游行大军走过来时，两旁列队的人们，有的设茶点招待，有的递上毛巾、火把，也有些孩子燃放鞭炮，表示欢迎。这以后，福州常常发生愤怒的学生到奸商家里调查日货的事件。然而，"五四"运动后，"闽海学潮"也受到严重的破坏。

福州反动军阀在学潮发生后秘密地策划逮捕。6月中旬，连续发生学生被捕的事件。年底，福州台南附近，有基督教青年会学生被日人持械围殴，多人负伤。后来，日本船只无视我国人民强烈反对，公然开进了福州港。12月初，北京、上海、湖南、天津等十几个省市召开会议，声援福州人民反抗日本侵略者的斗争。

轰轰烈烈的"闽案"学生运动，震惊了全国。作为"闽案"中心的福州，革命风暴冲击着一切旧的秩序。

邓拓开始了他的求知生涯，在闽侯小学早期的学校教育中，经历的严峻一课就是"闽案"。在这人生的"第一课"中，不能说他已经有了多么崇高的革命热情，选择了坚定的人生之路，但是，反对日货、抵抗日人的暴敛，福州人民爆发出来的顽强斗争意志和不可欺辱的民族精神，在他心中引起了极大的震动，成为他日后选择革命道路、从对中国历史的研究中寻找社会问题的一个契机。

闽侯小学在邓拓家不远的道山路口天皇岭附近。学校里设置有国文、手工、算学、体育等课程。邓拓在小学的国文、史地成绩都很好。当年的国文教员、文天祥诗文研究者黄兰坡老人回忆说："这个学生很聪颖，他在课堂上发问很好，爱动脑子，爱读一些爱国诗人的作品。"

邓拓在闽小读了四年，后参加了中学入学考试。1923年他升入福州三牧坊中学。这里的前身是清代创办的凤池书院。北伐军入闽后，福州学校进行了调整，三牧坊中学与乌石师范合并改为福建省立第一中学。邓拓自1923年入校后，读了两年，与同学傅衣凌同在二年级乙组肄业。① 不久又参加了高中升学考试。1926年，邓拓继续由一中升入高中。从1923年进入初中到1929年高中毕业，他在凤池书院度过了六个寒暑。

凤池书院是清道光元年（1821年）创办的，又叫正宜书院。1902年改称全闽大学堂。这是福州较早创办的一所中学。数十年来，这所学校培养了一些社会知名人士，"黄花岗七十二英烈"之一的林觉民就是这所学校的学生。

凤池书院的师资是很强的。学校的教学也较严格，注重校纪的严明。当动荡的时局在福州各界引起强烈反响时，这里聘有一些从日本留学回来的教员，主张"富国强种"。学校开设的国文、史地课占很大比重。邓拓升入高中后，学校进行调整，分科明细，设有师范、商业、普通等科。邓拓上的是普通科文史地系。文史地系对爱好古代传统文化的邓拓来说提供了读书的极好机会。在他升入初中后，随着知识视野的开阔，他贪婪地阅读古典文学名著和历史书籍。父亲珍藏的书他差不多饱读个遍。这里的书

---

① 此处按邓拓"自传"中写的时间。

邓拓评传

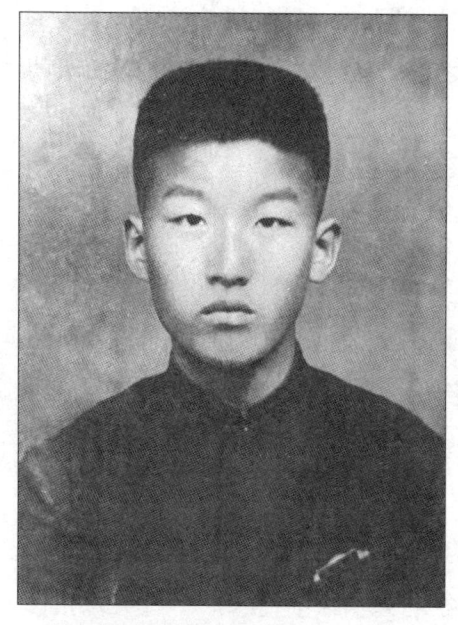

▲ 1926年邓拓初中毕业照

籍包括中国古典名著和一些"经史子集"。他还同几位要好的同学订了"君子协定":谁找到一本好书,要互相传看。这一时期,他与傅衣凌、李拓之等同学过从甚密。据李拓之回忆,学校附近的乌石山图书馆是大家常去的地方,在那里读书作文,议论时政。邓拓的家离得很近,他去得最勤便。

1926年底,北伐革命军入闽,福州又一次掀起了革命的热潮。革命军人上街演讲,一些青年学生组织起来维持秩序,战地服务。邓拓所在的福建一中也派同学参加这一活动。自1924年孙中山提出"联俄、联共、扶助农工"的"三大政策",同中国共产党合作以来,革命统一战线建成,革命形势不断高涨,可是福州北伐前由北洋军阀孙传芳、周荫人相继统治,大搞白色恐怖,空气极为沉闷。"五卅"运动后,军阀王永泉借发现"赤色刊物"为由,派军警包围搜查了一些学校。一些青年学生阅读进步书刊都是偷偷地传看。北伐军入闽后,学生们拿着《新青年》等刊物上街,欢迎北伐革命队伍。邓拓从学校得知革命军进城的消息后十分兴奋,同二哥跑到街头听革命军人士的演讲。

革命军入闽,不仅给进步的学生带来了政治热情的高涨,同时传导了大革命的形势,使禁锢的政治气氛有些微小的松动。一些青年学生在这个时期阅读了大量进步书刊。邓拓的同学傅衣凌回忆这段往事说:"在大革命的洗礼下,由于年轻人的热情洋溢,追求真理,渴望新知,我们便经常在一起学习进步的书报,如《新青年》、《新潮》、《晨报副刊》等都是那时开始接触的。彼此一样爱好鲁迅、郭沫若等人的作品,但同时读得很杂,自梁启超的《饮冰室文集》、苏曼殊的《断鸿零雁记》到蒋光慈的《短裤党》,

也时常诵读。"① 除此之外，邓拓的另一同学回忆说，也读《天演论》，读布哈林、普列汉诺夫等人的哲学著作，而邓拓每每有些新名词出现，所以有时同学风趣地说他"士别三日，该当刮目相看"，觉得他经常有一些新名词。

邓拓当时读书大致分为两类：一是中国古代典章专著以及有关名著，包括文、史、哲、经等类书籍，这其中相当一部分是父亲的藏书。邓拓孩童时，由于年幼，知识不多，他是抱着求知的好奇心阅读，只是在他逐渐地掌握了一些有关方面的专业知识，并且逐步培养了爱好古代传统文化的兴趣之后，他才有意识地阅读这些书，一直到后来他致力于古代经济历史的研究并熟练地掌握了一些历史知识，写出引述广博、内涵丰富的杂文随笔，表现出深厚的童子功，得益于早期知识的积累。

另一类是一些进步的书报，如前所说的《新青年》、《新潮》等刊物。从这些进步的书刊上，邓拓接受了新的思想。1920年代初，中国思想文化界开展了一场颇为热烈的关于社会主义的论战，"也就是马克思主义在中国思想界所引起的第二场论战"。邓拓对此很有兴趣，他注意阅读有关论战的文字。1920年代后期，社会科学界开展的关于中国史分期问题的讨论，他更是兴趣盎然。日后，专门写文章参加论战。1923年，恽代英主编的《中国青年》在上海创刊。大革命时期，福州的一些进步青年把它当作良师益友，从中汲取革命知识。那时候"不少青年人的衣袋里，常常藏着那样一薄本32开的周刊，在反动统治的角落里，这样的一本刊物，又往往要秘密地传递过十几人以至更多人的手。它和《新青年》、《向导》同时成为革命群众、进步的学生，热烈追寻的读物"②。邓拓正是从《中国青年》上，阅读到中国共产党人同国家主义派和国民党右派论战的文章。他曾经在《〈中国青年〉和恽代英同志》一文中，回忆阅读时的情景，他说："曾见一位老先生把代英同志的文章几乎每一篇都用红硃笔密密地圈画起来，并且用以传授于他亲近的学生。"他还描绘了在读到恽代英文章后的感受："他的文章

---

① 廖沫沙等：《忆邓拓》，福建人民出版社1980年版，第220页。
② 邓拓：《〈中国青年〉和恽代英同志》，《中国青年》1949年第23期。

对人的感受太深了,只要你读着它,全身就会像火烧一样的发热,他的热情奔放而议论警辟的文字,最能激发人皈依真理走向革命的勇气和毅力。"①

大量的阅读,开阔了邓拓的视野,就读的文史地系又培养了他爱好古典传统文化的兴致,中学时随着知识的扩长,邓拓的求知欲望更为强烈,他开始了有意义的广泛交游。

福州是一座历史悠久的文化名城,八闽风物,人杰地灵。每每到踏青郊游时节,那些文物古迹、山光水色吸引不少人前往,特别是对古代文化有着极大兴趣的莘莘学子。邓拓很早就爱好古文物书画。父亲收藏不少古人字画,常常指导邓家兄弟们观赏习摹。邓仲轺会写美术字,也对收藏感兴趣,常常带着弟弟到乌石山去"搜奇访古"。

乌石山怪石嶙峋,洞壑清幽。山上的邻霄台、天章台、道山亭等处密布着达两百多摩崖石刻,其中建于唐代的般若台有唐代书法家李阳冰的篆书,以及宋代程师孟、蔡襄、朱熹等历代名家的题刻手迹。邓拓常同二哥到山上写生临摹,有时,就地取材,搬来一方砖,用毛竹扎成"扫帚笔",蘸着清水,对着石刻,在砖上反复描画、抄习。这种"邓氏兄弟"的练字法,邓拓几十年后仍记忆不忘,在一篇谈书法的文章中热情地向青年朋友们推荐。

最使邓拓流连忘返的是观赏历史名人的遗迹。于山的白塔下的戚公祠,城南远郊闽江边马尾港的昭忠祠,文天祥抗击蒙军的古炮台,林则徐祠堂等,是他和同学们经常结伴郊游的去处。一年夏天,学校组织郊游,来到戚公祠。这是为纪念明代杰出的军事家、抗倭英雄戚继光而修建的。祠厅建在石岗上,是一座典雅的阁楼建筑,青松翠柏环绕簇拥,显示出古朴、苍凉和严峻。一位历史教员给同学们讲述了三百多年前民族英雄的事迹。这位教师留学日本,是一位对中国古典文学很有修养的教员,他讲述了当年戚家军大破倭寇的事迹,不无感喟地指着戚公祠苍郁的松柏,随口念了一句古诗:"国破山河在,城春草木深。"这次郊游对邓拓印象很深,后来

---

① 见《中国青年》1949年第23期。

他在两把折扇上面了一幅青松图,并题上陶潜的诗句"抚孤松而盘桓",借以寄托他对历史上志士仁人的景慕,表达了年轻的邓拓早期的人生抱负。

福州文人有一种雅趣,每逢节日,几位文友相聚,爱好做"诗钟"。这是明代以来一种传统的民间文字娱乐。它先是由主事人随便取出两个意思不同的词,根据文义进行联吟唱和,实际上是只有两句集句式格律诗联。据清人徐兆丰《风月谈余录》一书载:构思时,"以寸香系缕上",缀上铜钱,下面放一盂(盘子),当香烧到钱的部位,"火焚缕断,钱落盂响",这即是诗钟的由来。诗钟种类较多,有分吟格、笼纱格、鼎峙格等,但要求平仄严格,对仗工整,虽然上下两句是不相干的。邓拓早在六七岁之交,就在二哥的带引下到附近文庙会馆观看这种游戏。家里人也很支持,父亲说这是小孩子"练艺"的好法子,让他也学学。有年"重九"日,他和小侄女依全到乌石山放风筝,远远看到乌塔上挂起了灯笼,又有一阵阵朗诵声,这里正在做诗钟。邓拓同侄女前往观看,只见一位主考官坐在上首,吟唱诗句,当念到一唐诗时,他重复了一遍:"海日生残夜",让人们应对,这句唐诗的下联是"江春入旧年",按习惯不能对现成的句子,于是座中一片议论声。这时,邓拓想起了前些时学到的另一句唐诗,他就随即对上了"园柳变鸣禽"。考官听了,沉吟一会说:"也可,可也。"见他是一位十多岁少年,当即送给他一把雨伞的奖品。回到家中,父亲夸他"未冠即能诗也"。这以后,邓拓对"诗钟"更有兴趣,常常在假日得闲,同几位同学在一起做诗钟。据参加者回忆,他们多是聚会在邓拓家的小书房里做诗钟。他们拿出一本书,从中随便找出几个字,然后吟和。"尽兴时则连床共榻,谈到深夜,毫不疲倦。"[①] 这种文字游戏是很多人步入文学之门的"向导"。邓拓从这里得到了古典诗歌艺术的培养,使他在后来诗歌创作时十分娴熟地运用古典格律做诗。同时,早年的古典诗歌艺术的熏陶,并以此为轴心,渐渐形成了他接受古典艺术的特殊爱好和兴趣。

邓拓在凤池书院的最后几年里,动荡的时局对他有着强烈的影响。大

[①] 廖沫沙等:《忆邓拓》,福建人民出版社1980年版,第221页。

革命后,福州社会革命思潮洪波涌起,一些学校的青年学生面对动荡的社会形势,思考着社会人生问题。中国现代历史上,青年革命者在探求社会问题,团结组织力量的时候,多是建立社团,编印刊物,扩大革命影响。大约在北伐军入闽后,在高涨的革命形势下,福州城一些青年学生结社风气兴起,仅邓拓所在的凤池书院曾先后组织有野火社、涤社等。邓拓这时也同傅衣凌、郭则遇、高其、林洪祺等同学组织了"野草社"。在大夜弥天、风沙扑面的时代氛围里,他们以野草自喻,自生自发,表示对肃杀的寒冬的抗争,对生机勃勃的春天的期待。他们还编辑《野草》刊物。一位同学的父亲在机关建设厅搞印刷工作,他从父亲那里弄来印刷材料,大家动手,自行印刷。据当事人回忆,这期刊物上社友们都写了文字,大都是谈论时政,有诗也有文。

除此之外,邓拓这一时期参加的社会活动,还有进行时局演讲,同校方关于教学安排进行说理斗争。受大革命的影响,一些学校组织演讲会。有的是校方组织,结合考察学生社会活动能力,有的是学生们各社团活动

▲ 1928年邓拓(左二)和福州一高的同学们在鼓山

的内容,主要是评点时局、谈论革命形势。在一次学校组织的校庆活动中,有一项演讲赛,邓拓被推举为主讲之一。他做的是关于历史文化学习的讲演,但也对当时激变的时局进行了分析。他演讲得"很活泼,手舞足蹈",被评为第一名,另一名姓翁的同学得第二名。邓拓对一些问题敢于"坚持真理,仗义执言"。在高中时,学校校务处对班级的教学安排很不合理,引起争论。"邓拓不畏权势,据理力争,终于使校方不得不接受大家合理的意见。"①

从第一山房到凤池书院,年轻的邓拓经历了家庭教育、学校学习和社会时局影响的几个阶段。这也是一个文化战士成长的知识储备期和思想的发轫期。邓拓生长在良好的家庭教育和文化素养的环境里,认真好学,博闻强记,对祖国历史文化艺术的热爱,加上他就读的文史地系,这使他在历史和文学方面积累了一定的知识,并形成了研究的兴趣。他一生在历史和文学方面有所成就,得益于这早期的教育。"家学渊源"和从小受传统文化的熏染,使他得到广博而严格的训练。读史书,练习诗钟,学习英语,听一名叫圆瑛法师的和尚讲经,向太极拳老师求教等,使他的童年生活充实而丰富。"史鉴使人明智,诗歌使人巧慧,数学使人精细,博物使人深沉,伦理之学使人庄重,逻辑与修辞使人善辩。"②这无疑决定了邓拓的思想发展是一条深沉广阔的路,使他在多方面都有涉猎,并有所成绩。这是一。其二,他家境清寒,为生活计,从小就接触了劳动和劳动人民,培养了他热爱劳动的朴实感情和作风。他的二姐曾回忆说:"依爹依妈教育子女严格,因为家里穷,常年吃薯米粥,穿的补了又补的身面衫,夜里洗了熏干,白天再穿。雨天穿木底鞋上学。"③邓拓在中学时一次作文课上,写了一首《咏蜂诗》,这是仅存下来的最早诗作。诗中热情地赞颂了大自然辛劳的蜜蜂,实际上是对劳动和劳动者的颂歌。诗中写道:"踏遍青山十二尖,

---

① 廖沫沙等:《忆邓拓》,福建人民出版社1980年版,第221页。
② 〔英〕弗兰西斯·培根著《培根论说文集》,水天同译,商务印书馆1983年版,第166页。
③ 见1981年5月致笔者的信。

艰难生计不须占。世上多少伤心客,何惜捐输一滴甜。"①诗是和罗隐《咏蜂》诗原韵,其意境表现了对劳动和劳动者的感情。这首早年诗作邓拓很珍视,在他的《燕山夜话》中引用过,并回忆说:"那时候对于蜜蜂的辛勤和人间为生计而操劳的广大群众,已经有了相当的同情。"这可以看作是邓拓对自己早期思想符合实际的评价。虽然邓拓这时只是一个年轻的中学生,生活和思想的局限,他不可能形成正确的人生观,但他积极参加政治活动,对革命的热忱向往,对人民大众的同情都表明他有着一个坚定的革命战士早期的思想特色。其三,由于邓拓对古典文学和历史的爱好,传统的"经世致用"思想的熏陶,他追慕历史上有才学见识、有气节和正义感的仁人志士,逐渐形成了他效仿前贤、追寻理想始终不渝的精神。他爱读屈原、文天祥、林则徐等人的诗文,并且对鸦片战争时闽籍爱国诗人张亨甫进行过研究。其四,他在家中兄弟姊妹中排行最小,一个"知书识礼"之家,父辈的严慈、兄长的宠爱、家教的严格,他的性格内向、机敏、好学,作风也严实;在接受传统文化养分的时候,也接受了文人书生的某些习性——强烈的求知欲望和寒窗苦读的精神。这也是那一大转变时期知识青年的思想特色,并由此奠定了他一生思想的基本面貌。与此相联的是他在接受新事物方面的锐意追求。邓拓生长在一个大动荡的年月,从辛亥革命到"五四"运动,到北伐和大革命失败,每一次革命在福州都有极大反响。"五四"以后是一个思考的时代,各种思想纷争,各种问题涌现。这一时期,中国人民的政治觉悟,"有了初步的提高,现实的社会问题一天比一天紧迫地从四面八方袭来,社会各阶层的人士……各种研究社会问题的团体纷纷成立,有20种以上的新刊物涌现出来。"②早期关于"科学与人生观"的讨论,而后"社会主义研究问题"的讨论,再后,"中国社会史"的讨论,都曾给他以极大的影响,他找来有关文章研读,为日后写文章参加讨论做了先行的思想和资料的准备。从年龄上讲,邓拓还未成年,社会

---

① 马南邨:《燕山夜话》,北京出版社1984年版。
② 邓拓:《谁领导了五四运动》,《人民日报》1949年5月9日。

阅历、知识水平、理论修养等都有待提高和加强，当各种思想纷至沓来的时候，在走向一个新的征途时，他将认准什么样的目标并奋勇向前？邓拓面临着考验。他有了一定的知识储备，有一种探索进取的精神和求实谨严的态度，但他毕竟还是一个未曾踏入社会的青年学生，他还没有掌握科学理论的钥匙。因此，参加实际斗争的锻炼，认真研读科学理论书籍，加强思想理论修养，是年轻邓拓面临的课题，这也是一个无产阶级文化战士成长的必由之路。

1929年夏天，邓拓高中毕业了。在他即将告别家乡和童年生活时，动荡的时代展示了广阔的人生道路，邓拓在选择着。

第二章　上海—开封时期

"补读平生未见书"

1929年夏，邓拓在福州省立第一高中毕业。

当时，邓拓的三哥邓叔群在南京中央研究院任职，他是清华留美生，对四弟投考大学的事很关心，来信催他去南京赴考。

不久，邓拓来到南京，邓叔群让他报考清华学堂，并说一切读书费用由他承担。邓叔群是一位爱国的科学家，新中国建立前，他曾任岭南大学、金陵大学、中央大学教授及中央研究院研究员。建国后，他任沈阳农学院和东北农学院副院长，中国科学院生物学部委员。他早年专事林学和植物病理学的研究，以后又在真菌和粘菌的分类研究，尤其是高等真菌研究方面做出了成绩。① 邓叔群希望小弟同自己一样，到国外去深造，学成回国，走一条实业救国的路。

邓拓来到南京在三哥处住了几天。他对这位长自己九岁的胞兄是尊敬的，"兄大如父"，这是中国传统的伦理道德，何况三哥已是小有名气的科学家。他当然想上清华这所曾为三哥引为自豪、令人神往的高等学府，但坐实验室，实业救国，这不是对现实问题十分关注的邓拓所走的路。故乡艰窘的童年生活的磨砺，严酷的现实教育和启发，在邓拓面前展示的是另

---

① 参见《辞海》邓叔群条目。

一条使他更为向往的路。

他在南京同三哥商量,还是到上海投考。这是邓拓第一次出远门,一个中学生尚带有童稚的天真,对一切都是好奇的。同他一起赶考的同乡,到这里后忙着看电影、逛夜市,回到住处已深夜时分。邓拓也被邀去看了一场电影,第二天考试误场了。幸而,当时上海各大学招生时间并不统一,他们又转考另外的学校。邓拓在第二次考试中被上海光华大学政法系录取。三哥听说邓拓没有考取清华很不高兴,为此兄弟俩还进行了一番争论。邓拓反问三哥:"你以为上清华和留美才能学到东西吗?才是青年人的正路吗?"

这年秋天,邓拓就要离开故乡告别家人到上海上大学了。一个秋风萧瑟的下午,父亲从城里雇来一辆人力车,家人为远行的邓拓收点行装。细心的母亲准备了干粮。"临行密密缝,意恐迟迟归。"她拿出儿子的衣服缝缀着,心爱的小儿子远离自己,母亲难过得有些不能自持,偷偷地擦拭着眼泪。平时常在一起学习、劳动的二姐为弟弟准备书籍,一家人在夕阳晚照里目送邓拓远去的车子。

自1927年大革命失败以来,时局变得十分严峻。国民党军阀之间的派系斗争,频繁急剧,当时的福州政治形势十分紧张。"问苍茫大地,谁主沉浮?"在中国现代史上正是蒋介石专制统治最黑暗的年代,以毛泽东同志为首的中国共产党人顽强地战斗,探索救国救民的道路。在这阴森沉闷的政治氛围和严重的时局面前,一个对时局十分关注的青年学生,面对着人生道路的选择,其心情自然是十分沉重的。

邓拓是从福州台江泛码头乘船经海上前往上海的。轮船离开福州城已是薄暮微降,行驶不到一会儿来到马尾港。这曾经多次留下邓拓足迹的地方,在暮色沉寂中愈显得庄重而冷峻。文天祥训练水师的古炮台,为纪念鸦片战争时马江人民抗击侵略者修建的昭忠祠,都隐退在茫茫夜色中。耳边哗哗翻卷的江流,远方匆匆而过的山峦树丛,似乎都在提醒着他:这是一次不平常的远行。望着身后隐隐约约的城廓屋宇,邓拓的心如同江水翻滚。人间常有离别愁绪,但在不同的环境下各有不同。面对着祖国家园笼罩着白色恐怖、风雨如晦的情景，邓拓在沉思。这从他在上海时写的《别家》诗中得到了表现：

> 空林方落照，残色染寒枝。
> 血泪斑斑湿，杜鹃夜夜啼。
> 家山何郁郁，白日亦凄凄。
> 忽动壮游志，昂头天柱低。

有感于故国家园的"残色"浸染，阴霾蔽日，邓拓心情是惆怅郁闷的，但是作者壮怀激昂，要寻找崭新的人生道路，"忽动壮游志"，也许这次负笈求学，是他人生追求的开始，他以诗寄怀，表达了对"壮游"的追求和向往，吐露了年轻学子的抱负。

来到上海，邓拓走向了一个丰富广阔的世界。上海当时是中国现代文化界人才荟萃之地。1928年发起的无产阶级文学论争，促进了马克思主义文艺理论在中国的传播和我国文人学者思想改造的进程。同时，一大批马列主义著作和文艺理论书籍翻译介绍到我国来。仅1929年翻译的社会科学书籍就达一百五十多部，其中有马克思、恩格斯、列宁的著作，有普列汉诺夫、河上肇的名著。这对于勤奋好学的邓拓，仿佛跨入了书海浩瀚的新天地。

邓拓在上海先是进光华大学，攻读政治法律系（简称政法系）。光华大学原属于圣约翰大学，1925年6月3日，学生为声援"五卅"运动，举行了反帝爱国的示威。这一活动受到原美籍校长卜舫济的阻挠。他不许学生参加这一活动，并派人夺毁了学生手中为死难者祭灵的旗子。学校五百多名学生和部分教员极为气愤，不满于美籍校长"非理压迫，阻止我爱国运动"，"慷慨辞离学校"到霞飞路另辟新址，成立了光华大学。由于有了这段光辉的历史，学校很注重学生德育培养，"以抵抗外人文化侵略、收回教育权为职志"，告诫学生"读书勿忘救国，救国勿忘读书"。学校附设平民学校，注重同社会的交往。1927年11月，中国新文化运动的旗手鲁迅应邀到光华大学作了《文学和社会》的著名演讲,成为校史上光辉的一页。在鲁迅的影响下,一些社会名流也被邀到学校作讲演或讲课。

邓拓于是年9月入学,他顺利地通过了校方举行的新生入学考试,住在一个福州同乡开的会馆。光华大学学习条件简陋,创办十年内图书馆藏书仅两万五千余册,但学生们的学习气氛很浓,学校对功课和作业要求很严。邓拓所在的文学院把"基础学科必充实"、"各种学说,无所偏至"、"观察实际"、"自行读书"、"理论与技术并重"等五条作为"教授宗旨"。当时学校开设的课程有行政法、比较宪法、中外史地、政治学、英文、经济学等课。学校新添的选读课经济名著有"亚当·斯密、李嘉图、卡尔·马克思、库巴卫克诸家之代表作"。大约是在入校后的第一学期,邓拓就广泛地阅读了一些经济学和哲学名著,选读了不少的马克思主义著作。上海,这个曾被讽为"冒险家乐园"的地方,有纸醉金迷、灯红酒绿的花花世界,也有严峻的生活和斗争。白天,邓拓按时到学校上课,上完课后到图书馆阅读。晚上,回到住处关在小屋子里刻苦攻读。房主人曾经开玩笑说,这个小老乡是个书呆子。邓拓曾在给友人的信中引用清代包世臣的"补读平生未见书"的诗句,形容自己渴望读到一些革命理论书籍的心情。

1930年春,邓拓在光华①上了两个学期。学校开设的课程有些他很感兴趣,有些却使他兴味索然。除了一些必修的理论课外,他大部分时间用来自学,重点攻读有关经济历史问题的文章。在知识的花丛中他如同一只蜜蜂,摄取丰富的养料,接受革命理论武装。他对学校每隔一段时间举办的校外来宾讲演倒是很有兴趣。光华大学在1929年12月曾请胡适作了《新文化运动与国民党》的讲演,在"三·一八"纪念日请人作纪念讲演,校庆五周年时又请来同盟会的政治活动家杨杏佛作演说。学校也组织演讲比赛,对现实的政治、时局和社会问题各抒己见。就在胡

---

① 此节引用有关光华大学史料,均见《光华大学十周年纪念册》,1935年出版。

适演讲后不久，有人就作了关于批评胡适演讲的演讲。这些对邓拓很有吸引力。

邓拓在光华大学生活很清苦，每月家里按数给他寄一点钱，除了必要的花费外，他大都用来购买书籍。物质生活的菲薄和清苦，他从精神生活的充实中得到补偿。他利用课余和晚上时间，进行了大量的阅读。大上海的十里洋场，晚上也是嘈杂喧闹的，在邓拓住处不远就是一个赌场，那里常常传来大声的吆喝和放肆的吵骂，有时通宵达旦。邓拓排除这些干扰，长时间捧书苦读，从书中汲取知识的营养，也寻找生活的乐趣，并受到了许多革命理论的教益。1930年春，邓拓写了一首《书城》的诗，真切地表达了他当时刻苦攻读的思想历程。诗中写道：

> 两间憔悴一儒生，长对青灯亦可惊。
> 不卜文章流海内，莫教诗酒误虚名。
> 得伴前辈追真意，便是今生入世诚。
> 白眼何妨看俗伦，幽怀默默寄书城。

这首诗是写给友人的，诗中描绘了作者青灯苦读的生活。作者虽身处洋场酒肆，但轻薄时风世俗，在默默攻读中寻求革命"真意"，效法前贤，而一旦思想有了收获，认定了革命的道理。正如作者在几十年后谈到他读了一些革命理论的书刊后思想上得到提高一样，是"皈依真理"，"增加了革命的毅力和勇气"。①

邓拓在光华大学上完两个学期，到1930年6月，学校在建校五周年纪念时，停课数日，后又放假。据现存的一份1930年6月24日签发的《上海私立光华大学证明书》②载：邓拓"在本院文学院政法系一年肄业"。从此，他离开了光华，投向新的战斗。

---

① 《〈中国青年〉和恽代英同志》，《中国青年》1949年第23期。
② 原件存邓夫人丁一岚处。

铁窗风雨唱高歌

邓拓离开光华大学后，在打蒲桥附近找到一个房租便宜的住处，坚持读书，温习功课，也常常到市内大书店去看书。大概是六、七月份，他到福州人开的德兴饭馆结识了几位福建同乡，其中有几位上海法政学院的学生。邓拓早就听说法政学院有一些著名教授讲课，学校教学质量高，他想转学到法政读书。他利用暑假复习功课，参加了转学考试。然而，这一时期，轰轰烈烈的左翼文化运动磁石一样吸引了他。

20世纪20年代末、30年代初期，上海的革命文化战士举起革命文学的旗帜，开展了轰轰烈烈的无产阶级革命文学运动，在国民党统治的黑暗王国里，这是一杆正义光明的旗帜，团结了无数的革命文学战士，吸引了千千万万的进步青年学生。1930年3月，左翼作家联盟（简称"左联"）在上海成立，6月中国社会科学家联盟（简称"社联"）成立。无产阶级作家和社会科学家团结联盟，壮大了队伍，开辟了无产阶级文艺创作和理论建设的新局面。当年的参与者周扬在评价这段历史时说："他们以大无畏的革命英雄气概，发出了战斗的号召，把大批青年召唤到革命旗帜之下，他们高举革命文学大旗，创办刊物，开辟阵地，写作革命文学作品，传播马克思主义文艺思想，使无产阶级革命文学像火焰似地烧向整个黑暗的旧中国。"[1]

1930年冬，邓拓由一名"社联"成员介绍参加了"社联"。当时，他已转学到法政学院政治经济系就读。"社联"成立于1930年6月23日，由朱镜我、李一氓、王学文、吴亮平等同志发起。这年冬天"社联"又成立了一个"社会科学家研究会"（简称"社研"）的外围组织。它主要是培养年轻的社会科学工作者，基层组织多是一些大学的小组和闸北、小沙渡、杨树浦一带工厂中的工人读书班成员，大多是青年学生。邓拓参加的是"社研"。参加"社联"后，邓拓的活动进入了一个全新的时期。"社联"在党

---

[1]《左联回忆录》（上），中国社会科学出版社1982年版。

团组织的秘密领导下，配合国际国内的斗争，发动群众，举行集会、游行示威、散发标语传单等。有参加者回忆说："从1月3日汉口收回英租界起，直到12月，几乎隔不到十天八日总有一次革命活动，特别是'红五月'，简直整月都在紧张地活动中，每逢纪念日到来，事前要散发传单，写粉笔标语，这些工作都是在深夜进行的。"①"社联"注意加强盟员的马克思主义理论的学习和开展对于非马克思主义的批判。"社联"成立纲领就明确地提出："中国革命巨浪正在高涨之际，革命理论的研究与发挥，遂成为中国每个进步的社会思想家的切身的任务。"②并号召社会科学工作者"以马克思主义的观点，分析中国革命及国际的政治经济，促进中国革命"，"严厉驳斥一切非马克思主义的思想"，"扩大马克思主义的宣传"，"努力参加中国无产阶级解放运动的实际斗争"。它的一些领导成员王学文（曾任党团书记、主编过《新思潮》杂志）、艾思奇（曾任研究部部长、主编《读书生活》）发表过有关经济、哲学的文章，宣传马克思主义。这些给邓拓重要影响。"社联"的党组织也十分注意在青年学生中发展党员。邓拓参加"社联"后，通过实际斗争锻炼和革命理论学习，逐步在政治思想和信仰上坚定了马克思主义的道路。不久，邓拓由一位姓郝的同志介绍，秘密地加入了中国共产党。③

邓拓入党后，一面在法政学院继续学习，一面积极地从事左翼文化活动，他先后担任了中共法南区委宣传部干事、宣传部长和南市工委书记等职，在南市区秘密地从事工运活动。

1931年"九·一八"事变发生。日寇铁蹄公然践踏我东北三省的领土，国民党反动当局采取不抵抗政策，激起了全国人民的愤怒，上海的共产党人秘密地领导工人运动，组织多次活动，掀起了反帝爱国的热潮。9月底，法政学院成立"抗日救国会"，并向全体师生发出宣言，号召全体

---

① 杨纤如：《左联作家在艺大》，《左联回忆录》，中国社会科学出版社1982年版。
② 有关"社联"史料均见《中国现代出版史料》。
③ 据邓拓夫人同他当时战友季步飞同志谈话内容。

同胞，国难当头、团结起来，"挽狂澜于既倒，救国家危亡于千钧一发"。①学校组成抗日演讲宣传队，分赴卢家湾、八仙桥、龙华路等地宣传抗日形势，并邀请著名学者到校进行中日问题的演讲。李达和潘梓年应邀先后讲了《日本大举侵略中国之由来及其前途》和《满洲事变在国际上的意义》的专题。10月，一部分留日学生归来，邓拓当时在学校学生会工作，他出面接待留日的中国学生，请他们作形势分析的报告。据当时参加活动的何洛同志讲，大会的主持人是邓拓，他在作报告时，讲话简短有力，富有鼓动性。轰轰烈烈的形势大动员后，党组织利用群众激发起来的斗争热情发动群众秘密地进行一些地下活动。作为中共法南区委负责宣传工作的邓拓，这一时期革命工作的担子更加重了。

邓拓在法南区委宣传部是兼职，他要在学校上完课后课余时间到一个十分简陋的工人住宅区里办公。当时宣传部只有一名干事。何洛后来也参加了区宣传部的工作。他回忆说："我们较多时间是去附近的羊毛厂、纺纱厂联络感情。我们的任务是把宣传部的传单、印刷品、有关文件带到秘密印刷所，刻写钢板、油印，然后送到区发行所。街上包探、巡捕很多，我们活动一般在晚上。装扮成卖鸦片海洛因的小贩，但大家都不怕。当时流行的一句话是：'我不入地狱，谁人入地狱？'斗志很是坚定。"②为了壮大革命队伍，邓拓在上级党的指示下注意吸收青年学生中积极分子入党。法政学院法律系的谢客（又名陶白）同学经常同邓拓在一起从事地下宣传活动，邓拓向党组织建议对他进行考察，并介绍他参加了党组织。几十年后，这位当年与邓拓在左翼文化活动中并肩战斗的战友成为一名理论工作者、杂文家，他深情地回顾了这段珍贵的历史，对笔者说："当时我们两人常躲在亭子间写标语、壁报。有时日以继夜，不知疲劳。我们一起游行、一起秘密地去工厂。邓拓什么事都抢着干，一丝不苟。他很深沉，和他的衣着一样，也很朴实。"

---

① 据《法政学院院刊》。
② 此系与笔者1983年8月4日的谈话。

由于白色恐怖的险恶环境，党组织多是发生纵向关系。中共法南区委地下党组织负责领导法租界一带的上海交通大学和上海科学研究所的支部。当时张稼夫是上海科学研究所支部书记。邓拓作为联络人同法南区文化机关支部联系，多次同张稼夫发生联系。张稼夫同志回忆这段往事说："我们在许多学校、机关，建立了'社联'基层组织，组织工人、学生和职员学习马克思主义。我们还经常到各个基层的'社联'组织中讲课，办夜校，教育、培养了不少工人和青年学生，扩大了党的外围组织。"①

1932年12月11日，中共法南区委组织了一次纪念广州起义的活动。在这次活动中，邓拓参加宣传工作，他们来到法租界张贴标语，散发传单，不料，被警探驱散，后来他和几位负责同志被捕了。当时在上海从事地下工作的同志，多次遭到巡捕和警探的拘捕，或因迫于抗日救亡运动的压力，或因证据不实，多是抓进巡捕房几天就放出来。邓拓在这以前曾被捕一次，他化名丁丙根与敌人周旋，后被释放。这次被捕，负责审问的敌人认出他是曾被抓过的"丁丙根"，认为他是重要的嫌疑犯，把他押送到法南区伪宪兵司令部。1932年，上海"一·二八"事变后，广大军民英勇作战的行为使日寇和国民党投降派极为惊恐。5月，国民党反动政府卑躬地答应日本屈辱的条件，签订了卖国的"淞沪停战协定"。这以后，日本侵略者肆无忌惮地在上海逮捕共产党人和革命者，大搞白色恐怖。当时一些共产党人被捕后，大多押往苏州或南京监狱。

邓拓被捕后，被解押到苏州反省院。他在狱中监禁了半年多，次年秋天由父亲委托上海亲友保释出狱。在苏州反省院，敌人威逼他，多次要他交出党的关系。敌人从一个叛徒那里得知法南区地下党组织情况，让邓拓交出同张稼夫同志的关系。每次提审时，邓拓一言不发。敌人没有办法，让一个姓徐的叛徒出庭说降。在法庭上，这个可怜虫为了讨好主子，对邓

---

① 张稼夫：《庚申忆逝（之一）》，《中共党史资料》（第六辑），中共党史出版社。

拓说了些卑躬屈膝的话，后又向另一位女同志说降。邓拓仍说什么也不知道。①一次受审之后，残暴的敌人用烧红了的铁钳烫灸邓拓的两腿，他的腿胫部留下了几个铜钱大的疤痕。

铁窗斧钺的生活，邓拓痛遭皮肉之苦，却磨炼了他的意志，他被监禁狱中，离开了火热的斗争生活和一起战斗的同志们，特别是在监牢斗室中，没有书籍、报刊，对外面斗争情况一无所知，心里感到若有所失。不知是谁想出了一个办法，这些狱友们组织起来，抄录牢房墙壁上的"题壁诗"，互相激励斗志。当时狱中广为传诵的是恽代英烈士的著名的《狱中绝诗》。恽代英烈士1930年在上海被捕后押送到南京，1931年4月光荣牺牲。他在诗中写道："浪迹江湖忆旧游，故人生死各千秋。已拼犹患寻常事，留得豪情作楚囚。"邓拓后来回忆说，当时被囚于苏州的一部分政治犯曾广为传诵，几乎人人都抄录。②另外，杨匏安烈士的《临刑别狱友》也是为大家爱好传抄的。

邓拓在苏州反省院写了一些狱中诗。他和几位难友机智地从看守那里弄来一些废弃的纸烟盒，在上面写诗。后来邓拓曾经手订成一本，题名为《南冠草集》。这本诗集因战争动乱没能保存下来。后由作者本人和友人的回忆，留下了8首《狱中诗》，并收入他的作品集中。这为数不多的诗篇，珍贵地记录了一个文化战士的思想和生活的历程。

作为一个顽强的革命者，作者在诗中真切地表达了投身革命、义无反顾的革命意志和乐观精神。写于刚入狱的一首诗，他俯瞰人生，身陷囚牢，无所畏惧，共产党人的耿耿正气掷地有声："去矣勿彷徨，人生几战场？廿年浮沧海，正气寄玄黄。""大千枭獍绝，一士死何妨！"在敌人的酷刑面前，革命者的"丹心永不磨"。邓拓在诗中写道："铁窗风雨急，引吭且狂歌。"年轻的共产党人胸中有正气，革命者坚定的意志和乐观豁达的精神气概是任何力量也改变不了的。在《自题南冠草》一诗中，邓

---

① 见邓拓遗书。
② 邓拓：《〈中国青年〉和恽代英同志》，《中国青年》1949年第23期。

拓写道:"生死浮云浑一笑,人天义恨两无穷。收来病骨归闽苑,莫对清江看冷枫。"其襟怀与气魄,豪气与信念,活脱而出;而视死如归,感天动地。有什么比一个革命战士献身于党和人民的事业、坚定执着的精神更宝贵的呢?

身陷囹圄,敌焰甚炽,个人的安危事小,作为一个党的地下工作人员,战友们的情况是他甚为挂牵的。邓拓的寄怀诗中,希冀:"征侣应无恙,新猷倘可长。"他更坚信:"碧海终填尽,黄河必涤清。今日穷插棘,来日矢披荆。万众摧枯朽,神州定铲平。"

1933年春,邓拓出狱后暂时失去了组织关系。虽然,半年的监禁生活结束,重获自由欣喜之情溢于言表,但他更思念并肩的战友同志,渴求新的征程。他即写了《出狱》一诗,表达了这种激烈的壮怀和不屈的心情:

放声一曲大江东,千古风云入望中。
有限朋交嗟宿草,无多骨肉怅飘蓬。
只身天地余残泪,一眼河山尽断鸿。
莫道群生都懵懵,明朝四野又烟烽。

从诗的风格来看,《狱中诗》集中体现了邓拓早期诗歌创作特色:凝重深沉的思想感情,典雅谨严、活用比兴的艺术风格。他的《狱中诗》都用格律体,或七绝或七律。作者善于运用古诗词的典故加强诗的凝炼深沉的艺术效果。这同作者早期的艺术爱好和写作态度有关,也是这一时期作者思想气质的折射。邓拓求学上海,参加左翼文化活动并负责党的地下工运宣传工作,由于革命理论的学习和实际斗争的锻炼,他的思想在不断的探索中表现出韧性深沉的特色,一旦这种思想渗透诗歌创作中,又得益于早年的训练,邓拓习惯地运用这种典雅、谨严、凝炼的艺术形式来表达思想记录历史。几十年来,邓拓的诗歌创作多以这种格律式为主,不能不反映其艺术倾向。邓拓早期的诗作表明,起步就严肃认真,并蕴藏着深厚的艺术潜力。

"铁窗风雨急，引吭且狂歌。"一个年轻的共产党员经历了革命斗争风雨的锻炼，更加成熟起来，在文化战线上，他冲锋陷阵，将会有更大的收获。

哲学论战——崭露思想光芒

1933年秋，邓拓出狱回到了福州。离家多年，音讯鸿断，当他踏上故土、看到因战祸破坏的断垣残壁和烧焦的房舍、荒芜的田园，邓拓不无感怀黯伤。童年乌石山十八景哪里寻找？昔日道山路繁闹的庙市何在？他寻访了一些故地。庆幸的是，乌石山图书馆这曾奉献给邓拓丰富知识养料的地方，还保持一些旧颜。他拜访了几位同学和老师。人们对"九·一八"以来，中国抗战的前途极为关心，特别是上海"一·二八"抗战后，中国人民的民族自信心和责任感大为增强。在闽西一带我党领导的工农红军先后几次粉碎蒋介石反革命军事围剿，也是一些关心时局的人们议论的话题。作为一名共产党员和左翼文化战士，邓拓不忘自己肩负的责任，他秘密地寻找党的关系，计划着今后的路怎么走。

母亲看到心爱的小儿子回到家里，悬着的心终于放下了。虽然儿子是满头垢发，面容消瘦，残留着备受监狱之苦的痕迹，但毕竟回到自己的身边，看着他也是一种慰藉。她拿出自产的蜂蜜、鸡蛋为儿子调养。为了不再让母亲担忧，邓拓答应在家里住下去。

这时，中学的同学傅衣凌刚好从厦门回来度假，他们相约到乌山图书馆去看书。半年多的监禁，邓拓对外界情况所知不多，在这里，他翻阅一些书刊，认真"补上一课"。他从《新中华》杂志半月刊上看到了张东荪和叶青等人关于唯物辩证法问题的哲学论战的文章。对于张东荪等人关于哲学问题的讨论，早在20年代初，邓拓就读上海时就留意了。1930年前后，随着中国共产党领导的革命运动蓬勃发展和国际共产主义运动政治形势的变化，在国内进步的思想界开展了一个学习和宣传唯物辩证法的运动。与此同时，各种哲学思想蜂起，他们或者从西方思想武库中寻捡牙慧，康

德主义、杜威主义、贝克莱主义等一时成了向马克思主义的哲学进攻的武器，或者装扮成研究马克思主义而实际歪曲、诋毁马克思主义在中国的传播。主要代表是研究系张东荪等，论战焦点集中在哲学消灭与否、本体论和认识论的关系以及唯物辩证法的实质等问题上。1933年前后，随着前两个问题的被驳斥，一些反动哲学的代表们又变换手法，打着研究马克思主义唯物辩证法的旗帜，肆意歪曲和诋毁唯物辩证法的实质，于是关于哲学论战更趋复杂和深入。

1933年9月，《新中华》杂志发表了张东荪《动的逻辑是可能的吗？》一文。邓拓读后，认为这是为了某种"党派的观念和偏见"，"在学术上故意的诬蔑和攻击，是绝端无聊的举动"。为了"探求真理的究竟"，揭示张东荪假借马克思主义旗号攻击马克思主义的真相，邓拓于10月23日，以"邓云特"的署名发表了题为《形式逻辑还是唯物辩证法》这篇闪耀着思想光芒的文章。① 邓拓这篇文章是以驳论行文的，在批判中建树，充分显示出作者理论认识的深刻和捍卫马克思主义真理的立场。

首先，作者批驳了张东荪混淆马克思唯物辩证法同黑格尔辩证法的本质区别，肆意攻击马克思的辩证法"只是把黑格尔的颠倒过来罢了"的谬论，阐述了马克思主义唯物辩证法在人们观察社会中的重要性。文章一开始，邓拓就指出：张东荪等人大谈唯物辩证法，实质上是冒充"时代的理论家"，是歪曲马克思主义。邓拓批驳说："要将黑格尔的辩证法来代替今日唯物辩证法的解释，是不正确的。""黑格尔的辩证法是一回事，马克思的唯物辩证法又是一回事，就是马克思自己和他的朋友恩格斯等也常常地不止一次地指出马克思与黑格尔完全不同。""马克思的辩证法既不是对黑格尔的误解，更不是什么倒过来的问题。马克思的辩证注和黑格尔是根本不同的两个体系。"对黑格尔辩证法的实质，邓拓作了深刻的分析，他认为："黑格尔唯心论的错误在于，他把人类对外界事物的认识或了解的认识过程与外界事物的运动变化的历史过程等同起来看待。"张东荪是"企图用

---

① 《新中华》半月刊，1933年第23期。

形而上的理性来掩盖黑格尔的唯心的本质"，进而讥讽马克思对这一问题的正确理解，其手段十分拙劣，用心险恶，是想"间接推翻马克思的唯物辩证法"。针对张东荪诬蔑辩证法"在人类思想史上成了过时的古董，只好陈列博物馆了"的谬论，邓拓认为：马克思主义作为革命的科学，是从人类社会实践中总结出来的科学理论，是人类思想的结晶。"辩证法乃自然界、人类社会及思维的一般的存在运动和发展的法则，人们应用它可以认识、把握客观一切事物。"他特别强调："我们应当灵活的运用唯物辩证法的各种规律，把握并解释事物的一切现象。"

其次，邓拓在文章中对马克思主义唯物辩证法的基本观点把握十分准确，显示了作者早期理论修养。虽然这篇"论战文字"不是对唯物辩证法做系统地正面地阐述，但在批驳唯心主义观点中，渗透着作者对马克思主义唯物辩证法及其哲学思想的正确理解。比如，关于认识事物的主客观关系，作者认为："外界事物的运动变化的过程，并不是依着我们认识的过程同等的进行。但是客观的事物之运动变化的过程，却是有规律的。这客观规律不管我们已经认识或是未认识，它总是客观的存在着的。我们今日所得的关于宇宙万有的总的规律（如事物的对立统一规律等）那只是我们已认识了的规律（主观律）。这种已经认识了的规律，是由我们认识后的过程而获得的。而且，当我们已获得之后，就变为我们认识其他一切事物的方法了。所以，主规律只是已认识了的客规律。问题只在于这已认识了的主规律，是否符合于外界事物的运动变化的规律（客观存在的规律）是否能够把握事物的真象。如果能够，这就是主观律与客规律的一致，这就是科学的真理。"这段文字是作者对于认识论的正确理解。革命理论和正确规律的掌握是要同实践结合起来的。这是唯物辩证法认识论的根本，也是人们获得真知，检验思想的唯一途径，而一切反动的哲学思想对于革命人民所从事的斗争实践，大加诬蔑，视为洪水猛兽，并从理论上进行歪曲。在中国马克思主义早期传播中，一些反动哲学在唯心主义思想的指导下，他们对历史和社会发展采取虚无主义、厌世主义，于是，张东荪等人也鼓吹什么"未来不可测"的唯心主义历史观。邓拓批驳说：张东荪"不敢去相信和了解到将来社会的性质绝对与现在相异，人类能够统治自然界的自然性，并且消灭社会的自然性，历史的发展完全可以受人的规划，人的意志能够完全自由。那时人类会更有空前的进步，发展人类的最高文化，更能够控制自然，增进人类的共同的幸福"。

张东荪认为唯物辩证法是"过时的古董"，妄图以形式逻辑取而代之。对于形式逻辑，邓拓仔细地辨析了它同辩证法的区别，一方面指出它在认识事物中的局限，认为它只是抓住些个别的板滞的现象，只能就一时一地的个别现象立论，而不是从事物的历史的发展上来观察。特别是运用它去分析历史，分析社会发展是得不出正确的结论的。但是，另一方面，作为人类的思维的一个方式，它也有值得肯定的地方。所以，邓拓认为，"在某些固定的个别事实的研究中有相当的作用，虽然，在解释一切事物的存在运动变化发展的过程，它是无用的。"

这场捍卫唯物辩证法的斗争，是当时我党领导的思想文化战线上反对国民党文化围剿的一个重要组成部分。第二次国内革命战争开始以后，这一时期是蒋介石反动统治最黑暗的年代。"是一方面反革命的'围剿'，又一方面革命深入的时期，这时有两种反革命的'围剿'：军事'围剿'和文化'围剿'。"[①]伴随着严重的军事"围剿"，在思想文化界，一股反革命的逆流甚嚣尘土。一批反动文人在历史学方面否定中国近代社会反帝反封的革命性质。在哲学方面，鼓吹唯心主义，反对唯物主义和辩证法，其实质都是反对社会革命论，阻止马克思主义传播，为国民党反动政治服务。当时一些共产党人和革命理论家进行了坚决的斗争。在哲学论战中，李达、艾思奇等同志都曾批驳了张东荪、叶青等人的唯心主义观点。邓拓从狱中出来不久，立即投入了这场捍卫马克思主义的斗争。可贵的是作者当时才23岁，显示出革命者的青春锐气和思想批判的光芒。

马克思主义理论在中国的传播中，走过了十分曲折的路，在同形形色色的反马克思主义思潮的斗争中，中国的无产阶级理论家们作出了重要贡

---

① 《毛泽东选集》，东北书店1948年版，第662页。

献，历史不会忘记他们。

在发表这篇文章后，邓拓原打算继续研究和清算张东荪等人的哲学思想。到这年12月，驻守在福建的国民党十九路军，在蔡廷锴等爱国将领的率领下，成立了福建人民政府，公开宣传抗日反蒋。邓拓立即参加了人民政府文化委员会的工作，他负责宣传联络。福建人民政府成立后，在福州人民中掀起了抗日反蒋的热潮，人民政府利用民众高涨的革命热情，举行了一些集会庆祝和游行活动，扩大宣传声势。邓拓白天外出，同派到福州工作的地下党员季步飞、刘湘纹等同志联系，参加群众集会，讲述革命斗争形势，并参加人民政府一些文化政策的制订和宣传工作。据家人回忆，这段时间，他很少在家闲着，常常被一些不熟悉的同志找去。可是，由于蒋介石集团的反扑，人民政府终因寡不敌众，到次年一月，宣告失败。这短暂的一个多月，在具有光荣传统的福州人民心中煽起了新的革命热情，民众革命的思想得到极大的高扬，使国民党右派极为惊恐。于是，"闽变"失败后，反动军队进行了凶残的大逮捕。邓拓也被通缉。这时候，他只好匿迹在家，悄悄地到就近的乌石山图书馆和其他藏书处去阅读。他着重研读了一些国际问题的文章，对原来拟定研究写作的项目，做了一些资料清理工作。

1934年春天，邓拓经父亲的朋友介绍，再次来到上海，在六里桥浦东中学担任教员，后又参加了"中国农村经济研究会"，不久，大哥邓伯宇从河南来信，让他到开封求学。经过一段时间的变乱，邓拓想完成学业，返回原校是不可能了。他心中孕育的一些写作计划，也想找一个安静的环境去完成，对于断离组织联系，他更是有无限怅惘，渴求着新的战斗。邓拓回信给大哥："中州也许是小弟的安身之所。"

"中州客梦寒"

1934年秋天，邓拓来到了河南开封。中州大地也是一个思想的热土，是一个激烈的文化战场。

还是在被捕出狱后,邓拓读了一些新出版的书刊,对当时思想文化界开展理论问题的各种论争很感兴趣,特别是在参加批判唯心主义哲学思想后,深感有必要对于这些"时髦的理论家"作一"清算",他曾打算在上海住下来,读书写作。可是上海烦乱的中学杂务工作和拮据生活的干扰,使他不能安静下来写作,自"闽变"后,他又失掉了党的关系,更使他心头有一种牵挂。当大哥来信说那里有大嫂管家,可以料理生活,河南大学可以插班攻读,在开封有好多图书馆可以自学,比流浪上海要强得多,邓拓决定前往中州,希望到"别一天地"去做些有意义的事。离上海前,他和李拓之合影留念,互赠别诗。多年后,好友把这首诗记忆下来,让人们看到一对战友的情谊,一个战士的情怀和一个革命者的心声:

分袂申江次,离怀怅共倾。
知交贫里见,危局乱中明。
星火迎前路,风波勉此生。
相期他日会,万里怒涛声。

邓拓插班进入河南大学经济系。当时系主任是罗章龙(又名罗仲言),他亲自为这位来自上海的青年办理了入校手续。这位87岁、历经坎坷的老人清晰地回忆起当时情景,他告诉笔者:"邓子健是一个勤奋的学生,那时对一些经济历史就有研究。"① 邓拓除了在河大读书外,利用课余到开封梁苑女子中学、济汴中学兼任历史和英语教员。当时的一些大学,由于政治形势的动荡和国民党教育制度的腐朽,校纪松弛,学生们除了考试时到员外,平时常有人不到校,还发生过有钱人家的学生买取文凭的丑闻。这样,有的家庭困难的学生可以到外面挣来生活费,而一些进步学生从事地下活动也带来了方便。

邓拓对学校的教学是有兴趣的,特别是罗章龙教授亲自讲授的《社会

---

① 系罗章龙同志与笔者1984年5月27日谈话。

主义与社会运动》一课，开阔了大家的思想视野。罗章龙早年留学德国，在马克思主义的故乡特利尔研究过社会革命理论，曾研究了马克思生平和思想。回国以后参加党的中央领导工作。当时罗章龙正在翻译一本马克思传记的书，他把这本书的精髓渗透到课堂讲授中，一些从事地下工作的青年学生很愿意听他的课。除了经济学史、经济理论等课程学习外，邓拓还系统地阅读了一些历史书籍。

下课后，他回到砖桥街大哥那儿。大哥是省政府的一位职员，嫂子是一位妇科医生，在开封他们结交的人多。邓拓来到开封的头一年，他用自己戏称为"啃酸果"的劲头，研读了一些大部头著作，包括不少马克思主义经典著作。他还找历史系的教授马非白等人请教一些问题。他关注着一些经济历史问题的讨论文章，潜心搜求有关书籍。到开封后，他已藏书十多箱，并利用阅读时做了大量的资料卡片。

河南大学是庚子赔款后建立的。20世纪30年代初，一些著名的教授和学者到校任教、讲课。像李达、范文澜、邓初民等人曾先后到河大讲授哲学、历史等课，使理论研究活跃一时。河南大学党组织30年代初也较活跃。特别是"一二·九"运动发生后党组织由于国民党反动政府的阻挠、破坏，在一段时间曾发生过有四五个党小组活动，但因不是一个系统，没能够统一起来。这种分散的状况，在敌人凶残的魔爪伸向学校时，遭到了较严重的破坏。①

1935年12月9日，北平学生抗议日寇侵占我华北领土，在党的领导下爆发了声势浩大的示威游行，他们高呼"停止内战，一致对外"、"打倒日本帝国主义"的口号，偌大的中国，放不下一张安静的书桌。"一二·九"运动后，北平学生联合会成立了中华民族解放先锋队（简称"民先"），学生运动在党的领导下掀起了新高潮。

邓拓在1936年暑假以后，积极参加"民先"活动，北平学生运动如

---

① 此资料据当时曾作为北平地下党派在河南工作的刘子厚同志1983年6月同笔者的谈话。

火如荼,很快就燃烧到了古城开封。开封"民先"活动同党的地下工作结合起来,中共党组织利用青年学生高昂的斗争热情发动广大群众开展了轰轰烈烈的抗日救亡运动。邓拓曾担任"民先"运动开封支队的总支队长。

1936年夏季,中共北平北方局中央鉴于开封一带党组织受到破坏,委派到洛阳接受任务的刘子厚同志到开封建立联系并检查工作。暑假以后,刘子厚辗转到了开封。在一个作为开封"民先"活动的办公室的旧庙里,刘子厚找到了邓拓和另一位负责中学"民先"运动的同志。刘子厚和同来的北方局军委工作的杨怀山、邓拓及另两位同志,在这个临时会议室里商量了一些工作。"民先"运动在开封开展起来后,队员们遵从北平总部的指导,积极参加当时一些爱国救亡活动。"民先"队员多是一些大、中学生,它是青年自发的救亡团体,它是一个富于救国热忱的救亡团体。[1] 它团结了许多热血青年。河南"民先"活动是半公开性质的,1936年夏季前后,"民先"成员为反对汉奸殷汝耕伪自治政权,支持上海反帝大同盟的活动,在开封城内散发传单,联络工友,印发小报。当时,河南的国民党特务组织是蓝衣社。他们暗地里追捕、残害革命学生。河大的蓝衣社特务学生,就曾几次因监视邓拓他们的活动遭到"民先"队员的训斥,后来一位队员在学校墙上化名贴上了一首讽刺诗,嘲弄那些拿着特务机关津贴的鹰犬们反动嘴脸。

作为开封"民先"活动的主要活动分子和负责人,邓拓组织队员开展救亡工作,有时陪同北平来的联络人召集会议。只有晚上回到住地,他才关起门来读书写作。他这时把主要精力放在对中国古代经济历史的研究中。

1935年10月,邓拓以邓云特笔名发表了《中国社会经济长期停滞的考察》[2]一文,开始了他这一时期经济历史问题的研究。致力于这一专题的研究计划,他早在上海中学教书时就萌生了。当报刊上开展的十分热烈的有关中国经济历史和社会问题的讨论后,邓拓阅读了有关文章,曾想对这

---

[1]《一二·九运动回忆录》,人民出版社1982年版。
[2] 见《中山文化教育馆季刊》。

些问题"发发言"。到开封后,他致力于有关经济著作学习,同时他又旁听了历史课程,又有了相对平稳的环境及可资利用的河大和附近学校的图书资料。这些条件催发着他向这一重要目标出击。自1935年10月到1937年夏,他先后发表了7篇关于中国经济历史问题的文章,撰写了一部《中国救荒史》的专著。

1937年春,邓拓接待了北平"民先"运动派来的联络员。一天晚上,他们在西北中学教室里召开会议。街上传来尖厉的警笛声。原来已经通知了的高中"民先"运动的联络人迟迟没有来参加会议,按惯例,又是特务抓人了。会议决定临时改变地方,到南门里一家旅店召开。为了保护北平来的同志的安全和有关文件的转移,党组织决定由邓拓护送那位同志回北平。

到了北平后,邓拓向"民先"运动北平总支部汇报了工作,在北平双塔寺附近住了下来。初次来到这座古都名城,对我国灿烂的历史文化很感兴趣的邓拓,很想到名胜去游历观赏,但是北平当时政治形势紧张,国民党汉奸特务活动猖狂,他不便长时间住下来,不几天,党组织决定派他到苏北一带去工作,那里群众的革命运动开展得火热,党的基层组织工作也还正常。邓拓先回开封,之后准备去苏北。不料,在回开封后的一次集会上,邓拓和几位"民先"队员被捕了。

这次被捕时间是一个月左右。全国抗战形势风起云涌,一大批"政治犯"在狱中抗议国民党"外战外行,内战内行",我党中央利用日益高涨的革命形势,迫使国民党释放"政治犯"。迫于抗战形势和人民群众的压力,国民党当局释放了一批"政治犯"。

邓拓是1937年6月出狱的。出狱后,他参加了国民党河南主席商震领导的前线服务团,慰劳抗战的军队。在河北束鹿一带,邓拓在前线看到那些英勇抗战的下级官兵们同仇敌忾,表现出中华民族不甘屈辱的精神,深深感到民心不可抗违,伟大的民族感情所迸发出来的力量是不可战胜的。

河北束鹿一带的西边,是我党即将开辟的晋察冀边区。"黄河之滨,集合着一批优秀的儿女",早在北平,邓拓就曾想通过组织到解放区去,到中国的"西北角",寻找自由的"巨人",因此,他曾给友人去信说:"西方有巨人焉,吾将往从之。"①

不久,日寇轰炸开封,形势吃紧,大嫂要搬往西安;当他们举家西行时,一个宏伟的计划在邓拓心头萌发了。

邓拓在开封曾在给同学的诗中写道:"天末惊飙起,中州客梦寒。""何日追逝景,奋翅越重山。"开封早期较为安定的生活,玉成了他,他写下了有关经济历史的论文和历史专著,但是动荡发展的革命形势,使他在追寻一条新的道路。当他乘车来到黄河边上的风陵渡时,他决定北上,寻找民族的"巨人"——共产党领导的抗日民主队伍。

深入研究中国经济历史

邓拓在开封三年革命文化活动的一部分,是他对中国经济历史认真深入的研讨。这三年是国民党反革命围剿十分严重的时刻,配合政治、军事的反革命围剿的展开,在文化领域里,反革命围剿也十分猖獗。关于中国社会史分期的论争,关于中国古代经济历史和近代资本主义萌芽问题的论争,以及中国社会性质问题的论争等等,成为当时马克思主义者思想文化战斗的一个重要组成部分。

两年多时间内,邓拓一共发表了近四十万字的论著,对中国奴隶社会的存在及分期问题,对封建社会长期停滞的历史原因,对中国古代农业、手工业发展和近代资本主义萌芽以及中国的救荒历史等进行了比较深入系统的分析。本来,他曾致力于中国古代经济历史的广泛研究,他在回忆对救荒史的研究时说:"本打算把各部的材料逐步整理出来,不料我的研究计划受了战争的影响半途而废,不仅是其他附属的材料,就连主体部分的草稿和资料也散失了。"②从总体上看,这是没有完成的"工程",但从发表了

---

① 廖沫沙等:《忆邓拓》,福建人民出版社1980年版,第223页。
② 邓云特:《中国救荒史》,生活·读书·新知三联书店1958年版。

的著作中，也足以表明邓拓研究中国经济历史取得的重大成果。

关于中国社会性质及其历史的研究，比较早的在20世纪20年代末就开始了。大革命失败后，革命实践的迫切需要，促进了对马克思主义理论的传播，对新兴社会科学的研究。在文学界，产生了无产阶级文学的论争，在史学界，人们迫切要求探索中国社会的现在和过去，并从中得到启示。1930年5月，在上海出版的《新思潮》上，潘东周发表了《中国经济的性质》、王学文发表了《中国资本主义在中国经济中的地位、发展及其将来》等文章，揭开了史学界研究中国社会性质的序幕。进而，史学界开展了较为热烈的中国社会史分期的讨论。

这些极为活跃的史学问题论战，实质上是"中国人民民主革命在当时的思想和政治战线上激烈斗争的一个组成部分"[①]。一方面，一大批以科学社会主义思想为指导的社会科学家，阐述了中国社会性质及其中国经济历史问题；另一方面，一批反动的文人，包括国民党分子、托派等，以唯心主义和虚无主义的论断，否认中国历史的客观发展，妄图以此反对科学理论的传播。特别是汉奸文人，贩卖帝国主义理论，为日本侵略者吞并中国的野心张目。在文化领域内的这场斗争，成为粉碎国民党反革命政治、军事围剿的又一翼。于是这场发生在大革命失败后、延续到抗战兴起，前后十几年的历史问题的讨论，实际上是思想领域内的一场革命与反革命的斗争，考验着中国共产党领导下的无产阶级左翼文化战士。所以，正直的有良知史学家都参与了这场讨论。

邓拓在他的第一篇史论文章中，开宗明义地阐明了研究中国历史问题的宗旨。他批评说："从陶希圣到胡秋原、任曙以至王益昌等人，对于中国社会经济的发展，作了使人头昏的一系列颠倒是非的歪曲。他们虽然各执一说，没有统一的主张，然而在阉割历史的这一点上，他们的作用却是相同的。"邓拓依据马克思主义分析一切社会问题必须从该社会的经济结构和生产方式等入手的原理，在史学研究中，运用马克思主义历史唯物论的

---

① 邓拓：《论中国历史的几个问题》，生活·读书·新知三联书店1959年版。

原理分析中国封建社会长期停滞的经济原因。他认为,这种分析问题的方法才是科学的钥匙,是解决问题的关键。为了正确地分析和说明半殖民地半封建社会的经济历史原因,他考察了中国封建社会长期不发展的原因,并从农业、手工业、商业资本等方面进行了详尽的分析,形成了他对中国经济历史的研究系统。

关于中国封建社会长期停滞的原因,是邓拓史论研究的重点,也由此开始了他对这一时期史学问题研究的持续性。在第一篇史论中,他着重分析了造成中国封建社会经济长期停滞的历史原因,主要在于中国历史上的旧生产方法,即以农奴为主体的小规模农业生产和家庭手工业的紧密结合,构成了内部坚固的"小规模经济体",使商业资本得不到发展。他还运用恩格斯关于"历史里面的最后的决定因素是现实生活的生产及再生产"的原理,分析批判了对于中国封建社会性质形形色色理论的臆断和妄执。他分析了流行于当时史学界所谓鸦片战争前中国社会是"商业资本主义社会说"、"前资本主义社会说"、"亚细亚生产方式说"、"专制主义社会说"等,认为是没有遵从马克思主义关于划分一个社会经济形态的标准只能从社会生产方式和经济物质生活中去寻找的研究方法,是违反科学的。

在《中国封建社会长期停滞的考察》一文写作半年后,1936年5月,邓拓又发表了《中国历史上手工业发展的特点》一文。尔后,作者又写了《再论中国封建制的停滞问题》(1936年7月)、《论中国经济发展史中的奴隶制问题》(1936年11月)、《近代中国资本主义发展的曲折过程》(1937年春)、《中国长期封建社会农业生产关系的变化》(1936年夏)、《中国封建制停止的历史根源》(1936年9月)等篇。概括分析,邓拓关于中国封建社会经济历史的研究,贡献在于以下几个方面。

一是对历代手工业经济形态做了较为仔细的研究和阐述,特别是对阻滞中国封建制经济"历史的龟步"、迂缓发展的官营手工业的发展状况和历史惰力进行了揭示。邓拓把中国封建社会历史上手工业经济发展分为官营、城市和农村手工业三个方面,并分析了他们的不同特点以及在封建经济发展变化过程中的作用。作为支撑中国封建社会经济三大支柱之一的官营工业,有人过分夸大了它的历史作用,把它同西欧资本主义大工业前身的工场手工业做皮相的类比,认为它已经是达到了"距机械的发明不远",或"已经到资本主义社会"的程度。邓拓不同意这种看法,认为它们本质上是不同的。前者是以封建劳役制的"工奴"生产为基础,根本上不是以剩余价值的生产为目的,即不是为市场而生产的。它全然是以生产封建主人们直接消费或享乐的资料为目的。而后者是建基于工钱劳动者的生产上,而不是广大封建工奴,它是引向大工业的进步的形态。由于这个历史特点,中国封建官营工业在封建社会生产关系中,"堵塞了工业生产物的商品市场,同时,还箝制了其他形态的工业生产。"它同其他两个方面,构成了封建制的经济特征,"窒塞了一切历史的进步因素,使生产方法的任何根本变革都成为不可能。"

二是关于中国历史上奴隶制分期问题,邓拓明确地提出了中国奴隶制社会划分应在殷代。这是他早期对历史综合考察后得出的结论,是符合事实也是当时史学界较为一致的看法。对奴隶制社会分期问题的讨论,早在1928年就在我国史学界展开,它源于苏联关于亚细亚生产方式的讨论。马克思主义的创始人在分析西欧各国历史上的社会经济形态时,划分了几种不同的形态。而这些对于东方各民族是否适用,特别是在中国要了解和研究中国社会性质和革命性质,必然要对中国历史发展的过程进行认识。当时,一些国民党御用文人以及托派分子,不是以"国情不同"为由,矢口否认中国奴隶制的存在,就是对这一历史阶段的下限,极不尊重历史,信口胡诌(当然也有我们的同志间学术之争)。在邓拓文章发表前,关于这一问题的讨论主要是就这一特殊形态究竟是否在东方古老的中国存在,也即马克思主义创始人对这一问题的论述是否符合中国国情的讨论。郭沫若在1929年发表的《中国古代社会研究》一书中,驳斥了"否定论"说,他从大量发掘的实物中论证了这一社会形态在中国存在的事实。邓拓在《论中国经济发展中奴隶制问题》中,从经济史的角度,分析了奴隶制在中国殷代社会存在的不容置疑的事实。邓拓概括的划分奴隶制社会"必须具备的社会生产的几个主要前提",即"纯农业的发展,比农业更占优势的牧

畜业的发达,工艺劳动的出现和商业的初起"等,是符合实际的。

在颇为热烈的"奴隶制社会问题"的讨论中,关于这一社会形态下限的时间是争论有年的。邓拓在本文中,详细分析了殷代社会农业、手工业、畜牧业的发展水平,得出了殷代社会是奴隶制存在的历史时期的结论。对于中国奴隶制下限时期,目前史学界有不同看法。新近出版的《中国古代史分期讨论五十年》(上海人民出版社出版)较为详细介绍了有关情况,对于30年代参加这一问题讨论的较有代表性的郭沫若、吕振羽、翦伯赞、邓拓等人的观点作了介绍。

三是邓拓在考察了历代手工业发展历史的同时,对中国封建社会"农业生产关系变迁的具体历程"进行了研究。他从中国封建社会经济发展迂缓的这一论点出发,提出了"从西周到鸦片战争前,这漫长的历史中中国农奴制的发展不同于西欧,经历了四个不同时期,出现了四种不同形式。"他说:

> 从西周至战国末年为第一时期,这是劳役制占优势的时期,从秦代统一至东汉为第二期,这是贡隶制占优势的时期,从魏、晋至唐代中叶为第三期,这是课耕制盛行的时期,从唐代中叶以后直到清代鸦片战争以前为第四时期,这是佃役制取得了支配地位的时期。

同时,邓拓把这四个时期当作封建社会发展的"创立期"、"发展期"、"转向期"和"烂熟期"等四个阶段。这一划分较简明地勾勒了中国封建制社会农业生产发展的几个不同阶段和与之相适应的社会历史变化的具体过程。作者在每一具体历史过程中,从分析封建生产关系的重要特点出发,引据史实,阐述了每一不同阶段的特性及其形成过程,又指出它们之间的相互联系和交叉,指出作为一种发展的经济形态,它们的历史必然性。

四是在研究中国近代社会的性质时,批判了所谓"资本主义社会说"、"外铄论"等历史唯心主义的谬说,研究了在"中国封建闭关的局面被打破以后,为什么不能迅速采取资本主义的生产方法,使中国经济走向资本主义的发展道路，而偏偏会被国际资本主义紧紧地支配着，变成一个半殖民地半封建的社会"这个中国近代社会发展问题的难题。

邓拓在《中国近代资本主义发展的过程及其特性》一文中，对于19世纪以后中国近代社会经济历史的曲折历程进行了阐述。对近代社会性质的研究，是邓拓对中国历史经济问题研究中的一个补充。早在半年前，他在另一篇文章中说到"拟写一篇中国19世纪工业发展的研究来参加关于'停滞'问题的讨论。"对中国近代社会历史的研究是他对中国整个历史问题考察的必要部分，同时，在第一次国内战争时期，随着阶级斗争和民族斗争的不断发展，联系现实研究中国近代社会经济历史是当时史学研究中要回答的一个重要问题。一些马克思主义史学家针对有人妄图从否定中国近代社会性质，到否定人民大众进行的反帝反封建的革命斗争的反动企图，提出了半殖民地半封建社会性质的正确结论。

邓拓着重批驳了所谓"在外力的影响下"，中国已经变成资本主义的谬论。他从分析中国封建社会存在的旧工业即官局工业的瓦解和近代产生的所谓新工业、主要是军火工业形成的过程及其实质，指出中国近代社会的性质。邓拓认为，外国资本主义入侵之后，所谓中国的"新工业"，诸如19世纪70年代开始以后的清朝政府，在中国各地所创设的兵工厂、制造局等等，实际上只是旧的"官局工业"的延续，它同一般正常发展的大机器工业是背道而驰的，它的兴起完全是清朝政府受鸦片战争失败教训和内战经验刺激的结果。为了进一步说明中国鸦片战争以后社会经济的特点，他又从这一时期的不同历史阶段进行分析。他认为封建军事工业的性质出现的军事机器工业，一直发展到19世纪80年代。"从19世纪80年代末，直到19世纪终了的整个时期，即所谓官督商办时期中，各种工业经营吸收商股，都因为封建政府财政困乏，而不是产业资本的自然成长。""正是由于中国长期封建社会没有具备资本主义发展的历史前提，19世纪初叶中国封建社会经济结构内部生长力的发展，还没有达到工厂手工业的完成阶段，所以国际资本主义的侵入，中国的经济遭到了完全被奴役的命运。"由此，他认为，"中国的命运是要有新的产业革命，绝对不会是资本主义的，而必然是社会主义的。"这一结论无疑显示出一个革命的史学家的精神旨归。

一部"扛鼎"之著

1936年6月，上海商务印书馆出版了邓拓的《中国救荒史》一书。

这是作者开封三年研讨中国经济历史的又一收获。这部长达25万字的历史专著，是他在离开开封前的两个月，利用暑假时间，紧张地写作而成的。炎热的夏天，挥汗如雨，在一个简陋的屋子里，邓拓铺开一张张历史资料卡片，开始了他谓之"啃酸果"（当年恩格斯在《反杜林论》中说及严正繁难的研究有如"啃酸果"）的工作。从狱中出来后，他曾写信给同学傅衣凌："目前国难当头，我们应该做一件扛鼎的工作，不是在战场上和敌人进行生死搏斗，就应该在学术上有所贡献，写一、二种大部头的学术著作，发扬祖国的文化。"①他自己在认真实践着。

研究中国的救荒历史，这本身就是一个十分艰巨而繁难的工作，同时也是一个新鲜的论题。漫长的中国几千年历史，人类社会递嬗衍进，有不少灾荒发生，给人类社会经济生活和政治生活产生着极大的影响。然而，对于这方面的研究，在中华历史汗牛充栋的典籍中却极少，更缺少在科学的历史观指导下进行系统研究的专著。1936年6月，邓拓的《中国救荒史》出版的时候，在中国大地上，大自然的灾荒仍在一些地区发生，而国民党反动派无视广大人民的生命财产，不仅不采取有力的救荒措施，反而一次次发动反共的高潮，人为地制造社会灾祸，所以在这样一种历史情况下研究历代灾荒发生情况，对救荒的历史进行批评，意义极其深远。

全书共分三编。第一编《历代灾荒的史实分析》，论述了中国历史上自有史以来的灾荒实况，并对灾荒的成因，灾荒对实际的影响，进行了分析。第二编是历代救荒思想的发展，作者考察和引述了中国历代关于灾荒

---

① 廖沫沙等：《忆邓拓》，福建人民出版社1980版，第223页。

的救治思想，包括天命主义的禳弥论、消极的救济论、积极的预防论等，对于产生这些思想的社会历史根源也作了概略的分析。第三编是历代救荒政策的实施。同第二编比，主要是论述救荒的方法，包括历史上一些积极的和消极的措施、政策。

救荒史的研究，作为一项荜路蓝缕的工作，作者以丰富的历史资料和对史实的考察研究，较全面地反映出了这一专业的历史面貌，提出了自己的学术见解。在"绪言"中，作者阐明了研究救荒史的要旨，表明他力图用历史唯物主义的原理研究这一重要的史学问题。他说："所谓'救荒'就是人们为防止或挽救因灾害而招致社会物质生活破坏的一切防护性活动。把历代的人对自然控制的具体关系和防止或挽救因为这种关系被破坏而产生的灾害所采取的一切政策思想记述下来，找出经验教训，这就是救荒的实况和救灾政策，而且要记述和分析历代社会经济结构的形态和性质的演变以及它们和灾荒的关系。因此，救荒史不仅应该揭示灾荒这一社会病态和它的病源，而且，必须揭示历史上各阶段灾荒的一般性和特殊性，分析它的具体原因，借以探求防治的途径。"

作者正是循着"揭示社会病态和病源"、"探求防治的途径"的线索，形成了较之过去关于救荒史研究的全新面貌。历史上对于救荒史的研究，"没有系统的著述"，但不乏有封建文人和历代统治者收录的灾荒史实，记载当时某一思想家和政治家以及统治者关于救荒活民的论述的著作。如宋代的《救荒活民》、清代《康济录》《荒政辑要》等。它们多从统治阶级的立场出发，或把历史上关于灾荒发生的原因及程度作些歪曲，或对因灾荒而加剧了人民群众的反抗斗争进行诬蔑，更多的是对统治者涂脂抹粉。一本明代的《赈豫纪略》就宣称是为了"宣播皇上好生之德"的。列宁曾指出，马克思主义以前的历史理论有两大缺点：一是至多考察了人们历史活动的思想动机，而没有考察产生这些动机的原因；再是这些历史理论并没有说明人民群众的活动。① 由于阶级和历史的局限，以往有关的历史研究都逃

---

① 列宁：《卡尔·马克思》，新华书店1946年版。

不出历史唯心主义的泥淖。从《中国救荒史》一书中，我们看到作者以历史唯物论为指导，研究救荒史所取得的收获。

首先，邓拓科学地阐述了"灾荒"的定义，把人们对灾荒的认识建立在历史科学认识之上，并由此考察灾荒引起的社会情况的变化，对灾荒形成的原因和影响作了深刻的分析。

对于灾荒的成因，有人"仅仅是根据表面的直觉的现象"作判断和解释，认为是"基于天然原因而致食粮供给之失败也。"[1] 邓拓一反旧历史学的迷失，指出"灾荒乃是由于自然界的破坏力对人类生活的打击超过了人类的抵抗力而自然条件控制的失败所招致社会物质生活上的损害和破坏。"基于这一认识，他把发生灾荒引起的损害的原因进行分析，认为是两方面：一是自然条件的作用，即居于人类生活主体之外，并给予人类生活以某种程度的阻碍或便利的各种固有的地形、地质、温度、雨量等自然力；一是社会因素，包括苛政、战争和技术落后。而两者间，最根本的原因又是后者。因为自然环境属于外部条件，惟有通过社会的内在条件，才能对社会发生影响。在分析灾荒形成的社会因素时，邓拓论述了封建苛政、战争和技术落后同灾荒的关系，又指出："从来灾荒的发生，带根本性的原因无不在于统治阶级的剥削苛敛。""盖就一般情况而言，我国历史上每次大灾荒之事来临常与农村剥削之加紧与土地兼并之过程相并。"对于社会因素的作用，他不同意有些外国学者关于中国灾荒根源于"人口过挤"的论点。他批驳说，把人口问题作为主要的原因是十分荒谬的，"人口论者仅着眼于社会的人口因素，而把它看作灾荒发生的根本原因，这实在是不科学的。人口论者虽然能从社会条件来分析灾荒发生的原因，但人们的所谓社会条件，并不是基本的社会条件。基本的社会条件，应该是一定社会经济结构中人与人的生产关系。我们要想寻找历代灾荒形成、程度和不

---

[1] 邓云特：《中国救荒史》，生活·读书·新知三联书店1958年版。

断扩大再演的根本原因,只有从人与人的生产关系中去寻找。"①在这一思想指导下,作者把灾荒同战争、苛政联系起来分析,对灾荒引起的社会变乱和经济落后进行了深刻的分析。邓拓认为灾荒是造成劳动力锐减的原因之一,由此又造成了国民经济的破坏。特别是对于苛政加剧灾荒的形成和发展的剖析,显示作者对时弊的鞭挞和抨击,使这部历史著作有鲜明的战斗性。

其次,作为一部学术专著,表现了作者对救荒历史知识的系统掌握,引述繁多、史料丰实、条分缕析地标示出我国历代灾荒发生的情况和救治对策,使中国历史"上下五千年"的发展过程中,灾荒的历史面貌第一次有了完整的归类和分析,形成了一定的科学研究的系统。作者从史实、思想、政策的实施三部分概括,较完整地反映了中国救荒史的历史情况。作者引述史实,上自甲骨文,下迄新近的报章文字,使一部史书具备了较实在的史料内容。

再次,作者以史笔去书写历史,一反旧时代史家不敢批评当朝时政的窠臼,在一定程度上,对国民党反动当局腐败政治进行了批评和鞭笞,使这部史书显示出应有的战斗性。马克思主义历史学研究不同于旧时代的历史研究,作者在科学的思想指导下,客观地反映历史,不避讳,史书直笔,具有坚持真理的勇气和思想批判的锋芒。邓拓把统治者的暴行和苛敛作为灾荒产生的重要因素,在分析考察近十年水涝旱灾时,他严厉揭露国民党统治当局和地方官吏,不修政事,造成灾荒年年不断,指出:"过去数十年间由于政治之不良、封建剥削之严酷,不仅水利组织破坏而无建设;即森林也多毁灭,加以整个农村经济之破产,农业恐慌之侵袭,遂使灾荒接连爆发而不可收拾。"对于国民党当局实施的一些救荒政策,邓拓揭露其弊端。比如放贷救灾,他以1934年安徽大旱为例,分析说:"被灾最重及较重之十五县,放出贷款总数仅十五万元,而贷款标准又规定每一互助社由一百五十元至三百元为度,每一社员平均只以五元为准。其他未得此项

---

① 邓云特:《中国救荒史》,生活·读书·新知三联书店1958年版。

贷款者，更不知多少？且此项贷款，事实上又往往为地主及富农所把持，贫苦农家，殊不易普遍获得。至于一般农村中贷款手续，多有不便，致贷出时期，已误农时。同时因灾后农家物资普遍之缺乏，故大部分农民，率以贷款购买粮食，而充直接之生活费；或因以清偿旧债，其分配于实际生产方面者，不过一极小部分之数目耳。而市场上农产价格之跌落，更多陷农民于无法清还，贷款之悲惨地位。贷款之用途与效果，至是几完全归于消灭。"

据当时同作者在一起的李拓之回忆，邓拓写这部书稿仅用了一个多月的时间。他的笔头很快，每天一边写一边请人手抄。当时，商务印书馆的一位姓李的编辑是作者的同乡，他催稿很紧。在这样的情况下，作者夜以继日，"匆促嘱稿"，赶写了这部书。时间紧是一个原因，资料也缺少，作者仅凭过去抄录的卡片和手头上的书籍，在国民党蓝衣社高压下的开封，他在一段时间内活动受到限制，连到外面找资料也不方便了，这自然影响了资料的收集和核对。值得提及的是，这部作为《中国文化史丛书》第二辑的著作是由国民党文人王云五主编的。作者在前言中曾说到，正文之末，原定有大纲和结论一编，论历代救荒政策之利弊及其教训，论造成灾荒之社会因素中原拟有"现代灾荒中之新社会因素"部分，后都略去。李拓之回忆说，当时编辑部曾要作者把有关部分删去。从作者绪言中，可以看出这本书在国民党文化围剿中留下了可憾的疤痕。无疑，也造成了我们准确地研究作者写作思想的一个憾事。尽管如此，本书还是以它对救荒史的研究赢得史学界的注意，成为中国救荒史研究中的一部"扛鼎"之作。出版后，被译成日文在日本出版。作者对中国历史上劳动人民生活实际情况的研究，对中国救荒史研究的开拓工作，留下了一个史学家的劳绩。

在反文化围剿的近十年里，邓拓走出家门，踏入社会，投身革命事业，并逐步学习运用唯物辩证法、运用马克思主义原理观察分析问题，他取得了成功。"铁窗风雨"的革命斗争锻炼，使他对中国革命的实际问题有切实的感受，也有迫切探究的欲望。参加实际斗争，包括参加哲学和史学问题的论争，使他思想得到极大的发展，最终形成了经世致用，献身实际斗争的特色；在革命斗争和文化批判方面，他冲锋陷阵，掌握科学理论，向着坚定的无产阶级文化战士方向前进的斗争中，他迈着坚实深沉的步子。他的文化成果特别是史学的成绩，把一个深沉而执著、一个自觉研究社会历史问题的文化学者和革命志士的形象，描绘了出来。

如果我们回顾一下邓拓这一时期的战斗历程，可以看到，参加"社联"，开始写作，加入党组织和从事地下工作，这是他思想发展的重要转折点。如果说这以前是以革命民主主义思想为主导的话，这一时期，他成为无产阶级坚定的文化战士，成为执著研究中国经济历史的史学家，这一思想特征的成熟界标应当是他参加对反动哲学思想的批判，是客观而理性地认知中国灾害历史及其救助情况。从家乡童年走过来的邓拓由于家庭教育和环境的影响，他的思想显现出深沉、求实、执著的特色，到1930年前后，他已经接触了许多革命理论书籍，包括马列经典，也参加过一些实际的斗争，然而，这时他主要是读书学习，在书本上接触革命理论，一些斗争活动多是基于热血青年的崇高义愤和职责。1930年冬，他入党以后，学习了党的文件，在组织的指导下秘密工作，为发展党员壮大组织做了不少工作，但在当时的白色恐怖中，党员活动限制严格，党的组织受到"左"倾思想路线的干扰，搞飞行集会、武装暴动，给党的工作和党员思想都带来不同程度的影响。在革命活动中，邓拓和同学们贴标语传单，上街游行请愿，飞行集会。有一次法政系学生去南京后，不准进总统府，说是带有炸弹凶器。这些行为扩大了革命宣传声势，但不能不是潜藏着一种"左"的思想倾向的冒险行为。所以，这些手无寸铁的学生们，遭到了拘捕和殴打。张稼夫同志回忆当时情况时说："当时'左'倾冒险主义领导，命令基层党组织搞飞行集会、游行集会，散发传单，而且定时、定点，给党的基层组织造成许多无谓的牺牲和极大的困难。"① 这一时期，邓拓是一位热血战士，但他的知识才华还没有充分发挥出来。到了1933年，他经过狱中锻炼，出狱后在家乡乌石山图书馆仔细研读了一些历史、哲学和其他社会科

---

① 张稼夫等：《庚申忆逝》，山西人民出版社1984年版。

学书籍。他积极投入到对反动哲学思想的批判中。他运用科学的理论武器观察问题，在《形式逻辑还是辩证法》一文中得到了体现。尔后，他参加中国历史问题的讨论，娴熟地运用马克思主义分析历史，标志着他思想的成熟发展。当然邓拓思想总的倾向是与时俱进的，而其路向是平直向前的。他不同于"五四"前期文化前驱们在各种驳杂纷呈的思想潮流面前，颇费心力地选择，也不同于从旧的营垒冲杀过来的战士，作最后的"反戈"需要历经漫长的时间。他在同辈学人中思想成熟是较早的。革命实践的淬火，理论与文化的直接交战，他无疑成长为如鲁迅当年推举的"精神之战士"。邓拓的哲学论战文字，虽然写在我国马克思主义传播日渐深入的时期，但作为一个二十岁左右的年轻学人，思想起点应该说是很高的。他参加革命活动较早，入党也早，从家庭教育来说，很早就磨炼了他质朴顽强的性格。他出生在一个动荡的时代，有幸在踏上社会之后，就接受了革命理论的哺育，这些都为他在思想进步上，迈出积极步伐创造了有利条件。更主要的是，他有一腔史学家的深挚和革命家的赤诚，以及对中国文化的拳拳情怀。

　　邓拓的思想成熟发展主要体现在他对马克思主义的掌握运用上，这标志着一个早期的左翼文化战士所能够达到的水平。他这一时期的著述不多，可是在论述的深度和思想的水准上，都达到了一定高度，在当时同辈学人中，甚或老一代文化战士中也是不多见的。《形式逻辑还是辩证法》一文表现了这位25岁的年轻作者思想理论水平，特别是他关于唯物辩证法与形式逻辑辩证关系的分析，在当时一些论者中，要么是把两者混同，要么夸大或否定了形式逻辑的作用，即使一些以马克思主义为指导的研究学者也有些偏失，而邓拓则不同意张东荪等人的"混同论"，也不同意把形式逻辑全盘否定的片面性的错误。关于历史的研究，邓拓不仅开辟了以马克思主义为指导研究的广阔领域，也提供了一个从事革命斗争的青年学者的成功经验。他关于封建社会农村共同体和专制主义历史上作用的分析，是同历史学家何干之进行争辩的。何干之同志后来撰述了不少专著，在中国革命史的研究中取得了成绩，但关于封建专制主义的历史作用和农村共同体的认识是有偏差的。正如邓拓所批评的,没有从一定的经济基础中找原因。邓拓的史论也表现了他史料分析和理论指导很好地统一结合。当时,陶希圣等人把运用马克思主义的正确观点分析历史、指导研究,说成是公式主义,妄图否定马克思主义指导。也有人走向另一极端,研究历史不注重史料。邓拓批驳了陶希圣的独尊史料而否定正确的理论指导的错误,认为历史科学应在科学理论指导下,从研究搜集史料出发研究历史。另外,他还表示了对一些史料的不盲从和不迷信,甚至像普列汉诺夫这样的曾被认为马克思主义理论家,邓拓也批评了他否认中国奴隶制社会的观点。这些,无疑是一个革命文化战士思想成熟的重要标志。

邓拓作为一名理论战士,率先在哲学和史学方面寻找进击"目标",有所成绩,是有一定的客观原因的。一方面,实际斗争吸引、召唤了他,在邓拓的著述中多次提及;同时,也是作者思想发展成熟的必然要求。他在人生道路上努力探求,在重大的社会思潮和理论活动面前,一个求索奋进者是不甘沉寂,积极进取的。他专攻历史和经济学,丰富的知识积累和坚定鲜明的政治立场,以及作为"社联"盟员的责任,是他在反文化围剿斗争中冲锋陷阵的根本动因。如果不是战争的影响,也不是他后来到抗日根据地担负党的新闻宣传工作的重担,他可能沿着自己已经开辟的道路,在史学和哲学的领域里辛勤耕耘不辍、获取更大丰收。这早期的笔耕,表明他不疲倦地追求"真意",奋发进取,为他日后在思想理论宣传中取得卓著成绩,奠定了基础。

反文化围剿的十年,邓拓经过革命斗争锻炼,积累了丰富的知识,他成长为坚强的文化战士。参加批判反动哲学和研究历史,磨砺了他的思想锋芒,表明了他的思想追随时代脚步前进。他在文史哲方面的涉猎和收获,已经把他作为一个知识丰富的"杂家"粗线条地描绘了出来。

第三章　晋察冀边区十年

"奋翅越重山"

1937年7月7日，日本侵略者悍然向中国发动了攻击，卢沟桥上震惊全国的炮声，唤起了一大批爱国志士和热血青年。为了挽救民族危亡，7月8日，我党中央及时向全国同胞发表宣言，号召全国人民起来抗战救国。这一英明决策，受到全国人民的热烈拥护。在前方，英勇的爱国志士们赴汤蹈火、浴血奋战，在敌占区，一大批中华好儿女，踏着先烈们的血迹，投奔抗日战场，奔赴中国共产党新开辟的抗日民主根据地。

这年10月，晋察冀边区五台山麓，漫山遍野一片勃勃生机。经过酷暑之后的枣树、核桃树，硕果挂满枝头，呈现出色彩斑斓的景象。山坡上，一株株挺拔的高粱，正抽红吐穗。晋察冀，迎来一个金色的秋天。

在一间临时会议室的屋子里，晋察冀边区的负责人聂荣臻将军亲切地接见了十几位跋山涉水而来的年轻人。看到这些刚刚历经艰辛，从敌占区过来的知识青年，将军饱经风霜的脸上露出微微笑意。在这草创的根据地建设中，多么需要有文化的青年人，壮大革命队伍啊！聂将军仔细询问了大家的姓名、年龄和籍贯。当问到一个瘦瘦个头的青年时，对方答道："我叫邓拓，开拓的拓，福建人。""哦，开拓的拓，好的。"将军又风趣地说："我们这里是创业，也要开拓。"这是邓子健在进入边区以后新改的名字。几位同来的战友商量着来到新的地方,改一个名字时,他过去曾经用过邓拓洲的名字,于是干脆把最后一字去掉,改名为"邓拓"。

聂将军同大家愉快地交谈着。他简单地介绍了边区的情况,勉励大家在这块民主的火热土地上,发挥聪明才智,作出贡献,为完成党和人民交给的光荣事业吃苦辛劳。

经过两个多月的转辗奔徙,邓拓终于踏上了这早已向往的地方,并将在这里同他敬重的人们一道,为民族和人民的崇高事业而战斗,他的心情十分激动。

邓拓是从开封乘火车到陕西风陵渡,经太原来五台的。夏天,开封不断遭到敌寇飞机的轰炸,铁塔龙亭这凝结着劳动人民智慧和艺术的建筑,在侵略者可恨的炮火下痛苦地呻吟。开封这座数百年的历史古城,饿殍、焦土、兵燹匪祸,交织成一幅悲惨严峻的图画,在共产党员的邓拓心中激起了波浪。前些日子,参加河北束鹿一带战地服务工作,他不仅感受到了中华民族爱国志士们不甘屈辱的决心,也看到了惨遭日寇侵略破坏的同胞们的痛苦生活。不由的使他想起了远在千里之遥的福州故家和亲人。他写了一首题为《赴华北战地寄父》的诗,表达了为人民的利益赴汤蹈火、奔向新征程的决心。诗中写道:

> 四年投笔复从戎,不为虚名不为功。
> 独念万众梯航苦,欲看坦荡九州同。
> 亡家危己谁能解,抗敌图存志不穷。
> 寄语故园双老道,征蹄南北又西东。

这首诗因当时战事的影响,没有寄赠父母,是到了边区读给战友陶军听后才得以保存下来。当时,邓拓念这诗时,还背诵了一首流传石达开的诗给他听。诗中写道:"扬鞭慷慨莅中原,不为仇雠不为恩。只觉苍天方聩聩,难凭赤手拯元元。三年揽辔悲赢马,万众梯山似病猿。我志未酬人亦苦，东南到处有蹄痕。"其意境与情致两相契合，征战于东西，壮怀激烈，是一切革命志士的期望与追求。

正如邓拓在另一首诗中写道的，"奋翅万重山。"他从河南到陕西，从开封到五台。在五台山，受到聂荣臻将军接见以后，他和十几位青年战友们，又振翅飞往了阜平——晋察冀的中心。

五台到阜平的途中，要经过几座大山和河流。穿林莽、越深壑、涉河流，在崎岖的山道上，背着行李徒步跋涉，十分艰苦。负责接待的同志从老乡那里弄来几头毛驴，让体弱者坐和驮运行李。经过两天两夜的行军，他们先来到了耿镇，然后又到阜平。在途中，人们总是看到一个清瘦的书生，他个头不高，却显得很有生气。他帮助大家拿行李，向当地老乡询问一些野菜的名称，像一个不知疲倦的人，不断地求知，而作为一个有过多年经历的革命者，一个共产党人，他的儒雅与才识，渐渐为人所知晓。

这是邓拓最早在进入根据地时留给同行者们的印象。乐于助人，同大家说笑讲故事，用历史人物和人文地理驱走行军跋涉的困倦和艰辛。

到了，终于到了这向往已久的自由天地。如果说，在五台短暂的停留作为这些奔赴新征途的战士们的驿站，这些来自敌占区的年轻战士们还没有来得及感受到根据地的实际情况的话，那么，到了阜平，边区草创时期火热的新气象像一幅多彩的图画，映照在这些渴求新征程的青年战斗者的心中。他们将以自己的双手和青春热血参加斗争，开拓新的生活。一到住地，邓拓就找到带队的队长黄敬同志接上了头，恢复了他隔断多年的组织关系。当有关部门宣布让这批初来乍到的"新军"休整时，邓拓、候薪等几位早已是共产党员的"老战士"们，安顿同行的战友们住食，联系工作，显得比别人更为忙碌。

邓拓到边区后首先是在边区省委工作。1937年11月，晋察冀边区成立了省委。黄敬同志任书记，赵振声（李葆华）任组织部长，刘秀峰负责宣传工作。12月，省委成立军政干校，邓拓被安排到干校当政治教员。他教哲学，主要讲授唯物辩证法，也讲形势和时政。同来的其他同志，有的参加县政府工作，有的到边区军区，有的在县里做群众工作。一次会上，黄敬同志向大家介绍这支新来的队伍,当介绍到邓拓时说:"邓拓同志已经是大学的教员,对历史和经济很有研究,大家在学习上的事可以找他。"邓拓马上更正说,他不是大学教员,同大家一样,是一介书生,应向这里的老同志学习。人们在欢悦的气氛中认识了邓拓的为人诚实和谦恭。

干校的教学工作并不那么重,较多的时间大家进行调查研究,读书。邓拓利用这个机会仔细研究和了解边区的一些情况并结合教学进行读书。以后,他调到边区党委宣传部。1938年2月,边区党刊《战线》创刊,他参加了编辑,并是部门的负责人。这一时期,他根据党在边区的各项工作以及国内时局的发展变化,为党的中心工作起草和编发文件,并写了一些文章,探讨党在边区工作中的一些实际问题。这些文章主要是两类:一是关于生产方面的,主要是关于春耕生产的重要意义同边区建设的关系等问题的论述。邓拓先后在边区《抗敌报》和《战线》上发表了《迅速开展春耕运动》、《春耕问题》、《春耕中的劳动编制问题》、《春耕运动之检讨》等文章,针对边区建设的特点和战时形势发展变化的情况,把春耕生产同人民生活以及保证战争顺利进行等问题联系起来论述,从当时边区党委对各项春耕生产的具体要求和措施出发,号召大家大力开展春耕活动,为建设边区,为中国革命的胜利,创造更多更强大的物质条件。二是关于战争情况下的民众工作,包括战时宣传动员、坚壁清野等。邓拓在《战时经济建设》、《坚壁清野问题》的文章中,根据战争形势发展变化,分析了民众工作的特点,分析了搞好坚壁清野的重要意义。

这是邓拓在来到晋察冀边区以后的最早活动片断。从月黑风高的敌占区,到清风朗月的根据地,从孤军作战,在史学王国里出击,到回到党的怀抱,感受到革命斗争生活的温暖,他的思想也如同丽日晴空一样,经过严冬的蛰缩之后,走向一个春意萌生的时期。可贵的是,邓拓及时适应了这种新情况的变化,在与先前截然不同的斗争生活环境中,他不仅承担了党的工作,而且用自己的笔去适应新的情况,唱出了新声。这是同他一起工作过的一些战友们,特别是一些刚刚从城市来到根据地的青年知识分子们深为敬服的。邓拓在到了边区后,多次到附近农村了解情况,后来他发表了一篇《从土地所有制谈起》的通俗理论文章,就是从实际情况中捕捉到的问题写成的。他的战友、作家康濯同志回忆这些情景时说:"邓拓同志比较注意对实际问题的研究。他写文章把高深的理论同实际生活中的问题联系起来谈,既深刻又通俗。我们那时候是知识分子刚到农村,对一些实际问题搞得不清楚,邓拓是最早搞得清楚的人之一。从城市到农村,与广大群众相结合,说起来容易,放下大知识分子的架子是不容易的。这一点,邓拓做得很好。"①

"战史编成三千页"

1938年4月,邓拓来到边区《抗敌报》社担任报社编辑部主任。

《抗敌报》最早是晋察冀军区成立时由军区政治部主办的一张油印小报。1937年11月7日创刊。邓拓到报社时报纸已出版了二十多期。晋察冀边区是我党在敌后最早建立的根据地之一,《抗敌报》成为我党领导下的抗日根据地最早的一份新闻纸。为了加强边区党对报纸的领导,充分发挥宣传舆论作用,1938年4月中旬,《抗敌报》从军区政治部划出改为边区党的机关报。为此,报社组建了新的领导机构,邓拓担任主任,负责全面工作。从1938年4月到1948年6月,邓拓领导《抗敌报》(后于1940年12月改为《晋察冀日报》)带领报社

▲1938年4月邓拓在《抗敌报》

---

① 据康濯同志于1981年8月5日同笔者的谈话。

全体同志，挥舞着这面"敌后千百万人民抗战斗争的旗帜"①，为党的无产阶级新闻事业写下了光辉的历史。

这是在五台山麓的大甘河边一个名叫海慧庵的寺院里。人们从敌寇扫荡过后的断垣残壁中，找来一树枝，加固了墙壁，支起了印刷机，开始了史上堪称奇迹的印报工作。

一天下午，一个清瘦个头，高高额骨，打着绑腿的青年人来到编辑部。他热情地同大家握手，"自报家门"，正在忙碌的编辑和一些手里搓着油渍的工人围上来，迎接新来的邓拓。同邓拓先后参加报社工作的还有侯薪、赵昌、阎恒午、陈春森等十几位同志。这支刚刚组建半年的文化队伍，一下子又添了十多名青年知识分子，这对于在战争条件中的报社来说，是一件大喜事。

邓拓在一首名为《勖报社诸同志》的诗中，描绘了当年战斗在晋察冀边区新闻工作者们"一手握笔，一手拿枪"的斗争生活。诗中写道：

> 笔阵开边塞，长年钧剪风。
> 启明星在望，抗敌气如虹。
> 发奋挥毛剑，奔腾起万雄。
> 文旗随战鼓，浩荡入关东。

晋察冀地区是敌寇进攻华北的腹地，在八年抗战中，晋察冀人民浴血奋战，同敌人进行了无数次战斗，有力地保卫了革命斗争的成果同时，边区在党中央领导下，进行政治、经济、文化的一系列建设，成为我党领导下的抗日民主模范根据地之一，被誉为"新中国的雏型"。②《晋察冀日报》作为边区的党报，是边区党和人民革命斗争的喉舌，是"民族的号角"③，宣

---

① 邓拓：《报社工作五年来回顾》（油印件）。
② 李公朴：《华北敌后——晋察冀》，生活·读书·新知三联书店1979年版。
③ 见聂荣臻为《抗敌报》创刊五十期题词。

▲ 1938年邓拓与白求恩、聂荣臻司令员在中正街和平医院外

传群众、武装群众，成为一支坚强的文化铁军和人民对敌斗争的精神支柱。

这样的困难是难以想象的。当敌寇清剿合围、对边区进行大扫荡开始后，为了避开敌人，报社就要进行转移，但是，"当时的《晋察冀日报》有一条宗旨，无论战斗多么紧张，一定要坚持出报。大家真正做到了一手拿枪、一手拿笔，行军到一个地方马上就编印报纸。"1938年秋，敌寇兵分八路，对晋察冀进行秋季大"扫荡"。10月1日，报社在邓拓的带领下，分成两个梯队，从五台往阜平方向转移。途中，在阜平县黑岩沟一个叫瓦窑村的山沟里，坚持出了两期16开小报。10月9日晚，报社印完了《抗敌号外》第二版后，有消息说敌寇已到了龙泉关，离这里五里地，大家又收拾印刷机器，把印好的报纸发往交通站匆匆赶路了。在一篇题为《围攻中的报社生活》的文章中记录了这种紧张艰苦的斗争生活：

> 报纸送出去了，带回来的消息：敌人离我们只有六十里，我们大家都说不要紧的。
>
> 第二天的报纸送出去了，带回的消息：敌人又前进了，大家都说，我们得准备了，要拖着重炮在山沟里打游击。
>
> 可是从前方又带回来了另一种消息：坚壁清野，使我们自己的部队受到影响，战士们在饥饿中和敌人搏斗，因此无论如何，我们要赶出这一期报，来解决这个当前的重要问题——坚壁清野与部队给养。
>
> 报纸能送出去的份数，是越减少了。其实，这个我们早已明白，非即时转移阵地不可了。

从《晋察冀日报》创办到终刊的十年内，共出版了两千八百多期。报社同志们共参加了大小四十多次战斗，行军、打仗、编辑、印刷、发行，建立了一支编辑、印刷、发行的队伍，从一支三日刊的几十人队伍发展壮大成为一支党的文化铁军，是边区党组织领导的成果，是报社全体同志们的努力，也是作为报社主要负责人邓拓的劳绩。

邓拓在这支队伍里，既是报社社长、主编，又是一个战斗指挥员。当行军转移时，他骑着马，挎上枪，走在队伍的前头，随时掌握敌情的变化。1943年9月，日寇对晋察冀边区进行了大规模的秋季扫荡，也是敌寇最后一次挣扎"扫荡"。9月20日，报社在阜平栗树庄印完第1303期报纸后，听说敌人离报社很近。邓拓迅速组织大家把印刷机器坚壁起来，他带领队伍到了马棚，然后向西南转移。9月24日晚上，报社来到灵寿县北营村，当时，天下着蒙蒙细雨，漆黑的雨夜，队伍悄悄地摸索着向前。到了村头，先头侦察敌情的战士回报说，没有发现情况。于是，队伍进村。武装班的同志先头进了村，邓拓骑着马跟着。突然，打头的一间屋子里窜出几个黑影，随即打来一梭子冷枪。前面有人倒下了。枪响后，邓拓的坐骑惊得跳

了起来,把他摔倒在地。一阵慌乱之后,邓拓从地上爬起来,意识到这是同敌人遭遇上了,他迅速指挥身边几位同志,"快往后山撤!"大家分成几支小队摸着夜路向山坡高处跑去。敌人见我方没有还手,也搞不清到底有多少人马,没再追赶,打过几阵枪后不见了动静。邓拓和战友们跑上山头,清点了队伍。这次遇险有三位同志负伤。休整后大家向另一山坡转移,来到山梁上。一位编辑告诉邓拓,那只心爱的青骢马负伤。想起了这次遇险,看到跟随多年的战驹,心情无比沉痛。后来,邓拓曾写有一首《咏战马》的诗,记录了当时的情景:龙文八尺出军槽,得汝天涯亦自豪。莫对恒山鸣郁郁,遥怀黑水浪滔滔。渡河越岭多重复,昂颈奋蹄远驽曹。风雨奔驰应无憾,边区抗战有微劳。

严峻险恶的战斗环境,对于一支文化队伍来说是有艰难险阻需要克服的。像1943年北营遇险那样的事情,报社也经历了多次。往往是同敌人遭遇前面脱险,后面又受追击。邓拓在一首《反扫荡途中》的诗中,生动

▲ 1943年日寇大"扫荡"前夕,邓拓在马兰村山坡上

地描绘了报社在同敌人周旋时的场景：

> 风雨山林路，悄然结队行。
> 兼程步马急，落日水云横。
> 后路歼顽敌，前村问敌情。
> 棘丛挥斤斧，伐木自丁丁。

战争条件下办报，一是要同敌人进行战斗，在敌人的清剿合围、扫荡蚕食和袭扰破坏中坚持出报，坚持把党的声音传达到群众中，团结人民进行抗战；再是要克服低劣物质条件的困难。报社活动多是在大山沟，有时是"无人区"，交通不便，印刷报纸所需要的油墨、纸张甚至铅字等，往往运不进来，难以为继。全体同志硬是凭着对党的新闻事业的忠诚和高度的革命热情，发挥集体智慧，创造出了一个又一个奇迹。当年的一些老工人回忆在邓拓领导下克服印刷条件困难时说：

《抗敌报》初创时，还是用原始的油印机，稍后才改用石印机。为了适应军民的需要，经过邓拓同志千方百计的努力，1938年4月起，又先后从冀中、晋东南等地弄来几部八页铅印机和一些铅字。当时，铅字很不够用，没有铸字机，也没有字模，邓拓发动人们自力更生，用铅坯翻铸成字模，然后，再铸成铅字。正因为铅字来之不易，邓拓十分珍惜，他发现地上即使散落一个铅字，也心痛地说："宝贝，宝贝！"连忙捡起来。报纸有时需要刊出地图，当时没有制图的设备和材料，用木板刻图，既费工又很慢。在他的动员下，大家用胶泥制成版坯，地名用铅字泥粘上，分界线则用铁皮代替铅线栽到泥坯上，这就成了一幅地图。制版本来用雁皮纸和云母粉，当时边区根本没有供应这些东西，工人便用粉连纸代替雁皮纸，用滑石粉代替云母粉。没有浇版机，先后用胶泥和木料制成。不浇版用铅，就向老乡收购锡酒壶，用熔解的锡代替。为了解决夜晚排印报纸的照明问题，经过邓拓

同志的发动，工人又用子弹壳塞上捻，沾上煤油，照明十分方便，比麻油灯亮。印报用的油墨，也是用老乡家里锅底下的烟灰制成的，因为成天同这些黑色的物质打交道，弄得满脸黑，大家就叫它"黑人牌油墨"。印报的纸张非常困难，邓拓同志派人在阜平、灵寿和平山等地办了手工造纸厂，用稻草、麦秸、玉米秸和麻绳头等原料制成纸。①

当时报社内流传着"八头骡子办报"和"三千字内做文章"的佳话，就是邓拓带领战友们的共同创造。1939年，敌人频繁的"扫荡"，报社常常在行军转移中，但是大批的印刷机需要搬运，起初搬运主要靠民工，有时由于搬运不方便，影响了出报时间，后来，大家出主意，改造石印机和字盘。印刷工人牛步峰把笨重的石印机改装成轻便的铅印机，邓拓亲自过问这件事，在1941年开展的"红五月大突击"总结会上，为牛步峰等工人同志授奖。在这基础上，邓拓发动大家出主意，进一步革新印刷机械。铸字和排字的工人也分别把铅字的字身缩小，把字架改成可拆装的轻便架子，把字盘装进特制的木箱中。在1941年以后，报社全套印刷设备，改装成用几头牲口就能运走。由于铅字种类不多，铸造铅字的原料不足，先是常用字用符号代替，一篇文章中同一个字多次出现就用一个符号表示。后来，为了减轻辎重和行军方便，编辑部提出在"三千个常用字里做文章"。邓拓自己身先士卒，虽然这样做对大家编写文章带来一些困难，但都自觉地遵守，有人风趣地说，"三千字内做文章"，编辑们是"戴着镣铐跳舞"。这样做更需要大家严肃认真地对待工作。

邓拓在晋察冀时期有十大箱藏书，报社经常转移，行动不便，他坚壁了一部分书，一些常用书籍他要带在身边，这样无形又加重了行军的负担。后来，他从白求恩大夫的手术箱得到启示。白求恩到晋察冀边区以后，制作成一个马鞍形的手术箱，行军时驮在马背上。有人给它取了一个雅名叫"卢沟晓月"，像卢沟拱桥一样的形状。邓拓参照白求恩手术箱，制作一个

---

① 廖沫沙等：《忆邓拓》，福建人民出版社1980年版，第84-85页。

书箱架,每当行军时就能驮走。

1948年,《晋察冀日报》终刊,邓拓曾写有一首诗,其中有"战史编成三千页"、"毛锥十年写纵横"之句,形象记述了他十年编报的辛苦,三千多期报纸,十年新闻纵横,这是在不寻常的战争年代一代新闻工作者的劳绩,也是一个特殊时期新闻史上的奇迹。

引线与号角——数百篇社论的写作

在晋察冀,邓拓除了担任报社领导职务外(他曾担任《抗敌报》、《晋察冀日报》社社长),还担任过晋察冀党报委员会书记、晋察冀党委宣传部副部长以及新华社晋察冀总分社社长等职。作为一名党的新闻工作者和宣传战线的负责同志,邓拓另一重要成就是,撰写了大量的政论(包括社论、时评、短论等)文章,在《晋察冀日报》理论宣传中作出了突出的贡献。

早在1938年《晋察冀日报》创办50期时,聂荣臻同志题词:"《抗敌报》是边区一千多万人民的喉舌和号角。"1940年,由《抗敌报》改为《晋察冀日报》并庆祝报社成立三周年,彭真同志代表边区党的领导讲了话,他指出:"《晋察冀日报》是共产党在边区文化上的铁军,是抗日统一战线和抗日战争的武器与思想卫士,它在思想上和干部上准备了和准备着坚持抗战团结进步的艰巨工作,它已成为边区人民的喉舌和思想武器。"这些是《晋察冀日报》的办报宗旨和指导方针。《晋察冀日报》的工作紧紧围绕着为党的工作和人民群众的利益服务,在报纸的文章和宣传中,也是深刻地体现着这一思想指导的。

作为这支党在边区宣传的"铁军"的统帅,邓拓以他一贯的思想理论建树,以他新闻宣传工作者的敏锐,为党的新闻宣传作出了新贡献。他的政论(主要是社论),旗帜鲜明地宣传党的方针政策,表述党的某一项具体工作的指导原则和措施,把社论当作引导和教育广大群众进行革命斗争的有力思想武器。鲜明的政治立场和高度的党性原则是他有关阐述党的方针政策社论的一大特征。在革命斗争年代,无产阶级政党领导的报纸区别于其他报纸的重要标志在于，它强烈鲜明的政治立场和对人民群众斗争实际的指导作用。这是因为，无产阶级政党在夺取政权的斗争中，利用自己的报纸作为宣传群众、武装群众、鼓舞人民群众进行革命斗争的有力武器。同时，党的各项方针政策也是为了实现人民群众的利益，根本上是体现了人民群众的愿望的。因此，作为无产阶级舆论指导的党报，它的宗旨就是大力宣传党的方针政策，使之贯彻到人民群众中去。在某种意义上说，这一点也正体现了党报的特点。

《晋察冀日报》是中共晋察冀分局和中央局领导的下一张党报。邓拓作为报纸社论及政论文章的主要撰稿人和组织者，为把报纸办成党在边区的喉舌和号角，为战时党的中心工作，为根据地的壮大发展，呕心沥血，全身心投入，在他为报纸撰写的社论中得到深刻的体现。

综合分析，邓拓的社论有这样几类：在集中体现党在一个时期的方针路线和政策的前提下，一是依据中共晋察冀中央局的某项指示政策和党的文件撰写。它们密切配合党的中心工作，较集中地论述某一具体方针政策和计划。比如关于战时的坚壁清野、秋季反"扫荡"、除奸以及大生产中的某项生产措施和农事任务等。这些社论是边区人民了解和贯彻、执行党的方针政策的一个重要途径。它们的共同特点是及时传达党的有关方针政策，并从群众所关心和可能产生的一些思想问题去分析、阐述，论旨集中，文字简洁。例如，1939年1月19日，邓拓写了《春耕中的劳动组织问题》的社论，开宗明义地论述了组织工作的几种形式和注意克服的问题，对于战时的劳动组织工作，无疑是传达了边区政府的指示精神。

另一类是就边区或全国政治形势，以及时局中的重大问题发表言论，宣传政治形势，揭露敌人，团结民众，鼓舞人民参加战斗的决心和勇气。这一类社论政治性强，论旨尖锐，往往是从某些具体的事情或时局发展中的某些问题谈起，又不拘于具体事件和问题，捍卫党和人民的立场，表达作者对某一方面和某一共同性与规律性问题的理解。1940年12月11日，国民党中央社发表了国民党中央党部训令各省党部关于国民宪政问题指示的消息，其中故意制造混乱，妄图以一党专政的所谓"训政"代替民主宪政。邓拓及时写了《一党专政还是民主宪政》的社论，对国民党少数人搞专政独裁，妄图破坏民族统一战线的伎俩，进行了揭露。社论对于人民认清国民党搞假民主、真独裁的反动面目是有帮助的。"皖南事变"发生后，邓拓发表了《伟大的对民族的忠义行为》的社论，歌颂了新四军的英勇斗争的精神，从我党领导的军队在抗日战场上为民族利益英勇战斗，精诚团结，顾全大局等义举，论述到中国共产党深明大义、光明磊落的胸怀和高度负责的精神，有力地回击了国民党顽固派掀起的反共逆流。边区斗争中的一些重要问题，往往是人民群众极为关切的，有时候，需要正确的舆论指导，澄清事相，纠正偏颇。1938年11月，晋察冀边区发生了枪杀抗日积极分子的事件。灵寿县闻名的抗日积极分子刘庆山（小名拴牛），因积极揭发一区长贪污行为，而被灵寿县长枪决。事件发生后，在边区引起了强烈反响，一些抗日的积极分子十分气愤，一些本来就动摇、"踩钢丝"的人更是害怕，给一些敌伪分子以某种口实，因此造成了有些人认识的模糊。报纸及时抓住这一重大事件。在11月下旬先后多次报道这一事件。邓拓写了一首《哭拴牛》的诗，称赞他"杀敌心殷"，哀悼他的不幸被害。同时，他撰写了《关于刘庆山的事件》的社论。邓拓指出了刘庆山酒后用空枪威胁并监禁区长与助理员的不妥当行为，对刘庆山无辜惨遭枪杀，表示极大义愤，认为应当从这类事件中吸取教训，切实保障救亡工作者的安全，对于玩忽职守的领导和知法犯法者要追究责任。

再一类社论（包括政论）是邓拓以他对党的路线政策的深刻理解和丰富的社会历史知识对中国革命发展阶段上的一些重要问题，作了理论和实际的阐述，体现了作者较高的马列主义水平和理论修养。这些文章是《晋察冀日报》思想宣传中的里程碑，也是边区和中国革命思想理论宣传中值得重视的文章。1938年，抗日战争逐步转入相持阶段。晋察冀军民在党的领导下同敌人展开了游击战，粉碎敌寇的围剿"扫荡"。由于敌人的凶残和斗争的残酷，在有些群众中对抗战斗争产生了畏难情绪。这一时期，从全国范围来说，更广泛地动员人民群众发扬民族精神，组织浩浩荡荡的革命力量是我党我军面临的重要任务。在这一年里，邓拓根据党中央的有关指示，在中央局的领导下，先后撰写了《论民族自尊心和抗战胜利的自信心》和《纪念民族巨人的诞生，努力完成民族解放事业》等社论，集中阐述了发扬民族优秀传统，同凶恶的日寇侵略者进行斗争这样一个论题。在这些社论中，作者从我中华民族几千年的文明传统，为人类历史创造了灿烂辉煌的历史文化谈起，指出："我们的民族，是艰苦卓绝、临难不惧、不屈不挠、酷爱和平、维护正义、追求真理，而富有伟大的牺牲精神"的民族。历史上多少英雄豪杰、志士仁人，杀身成仁，舍身取义，所以能够临危不惧，威武不屈，造成伟大的事业，"就因为他们始终保持着民族伟大的精神，没有忘了祖先所遗留的优良德性与伟大传统，一句话，他们有着至高无上的民族自尊心。"并指出，这种精神的杰出代表和"最好的模范"是孙中山先生。"在他从事革命的40年中，经过了无数的艰难挫折，但是他却愈挫愈奋，始终坚持其主义，使它不断地发展，坚持其革命斗争，取得不断的胜利。孙中山先生在其一生革命斗争中，高度地发扬了中华民族的伟大精神与人格，最富于民族至高无上的自尊心与革命胜利的坚强的自信心，惟其如此，孙中山先生才成为中华民族历史空前的伟大的革命导师。"

发扬民族的精神，增强斗争的信念，要同现实斗争紧密结合，邓拓在社论中深刻地分析了发扬民族传统，增强自信心是历史赋予的任务，是抗战救亡面临的重要问题，也是打败日本侵略者，夺取革命斗争胜利的重要保证。因此，他一方面从历史的经验教训中分析发扬民族精神和光荣传统，增强民族信心的必要性，同时，又从抗战对敌斗争的严峻政治形势和历史情况出发，认真分析了发扬民族自尊心和自信心对于抗战救亡的现实意义和迫切性。他指出：过去由于客观的与主观的各种原因，这种民族精神的发扬，还非常不够，民族自尊心没有普遍地培育与提高。"比如，在客观上，由于民族教育的不普及与狭隘性，无形中限制了国民的民族思想的发展，甚至民族固有的反抗斗争的精神，反而遭到了某种压抑；同时，我国近代社会经济发展的落后，和半殖民地半封建制的剥削制度下的社会主义意识的不健全的影响，和帝国主义对华的文化侵略、奴化教育的实施，麻醉了一部分国民思想，使他们忘记历史、忘记祖国、忘记民族、忘记复仇，更严重地损害了我国的民族精神，戕害其民族自尊心，甚至于某些帝国主义，主要是日本强盗，更用其毒化政策，猛烈摧毁中华国民的体力与精神，使之失却民族的健康，而流入痿瘘不振的麻醉状态。在主观上，由于我国过去的官僚政客、军阀、买办，依附于帝国主义而生活，更不惜谄媚别人，自甘卑下，助长奴隶思想，自私自利，忘记了民族的利益，同时，少数落后的社会政治集团，囿于偏见，进行各种歪曲的宣传，也影响了人民思想正当的发扬。"因此，社论认为，"在民族抗战紧急关头，必须充分发挥我中华民族的坚韧不拔的伟大精神，发扬民族的自尊心，从而坚定抗战最后的胜利的信心。有了不屈不挠、再接再厉、艰苦卓绝的民族自尊心，就有了最大的斗争勇气和力量，就能够发挥最大的聪明才智，同时也就必然有了克服一切困难，争取最后胜利的坚强的自信心。"这些分析，从民族的文化心理，从民族精神的现状，从斗争历史的现实，论及到动员和发扬民族精神与争取抗战的胜利，是十分深刻的，也很有现实意义，有力配合了党对抗日战争的宣传与发动。

1941年2月，随着抗战深入和政治形势的发展变化，发扬民族精神的问题显得更为重要。为此，邓拓在《晋察冀日报》上发表了《论民族气节》的社论，更加深入地论述了这个"千古大题目"。他把民族自尊心和自信心更加具体化，认为它的最明显的表现是"民族气节"。他认为，"民族自尊心和自信心及民族气节，这两个东西是无论什么时候都分不开的。民族气节，是为民族自尊心和自信心所决定着的，民族自尊心和自信心的高低，一定要反映到民族气节上。"同两年前关于民族自尊心和自信心的论述不同的是，作者以捍卫民族利益、倡扬民族精神的凛然正气，批判了"中国大地主大资产阶级上层分子，那些平日口口声声喊着'礼义廉耻'的人，最缺乏民族气节、根本丧失了民族气节"。文章历数这些民族千古罪人犯下的累累罪行。"他们由于大地主大资产阶级本身的依赖性和买办性，对其主子胁肩谄笑过日子，在民族危亡的关头，不惜牺牲和出卖民族利益。'九·一八'事变后，全中国人民是不能忍受了，进而大声疾呼，他们都默不作声，哀乞国联。'一·二八'事变、长城事变、华北事变以后，全中国人民是更加不能忍受了,进而奋起抵抗,他们却心平气和,订立了丧权辱国的淞沪协定、塘沽协定、何梅协定,从容退出冀东,退出天津、北平,乃至河北省……不得已被迫抗战了,但他们仍然在不断动摇着,后来终于部分地区也开始叛变了。"不仅如此,他们还销蚀和践踏"别阶级人士"的民族气节以及政治气节,他们制造冤狱,用威胁利诱前进的青年,陷害共产党人,打击和迫害革命者……邓拓在社论中揭露和批判了国民党当局者的这种丧失民族气节的反革命行径之后,愤怒地指出:"站在伟大的中华民族为独立自由而不屈不挠的抗战立场上,在民族与生存的观点上,当局者的这种行为,正是倡导与教唆民族的变节,摧毁民族精神,也就是斩丧民族生命的罪恶行为。为了保持忠贞节烈的优良传统,为了保持民族永久的生命,我们应该积极起来,反对这种倡导变节,毁堕民族气节的卑劣无耻的行为。"

作为一个拥有数百篇社论的作者,邓拓在晋察冀时期的社论(包括政论)逐渐形成了自己的特色。主要表现为:一是时效性强。作者及时地捕捉重要的理论问题,站在党和人民的政治立场上,发表时见,表现出一个政治宣传家高度理论修养和政治敏感、责任担当。邓拓的许多社论是在马背上构思,完成腹稿,一到住地就"笔走龙蛇"赶写出来。"上马击狂胡,下马草军书",是因为战时生活的急迫,也是为了宣传的时效性。聂荣臻同志回忆说:"他很注意新闻宣传的时效,重要的社论起草后,哪怕深更半夜,他也单身匹马赶到我们驻地让我过目,共同研究完成。"① 二是文风朴实精练,简约扼要,善于说理和概括,在一些驳论文字中尤以辩驳见长。作者有的社论仅数百字,像1939年写的《坚持敌占区抗战》、《彻底除奸》等都是很短小的社论,后者仅七百来字。文字简明,论旨概约,说理透彻,这是因为报纸的篇幅和文章论述的题旨不宜包括太多的文字,也是因为在战事频繁的紧张时期,客观条件所致,作者和读者都不宜从容地对文章篇幅宽容。这表明在戎马倥偬的战斗生活中,作者的文风也逐渐适应这样的

---

① 邓拓:《邓拓诗词选》,人民文学出版社1979年版。

生活环境。在残酷的斗争中，人们读到这些亲切的社论，受到极大鼓舞。从北平到边区的知名教授于力先生曾写有"新报犹然排日来，可怜鬼子妄相摧"的诗句，表达了人民群众对党报的评价。

党的新闻事业的财富

邓拓这一时期新闻工作的又一重要成就是新闻理论的贡献。严格地讲，邓拓没有发表新闻理论的研究文章，但从他带领报社新闻工作者创建和发展晋察冀边区党的新闻事业的实践以及有关文章、讲话中看出，他基于边区新闻实践的需要，对战争条件下如何坚持和发展党的新闻事业、对党的新闻宣传报道工作进行过一些思考和探讨，这些是无产阶级新闻事业的宝贵财富。

邓拓新闻思想的核心是重视党报宣传工作的重要作用，加强党报的高度政治责任心和无产阶级新闻工作的群众路线的思想。1938年12月，邓拓在边区党的刊物《战线》上发表题为《论党报和党的工作》的文章，论述了加强党报工作的重要性，在文章中，他对当时边区有人只注重党的秘密刊物，而不太重视公开、合法的党报的思想进行了分析，认为这是因为我们党过去长期以来处于秘密工作的环境下，没有发行过公开的全国性的或在广大城区的"合法"的地方性的党报，因而对于党的各种政策只能靠秘密的油印刊物传达，这一特殊的历史原因，形成了一些同志只知道重视秘密的党内刊物，而不了解公开的合法性的党报的作用。他批评说："在新的环境下，这种观念继续存在，对于党的工作是有很大害处的。"邓拓分析说，党报对于群众的组织工作和政治工作，对于革命斗争有着重要的作用。"公开的党报是很大规模的培养强有力的政治组织的工具。""如果我们没有广泛发行的公开的党报，就再没有别的更有力的方法来大规模培养强有力的政治组织，在今天抗日民族自卫战争中，我们要想在实际上能够集中一切抗日的力量，领导长期残酷的抗日斗争，随时随地有节奏地发动广大的人民从事一切抗战的动员那我们必须建立并发展强有力的公开的有

威信的党报。"这种从当时实际情况出发,对党报的作用,进行了有力的论述。

当时,在有些同志特别是地方工作的同志中,对党报的作用重视不够,主要表现在发行工作不及时,不广泛。由于战争环境影响,交通不方便,加上思想重视不足,有的地方,党报发行受到严重影响。中共中央于同年4月曾发出指示,要求各级党组织重视党报作用,学习和研究党报的文章。邓拓从新闻宣传工作的实际感受中,论述了党报工作同党的各项工作的关系,他认为不要把党报工作仅仅看成是一种简单的纸上事业,与党的其他工作对立起来,应该是党的生活和党的工作中的重要环节之一。"因为党报是广泛地传达党的政治路线与策略用以指导群众斗争的引线。"这"引线"的说法,形象地表达出一个前线新闻官的体会。

邓拓对党报性质、对党报在群众中的影响做出的一些思考,既是基于当时的实际情况,为党报的兴盛和发展做出的,又是对战争条件下党报理论研究的最早的贡献。党报工作实际上是党的方针政策的宣传鼓动工作,是传布党的有关方针政策,组织发动群众,贯彻执行党的方针政策的重要工作,在战争年代这是党的宣传工作的重要一环。邓拓在《战时宣传鼓动工作》一文中,对此有过论述。他说:"宣传鼓动工作,是一切动员工作的前提部分,经过一定宣传鼓动,以动员广大的民众,才能完成一定的战斗任务,尤其是在战争紧急的时期,对民众进行有力宣传鼓动工作,更是非常必要的。"邓拓所说的宣传鼓动工作,当然"只是指报纸宣传(下文他曾说,要灵活地应用所有可以采取的一切宣传鼓动的方式与方法,如用报纸图画和传单文字),但这里强调宣传鼓动工作重要是同他认为加强党报工作的重要性是一致的。1941年5月,他在一次总结会上,把坚强的党性和政治质量的提高,作为报社建社工作的一个重要方面。①1942年报社五周年纪念,他在总结五年来的工作时也说到,加强政治上的责任心,在政治上向一个目标迈进,是党报工作的一条重要经验。这还在于"我们的报

---

① 据油印资料《报社生活》第16期。

纸是共产党的报纸，如果不是从政治上感到我们每个人都有一部分责任的话，那我们是无法完成我们的工作的。"①

邓拓重视党报的宣传指导作用的思想，是同《晋察冀日报》发展壮大，同边区党的领导机关和党中央对党报工作的指导相联系的，是从实际工作中的深刻感受和对党的指示的领会。邓拓参加报纸的领导工作，《晋察冀日报》还属草创时期，从全国来看，党的新闻工作也是开拓的时期。在这个历史背景下，对于党的新闻工作者来说，加强政治责任心，加强贯彻执行党的有关方针政策的认识，努力把党报办成"党的工作的助手"和宣传党的路线的喉舌，对广大读者也要宣传和介绍党报的重要，因此邓拓及时地发表了《论党报和党的工作》的文章。1942年，中共中央宣传部发出了关于党报工作的指示，尔后，延安《解放日报》进行了改版。在这前后，晋察冀中央分局成立了党报委员会，聂荣臻同志担任这个委员会书记，加强党对报纸的领导，并对党报工作做了一些具体指示。邓拓也曾任书记，为加强报纸舆论的权威性，他约请分局党的有关负责同志写社论，发表重点文章，把党的指示及时在报纸上反映出来。聂荣臻、彭真、刘澜涛、姚依林等分局领导多次为报纸撰写文章。1944年后，晋察冀日报社在中央指示下，检查工作，邓拓多次在报社工作会议上检查了领导工作的缺点，并遵照中央和毛泽东同志提出的"全党办报"的方针，在《晋察冀日报》上发表了《贯彻执行"全党办报"》的社论。

贯彻"全党办报"的方针，核心是报纸工作的群众路线，把党的指示通过报纸传达到群众中去，并反映群众的要求，这是无产阶级党报的优良传统，是党报党性原则的另一侧面。邓拓在新闻实践中，贯彻执行并创造性地发挥党报群众路线的传统，形成了他新闻思想的又一重要特点。

关于党报工作的群众路线，邓拓有过十分明确的阐述。1944年4月3日，边区召开通讯工作会议，邓拓作了《改造我们的通讯工作和报道方法》的报告，集中表达了他关于党报工作群众路线的思想。他认为，革命斗争

---

① 报社油印资料《五年来的回顾》。

形势和边区建设的不断发展,改进党报的新闻通讯工作以适应新的形势、新的要求。那么,新闻通讯工作怎样改进呢?这就是要实现群众路线、群众观点。对此,邓拓认为,"包括三个问题":"第一是群众内容。今天在我们现实斗争中已经产生和发展着广大群众的英雄主义的典型人物和典型例子,这些都代表着广大群众的斗争和生活,代表着广大群众的感情和思想面貌,代表着广大群众的要求和方向。"他还指出,边区的群众英雄和模范人物创造的可歌可泣的斗争事迹,是新闻通讯中群众内容"最生动、最丰富的东西,是通讯的唯一生命"。他认为:"我们的通讯所以有价值,正因为它具有最真实的群众内容。坚决反对新闻通讯对现实群众斗争采取不负责任的夸大而损坏了它的真实性。"在这些论述中,邓拓把表现群众内容作为新闻通讯的生命。他对新闻真实性重视也是很有针对性,也是十分具体的,认为那些反映了群众伟大斗争的典型是真实的,有价值的。他反对任何形式的歪曲真实性的做法,认为真实性和生动性并不是对立的。群众现实斗争生活有着无比生动丰富的内容,只要真实而生动地反映了这些方面,新闻通讯"一定是最生动的和最有价值的"。虽然,邓拓在此没有论述新闻真实的客观标准,但把真实地反映群众内容当作新闻的价值和生命,是从根本上对新闻真实性的理解。

"第二是群众形式。"邓拓认为,"要想最恰当地反映群众的内容,就必须采取群众的形式。这就要求我们的新闻通讯最大限度地运用群众的思维结构,群众语言,而不是生硬地搬用它们,不是在洋化的结构中套进一些群众的思维片断,在洋化的句子中格格不入地装进几个老百姓的土语,而是真正为群众所讲的和懂得的通俗的群众思维结构和语言,这种思维结构和语言是要深入到群众中去,化到群众里头去,从群众中发出来……群众是怎样生活的,怎样进行斗争的,他们自己所经历的过程,就很完美地形成一种自然的结构,他们讲述他们自己的事情,往往同他们自己最熟悉的事物联系起来,做出各种的比喻,那就是最好的最自然的一种表现手法。"他还批评了少数同志不懂得采取群众的形式,只注意通俗的"文艺性"、"形象性"、"小说化"的手法和结构,而忽视了真实性和群众喜闻乐见的内容

与形式,以及把新闻通讯同文艺写作对立起来的观点。他说:"真正好的通讯也就是好的文艺,就是要我们的通讯富有工农兵群众在现实生活和斗争中的真实的形象性,也就是要求我们的通讯具有最好的群众形式。"

在新闻实践中,邓拓以这一思想为指导,力图用为广大群众喜闻乐见的表现手法来向群众进行宣传教育。他认为,边区报纸的读者对象是边区一千多万群众,无论是专栏的创设或是文章内容的编排,都应从群众观点出发。《晋察冀日报》的通俗性副刊《老百姓》的开辟,就是邓拓和编者们运用群众形式、反映群众所关心的内容的一个尝试。《老百姓》专刊上的"讲讲时事大家听"的栏目,是把新近发生的"天下大事"用通俗的语言讲出来给老百姓听,很受欢迎。这个专栏出了一百多期,是副刊中历时最久的栏目。在创刊号上,邓拓代表编者写的"先讲几句",生动通俗地谈到了栏目的宗旨,也是作者关于群众思想的最好体现。摘引如下:

> 俗话说得好"秀才不出门,能知天下事",咱们老百姓不是秀才,但天下事还是要知道的。为了这个原故,我们出了《老百姓》。老百姓是给咱庄稼人、手艺人、买卖人和所有做活的人看的,《老百姓》是告诉老百姓知道天下事,在今天来讲,就是告诉老百姓知道日本鬼子怎样不讲道理来欺侮咱们,咱们又怎样起来赶走日本鬼子。简单地说,就是"打日本救中国"。
>
> 我们出刊《老百姓》,还不只单是上面的原因。咱们中国的老百姓,向来是不敢随便说自己想要说的话,因为从前当官的,不许咱们老百姓说啦,就是所谓"只许官家放火,不许百姓点灯"。但是现在,一天一天民主啦,就是说老百姓可以说自己想说的话啦。当官的是咱们老百姓自己选举出来的,他当然是不能不许咱们老百姓说话,所以这个《老百姓》报,还要咱们老百姓大家都在上面来说咱们自己想说的话。

多么通俗亲切的语言,这样的表述,成了这份报纸日益扩大影响的一个目标,成为新闻副刊史上一段重要的内容。

有了群众内容和群众形式，其次是"群众写作"。这是邓拓新闻群众观的另一方面。邓拓说："这是我们通讯工作实现群众路线的最根本的要求和最高的旗帜，因为只有当群众自己写出他们的生活和斗争的时候，才是最真实、最生动的，而当群众自己能够写作通讯的时候，这才是我们通讯工作发展的最高峰。"并且他认为，这是我们新闻工作努力的方向，要有一个艰苦的过程才会达到。在这个过程中，首先要求我们的通讯工作者，写出一篇新闻通讯尽量都经过群众的鉴定，写的是什么地方什么人的事情，就读给什么地方什么人听，或者经他们看过，得到他们的校正与修改。由帮助他们写作到最后直接由群众自己写作，建立一支群众写作队伍。

邓拓新闻思想的又一内容是用辩证唯物论思考新闻报道问题，从新闻写作反映发展变化的现实斗争出发，总结边区新闻工作的经验教训，提出了"典型报道、重点报道、发展报道和批判报道"的"新的报道方法"。

所谓"新的报道方法"，也是邓拓在1944年新闻通讯工作会议上提出来的。"新"是相对而言，是作者对过去实践的理论概括和总结，对它们的特点和内容，作者分别作了简要的论述。

关于典型的报道，邓拓认为："典型最富有代表性，因此报道典型就是对现实做了最好的反映，同时典型又最富有指导性，因此报道典型又是对群众进行最好的教育。这种代表性和指导性，恰恰是党报最迫切需要加强的。"但搞好典型报道也要防止"两种偏向和弊病"："一种是机械呆板而又泄露秘密，许多新闻通讯拘泥于不必要的人物、地点、时间、工作计划布置等等，写战争容易暴露自己的意图，真正有价值的东西反而被抽掉了。另一种害怕暴露因噎废食，这就使得战争中许多可歌可泣的伟大场面和光辉业绩，被掩盖和埋没了。"邓拓认为，典型报道主要是人。"特别要抓住整个战斗过程的各个环节中那些突出的人们的突出的动作，来表现那战斗的全部过程。"他以《晋察冀日报》发表的《赵羊观的战斗》和对李殿冰事迹的报道为例，认为应当注意描写的人物同群众的不可分的联系，"我们所描写的典型，都是群众中的英雄人物和英雄事迹，他们的产生和成长是同我们根据地的各种条件不可分的。因此，我们不应该把他们孤立地来描写。"这是同前面关于群众路线的思想紧相吻合的,也进行了一些有益的补充。

如果说,典型报道是就报道内容和报道对象而言的,而重点报道、发展的报道、批判的报道是关于报道方法的思考。这里见出作者思考的深入。邓拓说:"所谓重点的报道方法,就是对于重要的事件、重要的问题,集中力量来报道,在报纸上不但要有新闻、有通讯,而且要有论文,要有各式各样足以反映这个事件、这个问题的各个方面的文字,使读者能够全面地深刻地认识它。"他认为,搞好重点报道,在组织稿件时有意识地重点准备,再是选稿时要有重点地选择与编辑。至于发展的报道,"由于实际斗争是发展的,因此,报道的方法也必须能够反映和指导斗争的全部过程。"为了贯彻和维护党报的指导性,邓拓还提出了"批判性报道"。他说:"新闻报道的批判性也就是党报的指导性的一种表现。批评与自我批评的精神必须贯彻到报道工作中去。"

这运用不同手法,复合性地报道,加深其宣传传播效果,无疑是一个对新闻有着深刻实践和深入思考的作者,在那个时代所能达到的高度。另外,邓拓力图从哲学角度去分析总结新闻工作的特点和方法。在今天也是我们新闻写作中的借鉴。全国解放后,他在新闻理论研究中较早地提出运用马克思主义哲学思想分析研究新闻工作,而晋察冀时期他提出的这些报道方法可以看作是这一思想的先声。

宣传毛泽东思想

如果说,宣传民族精神的发扬光大,激励仁人志士为了民族利益而投身到抗战救亡的革命洪流中,是这一时期党的理论宣传的题中应有之义的话,那么,宣传马列主义、毛泽东思想,宣传革命理论对于边区的思想建设的重要指导作用,则表明了宣传者深刻的思想识见和理论水平,以及对中国革命理论的重要贡献。如果说,阐述党的方针政策、进行时事政治宣传,表明了邓拓作为一个新闻宣传家成绩的话,那么,宣传马列主义、毛泽东思想,则表明了他作为理论家的成熟。

在中国革命斗争的历史上,我党在毛泽东同志的领导下,十分注重革命理论的总结和积累。党在斗争实践中,不断丰富和发展革命理论。"五四"以来,一些革命先驱,高举马列主义大旗,积极宣传共产主义理论,影响了一大批青年知识分子。邓拓也是在这样的影响下,从事左翼文化运动,为追寻社会"真意"阅读了大量的马列书籍,并运用到实际斗争中。早年他参加对反动哲学的批判,是他为捍卫真理、捍卫马克思主义的旗帜而初试锋芒。到了晋察冀边区后,他参加了党校讲学,讲授马列主义哲学,从实践斗争中感受到进行马列主义宣传工作的重要性和迫切性。在紧张的战争生活中,他多次给报社同志讲授马列主义理论,做一些学习辅导。

表明一个理论家的马列主义水平,不仅是他的理论热情,还在于对马列主义的运用、对马列主义基本原理的理解和宣传。1941年3月,为了提高边区大众文化思想理论水平,《晋察冀日报》开设了"文化思想"专栏。创刊号上发表了邓拓以狄曼公笔名写的《唯物辩证法简编》(连载)的文章。第一篇是《理论与实践的开端》,这以后一共发有八篇文章。这是邓拓到边区以后最早的关于马克思主义理论的署名文字,代表了他作为一名新闻宣传战士理论研究的新成果。

文章的选题可以看出,作者力求系统地介绍马克思主义唯物辩证法的内容,把马克思主义理论精髓较全面精到地向读者举荐。在第一篇以后,还写有《事物的相互联系与制约》、《对事物运动发展的认识》、《事物是从量到质的飞跃发展》、《事物内在的矛盾与斗争》、《辩证法的各种表现形式》、《辩证法认识的客观规律性的过程》、《主观的辩证法与客观的辩证法》等数篇普及性的文章。作者力求深入浅出,简捷明了。但是,基于读者多是根据地的劳动群众,繁忙的战事和文化水平的限制,不可能较多地接触和学习马列原著,所以作者在论述中,对马列的经典论述也作了一些引征,使每个论题比较集中体现马、恩和列宁、斯大林对此问题的思考。从体例来看,作者依据经典论述,又参阅《联共〈布〉党史教程》中对唯物辩证法的分析,自成章节,独立成篇,但所论的问题又互相联系,形成了对唯物辩证法分析的整体。在具体论述中，作者注重理论联系实际，把深奥的理论同实际生活中的思想问题联系起来，寓精深于质朴之中，让事实说话。比如对事物发展运动的理解，作者在引述了经典作家关于事物是处在一个不断发展变化的过程中，即在永恒的产生和消灭的运动中的有关论述后，指出新生事物是发展的，不可战胜的，"我们要反对和克服一切保守主义、落后主义的观点。保守主义者被旧的反动势力和狰狞面目吓倒了，但是革命的辩证法者知道：纵然在某一时期，旧的正在死亡的东西，看起来好像是很巩固的，而正发展着的东西和旧东西相比，也许是很软弱的不巩固的，但是新的东西发展的结果，最后必定要战胜旧的东西。"他还指出，关于事物发展的观点，新生战胜腐朽的观点，是打破形而上学的顽固的人们所谓"私有财产是万古不灭的"、"群众斗争的抬头只是暂时的越轨行动"、"新势力站不住，旧的人物还要回来"等有力思想武器。

不仅如此，邓拓还阐明了学习马列主义的实事求是的态度。他认为，学习马列主义要从实际斗争中去学，即同革命斗争的实际紧密结合起来。这是因为，马列主义的唯物辩证法本身"不是公式化的教条而是革命的实际斗争的指针"。同时，"唯物辩证法的理论发展，是与无产阶级和马列主义党的革命斗争实践的发展不可分离的"。"学习与掌握唯物辩证法，也就不容许用繁琐的方式单纯地从公式上去研究，懂得唯物辩证法的理论结晶的公式，固然是不可分的第一步工作，但是更重要的还是在于懂得公式之外，要能细心体察革命的政党及领导者们如何运用辩证法来解决具体问题，领导革命的前进，而且自己还要学会用辩证法来解决问题，从斗争中学习与体会它。"在另一处，他又说："我们研究马克思主义的辩证法，学习运用辩证法，就绝对不允许把辩证法看成和当作公式与教条，而要把它作为一切事物变化的最丰富的活的规律来掌握。"所以，邓拓这里阐述马克思主义理论，不仅深刻地把握了唯物辩证法思想、实质，以他对马列著作基本原理的熟识，而赢得广大读者的喜爱，同时，它又以其科学地态度去引导读者对这一革命理论进行理论联系实际的学习，深得马列主义精髓而葆其新鲜活力。值得注意的是，邓拓在文章中高度地评价了毛泽东同志的著

作,指出"天才的辩证法者——列宁、斯大林和他们的优秀的学生毛泽东的全部著作就都充满着运用辩证法最好的范例,代表着辩证法理论的新的发展阶段"。这一未展开的思想,是当时边区第一次公开高度评价毛泽东同志的著作,也是在中国革命史上热情宣传毛泽东思想的较早声音之一,显示了作者敏锐的政治目光。当时,关于唯物辩证法的宣传,在边区是一个较为重大的思想理论事件,战争年代的学习工作,是党的宣传工作的重点,同时,如何运用历史与现实的成果,如何运用党的思想理论成果,包括引证和运用了当时逐渐流传的苏联共产党人的一些著述,成为理论工作者们思考的问题。而邓拓则是顺应这一潮流,把边区党报思想理论宣传工作做得扎实有效。而对于毛泽东思想的高度注重,也为之后理论宣传工作打下基础。

一年以后,在中国共产党成立21周年纪念时,《晋察冀日报》发表了邓拓执笔撰写的著名社论《纪念七一,全党学习掌握毛泽东主义》①。这是《晋察冀日报》撰文第一次系统地评价和论述毛泽东思想的文章,是邓拓作为党的政论家在边区革命理论宣传中的重要贡献。

这篇社论高度评价了"毛泽东主义"作为一门科学的历史地位,指出毛泽东主义作为马列主义的中国化、民族化,"是中国共产党领导中国革命理论与策略的统一完整的体系,是创造性的马列主义的新的发展。""中国共产党所以能够领导20世纪中国民族解放与社会解放的伟大革命斗争,所以能够成为政治上组织上思想上全面巩固的广大群众性的坚强有力的布尔什维克党就因为有了毛泽东主义。"作者认为毛泽东同志"在其理论与实践中,有着许多新的创造,给了马克思、列宁、斯大林的革命理论以更进一步的具体化与充实,使之更加适应于中国与一切殖民地和半殖民地的革命的新的历史条件。"为此,文章号召,高举毛泽东旗帜,"深入学习掌

---

① 见1942年7月1日《晋察冀日报》。所谓"毛泽东主义"即"毛泽东思想"。据有关史料,毛泽东同志自己不同意"毛泽东主义"的提法,但在根据地早年的宣传中,曾有"毛泽东主义"的提法,此文认为,毛泽东主义即"马列主义的中国化"。

握毛泽东主义，真正灵活地把毛泽东主义的理论与策略，应用一时一地的每一个具体问题中去。"

对毛泽东主义所包括的历史内容，作者进行了概括。他循着这样一条线索，即毛泽东主义是马列主义关于唯物辩证法的发展和中国化，"观澜以溯源"，因而他把作为毛泽东主义理论精华的思想路线、政治路线和军事科学三大部分对马列主义的新贡献，一一予以论述，较具体地阐明了毛泽东思想的精髓。邓拓指出：毛泽东同志提出的用马列主义之"箭"去射中国革命之"的"，强调调查研究的重要，反对主观主义，"这是对唯物辩证法的最有力的宣传，是马列主义思想方法的进一步的发挥。""毛泽东同志领导了反对一切机会主义的错误思想斗争，从陈独秀的右倾机会主义一直到苏维埃运动后期的'左'倾机会主义。在这些斗争中巩固了党和党的正确路线，同时也更加确立了毛泽东主义的科学思想方法。"同时，他又指出，"毛泽东同志在领导中国革命实践中，创立的工农民主政权的特殊形式的苏维埃政权、三三制，《新民主主义论》中提出的'已经成为党在中国革命的现阶段中政治总纲领，以及统一战线、武装斗争、党的建设等等，'这些都是毛泽东主义政治科学理论的主要特点的主要内容，这是切合中国革命需要、领导中国革命实践的一贯完整的政治路线。"对于毛泽东同志的军事科学的成就，文章说："只有毛泽东主义的军事科学，把游击战争提到战略地位来考察，规定了这个战略问题的各个方面，成为一个完整的体系，而且创造了中国革命武装斗争中的军事组织形式和各种制度的建设原则；也只有毛泽东主义的军事科学的远大眼光，才能预见中国民族抗日战争的三个阶段的发展，具体规定三个阶段战争中的战略方针，提出了最后胜利必然属于中国的抗战前途。"毛泽东同志的许多科学预见，"被事实证实"，比如关于日寇的三种包围，其最后一种是国际的包围，和抗日战争进入第二阶段时，日寇将进攻南洋，挑起日美战争，现在也已完全成为事实了。社论从中国革命历史进程中，把握毛泽东主义对中国革命的历史贡献，并从她所组成的几大部分、所包涵的内容、科学的精神等，作出了高度的评价。邓拓这篇关于"毛泽东主义"的社论，是晋察冀边区最早探索毛泽东思想的理论文章之一。

正是基于对中国革命领袖思想的重视，基于对毛泽东思想的认识，邓拓于1944年，以《晋察冀日报》名义，主持编辑出版了我国革命史上第一部《毛泽东选集》。邓拓在卷前写了《编者的话》。在这篇不长的文字中，作者论述了毛泽东思想对于中国革命历史进程的指导作用，着重从产生毛泽东思想的社会历史条件和革命实践方面把握毛泽东思想的科学定义。他写道："过去革命斗争的经验教训了我们：要保证中国革命的胜利，全党同志必须彻底地团结在毛泽东思想指导下……构成毛泽东主义的历史条件就是在殖民地、半殖民地、半封建的中国，革命已经经过了三个时期，在每个革命时期中，毛泽东同志以及一切团结在毛泽东同志周围的同志，都是一方面向着党外的敌对思想作斗争，一方面向着党内'左'右倾机会主义作斗争，而在历史实践中都完全证明了毛泽东同志的思想是唯一正确的思想。"从行文中可以看出，作者把"毛泽东同志以及一切团结在毛泽东周围的同志"，同阶级敌人作斗争，同党内机会主义斗争的革命实践，当作构成毛泽东主义的历史条件，这种表述涉及毛泽东思想是全党同志团结战斗结晶，注意到它作为一门科学体系的集体成果，这样一个十分重要的内容。联系两年前他在社论中的有关论述看，这个表述既是他前面思想认识的新发展，又是站在时代的思想理论峰峦上，同我们今天对毛泽东思想的认识基本一致。当然，对毛泽东思想的认识在全党是一个复杂的过程，尽管邓拓以"唯一正确的思想"来表述，今天看来有些神化之嫌，但在当时，在中国革命思想史上，邓拓较早地论述了毛泽东思想的历史地位，以及产生的社会历史条件，其认识是敏锐的，其功绩是卓著的。

邓拓坚持宣传马列主义、毛泽东思想，显示了一个革命者思想信仰的坚定、追求真理的执著和作为党的理论宣传家的卓识。邓拓来到晋察冀边区后，边区翻印了大量的政治书籍，包括马列经典著作，特别是毛泽东同志的论著，对中国革命历史和现实进行了深刻的分析，提出了许多革命的战略思想。"北斗南天，真理昭昭，大纛飘飘。"（邓拓诗句）这对邓拓思想理论的提高"开了一扇明亮的窗子"。他在《颂马恩》的诗中，称赞革命导师是"旷古人间两巨贤，才如天海学无渊"。在读了毛泽东同志《新民主主义论》后，写诗称颂毛泽东"运筹帷幄"，宏文巨制，是"翰墨拈来尽巨观"。正是基于思想理论修养的不断加强和对中国革命的深切感受，从历史进程中认识到"有深刻研究毛泽东思想的必要"；基于敌后斗争实际和边区新闻宣传的需要，邓拓在边区党的分局领导下，积极宣传马列主义，为中国革命作出了历史性的贡献。

晋察冀边区编辑出版《毛泽东选集》是在边区中央分局直接领导下进行的一项重要工作。这件事本身表明，毛泽东思想已经日益成为革命者斗争的思想武器，越来越深入人心。毛泽东同志著作在这以前，还没有汇编成册。延安曾出版过《毛泽东救国言论选》，但这不是正式的文集。晋察冀出版的这套选集，汇集了毛泽东同志主要在抗战以后的各种名著、讲演及其他重要理论著作，共分五卷二十九篇。中共党的十一届三中全会以来，在经历了一场历史大浩劫之后，人们痛感恢复毛泽东思想本来面目的必要，史家们对中国革命历史上宣传毛泽东思想的历史情况进行了研究。同时，有关晋察冀出版毛泽东著作和宣传毛泽东思想的情况，一些当事人，尤其是当年边区的领导后来担任要职的领导同志，或发文章，或通书信对此进行了回忆，使这一重要的历史情况得以明确和传扬。一些当事人和老同志回忆和赞扬了邓拓对于宣传毛泽东思想的贡献，并提及当时编辑的《毛泽东选集》的事宜。这里，谨录几段：

当时晋察冀边区中央局宣传秘书、现任最高人民法院院长郑天翔同志，1983年4月在他参加校阅的一篇题为《关于晋察冀边区出版〈毛泽东选集〉以及邓拓同志在战争期间致力于宣传毛泽东思想的情况》的初稿中写道：

> 1944年初，在抗日战争行将进入新阶段的前夕，中共中央晋察冀分局（后为中共中央北方分局）为了系统地宣传毛泽东思想，为了进一步加强对整风运动的思想领导，根据中央有关指示，决定出版《毛泽东选集》，分局和聂荣臻、程子华、刘澜涛同志将这项任务交给邓拓同志……邓拓同志为第一部《毛泽东选集》的出版，从收集毛泽东

同志的著作到编排、印刷、装帧各个环节，都亲自动手，并为选集写了《编者的话》。聂荣臻同志在纪念邓拓同志的文章中写道："1944年5月，在中共晋察冀中央局的领导下，他主持编辑出版了《毛泽东选集》，这是中国革命出版史上第一部毛泽东同志的选集。他为这部选集写了《编者的话》，满腔热情地阐述了毛泽东思想对指导中国革命的伟大作用。"邓拓对毛泽东思想的这篇论述，表明他对毛泽东思想的热爱和研究心得，也表达了中央分局领导同志的观点。①

刘澜涛同志（当时任晋察冀中央分局党委副书记）就郑天翔同志上述校阅文章写给李葆华同志（即赵振声，当时任晋察冀中央分局组织部长）的信中说：

> 晋察冀出版《毛选》，邓拓同志出力最大。记得1943年中央提出学习有关党内路线83种文件，随后，你和许建国同志由中央返回边区传达了有关党内路线的问题，这时边区领导同志以及高（级）干（部）更加注意学习毛泽东思想，邓拓同志积极编辑毛泽东著作同这一情况有密切联系。

在另一封信中，刘澜涛同志深情地回忆说："邓拓同志是真正的马克思主义者，是忠于党，忠于毛泽东思想的勇士。

李葆华同志在看了上述文章后，写回信给刘澜涛同志说：

> 这个材料写得很好。合乎事实，也说明邓拓同志宣传毛泽东思想作了宝贵的贡献。

以上这些领导同志的回忆，作为珍贵的历史资料，有助于了解邓拓在

---

① 此文后修改发表在1984年第17期《瞭望》杂志，题目是《四十年前的一部〈毛泽东选集〉》。

当时编辑出版毛泽东著作的情况，这些热情的评价，是邓拓的战友和老领导对他宣传工作成绩的高度赞扬，也是历史对一位宣传家的公正褒奖。倘若邓拓九泉有知，他也会为之欣慰的，有什么比一个人的政治名誉和历史贡献的恢复更为重要和荣耀的呢？

革命友谊战斗情

1942年，邓拓在一首题为《送报社同志支援冀东》的诗中写道："翰墨闲忙谈笑时，灯花开处悟真知。高山云树堪浮白，亘古春秋了梦思。莫道书空看逝日，还凭说论启来兹。淘沙千里东飞浪，想见故人滦水湄。"他鼓励支持冀东的战友们去迎接新的斗争，用战笔去开创未来。诗中也抒发了对往昔团结战斗、翰墨生涯的缅怀，浸透着作者拳拳之情。

在晋察冀日报社这个团结战斗的集体里，邓拓像一根纽带，把大家紧紧地联结在一起，为了党和人民的利益，"发奋挥毛剑"。当三四十年后，原报社工作过的老同志坐下来修纂报史时，大家深情地回忆起邓拓当年带领报社同志共同战斗的往事。点点滴滴，历历在目。

邓拓的战友陶军在同笔者的一次谈话中说，提起当年的报社生活，大家就想到一个人——老邓，他像一块吸铁石，把大家吸引在一起，让人感到温暖、友谊和信心。

邓拓和爱人丁一岚的结合是战斗友情的结合，是报社当年的佳话。

邓拓来到晋察冀边区已是25岁，到1941年前后，他是报社年长的没有恋爱对象的老同志之一，又因为他是报社领导，很引人注意。几位年龄差不多的战友，周明、陶军等曾多次开玩笑问他，老邓，你要找什么样条件的，你得说呀！每到这时，邓拓总是笑笑说：不忙的，忙什么呢？邓拓有他自己的想法，当时的确工作很忙，兵荒马乱的环境下办报，重要的社论写作和头绪繁多的组织工作，让他难分心顾及个人的私事。还有，晋察冀中央分局领导常常召见他开会、起草报告，他还兼任军区作战股通讯负责人，定期要向军区提供战情资料、发布述评和战报。他几乎每天高负荷

运转，本来在监狱中留下的肺病和胃痛，常常使他因劳累而感到不适。所有这些影响着他考虑个人的婚姻大事。可是，随着年龄的增长和同志们关心的频繁，他也同几位亲近的同事说到，找一个终身伴侣，在工作和生活中有帮手。聂荣臻同志也很关心邓拓的个人大事，曾多次叮嘱其他同志要关心关心邓拓个人问题。作为一个在生活作风上十分严肃和朴实的领导，邓拓把主要精力放在工作上，是晋察冀日报社熟悉他情况的同志们十分敬服的。

1941年初的一天，邓拓在处理来稿中发现了一篇题为《血的控诉》的文章。文章写的是边区平山县一个童养媳因为积极参加村里的抗日活动，被公婆和丈夫害死后尸体也被烧红的铁棍烫得惨不忍睹的故事。多年来，在边区个别地方，曾发生过抗日积极分子遭迫害的事件。这篇署名"路群"的作者以亲眼所见的"珍妮事件"，满怀义愤，投书给报社，为抗日积极分子和妇女姐妹们伸冤。

邓拓看了稿件后，觉得这是一个应予重视的事件，很有教育意义。他被文章作者对群众深切关怀的激情和流畅的文笔所吸引。路群，这是谁呢？在报社的通讯员中也没听说这个名字。而且，作者是平山县做妇女工作的，平山县妇救会不就是在东柏坡，离报社瓦口川也不太远吗？从文章中看出作者对妇女工作是很熟悉的，并且也有一定的写作基础，是报社通讯队伍的合适人选。邓拓决定采用这篇稿子，他把这个想法告诉了好友、记者司马军城同志。

"路群"就是后来与邓拓结为伴侣的丁一岚的笔名。当时，她在平山县妇救会做宣传工作。

丁一岚出生在天津一个铁路职工家庭。"一二·九"运动后，还是中学生的她，怀着热爱祖国、对革命的向往，在高涨的革命形势影响下，参加了火热的学生运动。

"当时，我们的思想充满着小资产阶级的民主思想，看了一些书，追求民主、自由、独立。"多年后，丁一岚回忆这段经历时，仍记忆犹新，革命的热情仍不悔当初。中学毕业，她在读了杜重远写的访苏游记，以及介绍延安情况的一些书后，向往到根据地去学习、工作。抗战爆发，天津沦陷。一大批同学南下成立了"平津流亡同学会"。她和同学刘承兰辗转到了南京。在南京看到《解放三日刊》上刊载了一则抗大陕北公学招生简章，她们又从南京到了延安。在陕北公学学习了三个月，丁一岚参加了中国共产党，1937年11月，她到中央党校学习半年，后留校做俱乐部工作。中共党的六届六中全会在延安桥儿沟大礼堂召开，这位年轻的俱乐部主任热情地为大会服务，组织文艺活动，会后，响应党中央号召，报名到敌后抗日前线去。丁一岚回忆说："当时许多领导同志做报告，介绍各边区情况。彭真同志介绍了晋察冀边区情况，介绍了那里农民抗日斗争和唐山工人运动。我的家天津靠近晋察冀边区，因此，我就报名来到了晋察冀。"她先是在边区党委做组织工作，后到县里做妇女工作，常常写些妇女运动的宣传品，反映妇女抗日活动的情况等。

　　《血的控诉》一文寄出以后，6月中旬，在这件残害抗日积极分子的事件发生四个多月之后，边区平山县政府作出正式判决，将两名主犯执行枪决。当月29日，《晋察冀日报》发表了关于这件事处理的消息和《血的控诉》一文。

　　几天后，丁一岚收到了一封信。这是《晋察冀日报》社长邓拓的亲笔信。信中邓拓很客气地对稿件给予称赞，并鼓励她多向报社反映妇女工作的情况，多采写稿件。看到自己写的文字变成铅字，看到报社领导亲笔信件，丁一岚感到惊喜和欣慰。党和人民对妇女工作十分关怀，作为从事妇救工作的作者，深深感到这篇文章的刊载是对战斗在抗日斗争中的妇女同胞们、对抗战积极分子多么有力的支持啊。丁一岚仔细阅读了经过修润后的文章，她要感谢那些不知名的编辑，感谢那位亲自处理稿件并写来热情信件的社长同志。

　　丁一岚十分友好地给邓拓回了信。这或许成了他们相识、结合的最初缘由。1983年9月，丁一岚对笔者回忆说："当时根本没想到我们会成为夫妻，我那时只是想，邓拓是个有学问的领导，让人敬佩。"此后，他们鱼雁往来，尺素传情，渐渐地有了一些联系和了解。而通信好长时间，却未曾相见，虽相距不过几十里地。一天，一位报社同志来找她。他是《晋察冀日报》记者顾宁（司马军城），在四分区（当时丁一岚已调到分区妇救会工作）办完公务后受邓拓之托，来看望丁一岚。顾宁是邓拓的挚友，他是一位年轻有才华的记者，也是一位热情洋溢的诗人，1944年，在冀东的一次战斗中英勇牺牲，年仅30岁，却留下了许多优秀的诗篇和通讯。曾有诗作被选入《革命烈士诗抄》的集子里。邓拓写有"塞外征魂心上血，沙场诗骨雪中灰"的诗句，怀念战友和诗友顾宁。他对邓拓和丁一岚书信往来之事很清楚，邓拓曾多次同他谈到这件事。顾宁找到了丁一岚后，向她表示希望他们"会面"，加深了解。丁一岚想了很多。她对同邓拓的关系不是没有考虑的，从书信往来中，她看出邓拓的热情、才华和诚挚。她想的较多的是，老邓年长她十岁，是个有学问的领导干部，而自己还很幼稚；对邓拓的情况，只是从书信和一些同事那里风闻，毕竟两人还未会面；又听说，他有严重的肺病，身体不好；还有，在这之前，她曾有过一个男朋友，是个烈士的子弟，他们在延安分别后，远离两地，虽已断绝了联系，但自己思想还不能平静。"这些是我当时不想马上考虑自己个人事情的原因"，丁一岚说，"不久，开始了1941年大规模的反'扫荡'，事情就被耽搁下来了。"

就在这次反"扫荡"中，报社所在的平山县滚龙沟被敌寇包围，形势十分紧急。邓拓在危急中组织大家突围，突围中报社有同志受了伤。丁一岚跟着四分区的同志在一起转移，从平山西边来到东边，然后跨过瓦口川的山沟，通过封锁线到了平原地区。在这里，他们见到边区的党委秘书长刘仁同志。刘仁问："大家听到有什么新情况没有？"丁一岚对刘仁说："听说报社被敌人包围了，情况很严重。"刘仁听说后，十分焦急，忙派人去打听。这次反"扫荡"结束后，丁一岚收到邓拓的一封信。邓拓火气很大，他在信中故意说："有人说报社反'扫荡'损失很大，不是有意中伤，就是制造谣言。"不料，"这封发火的信倒是促使我更加了解了邓拓。当时，我想，可能有人给老邓说了什么，这些话他是故意冲我来的。从他的坦率可以看出老邓这个人为了维护集体的声誉，不怕得罪一个他正在追求的人。这件事虽小，相反使我对他加深了好感。"

1941 年 12 月，丁一岚的好友任致和另一位女同志特意安排了他们的会见。在瓦口川边晋察冀边区保育院朋友的家中，这两位通信达一年之久的有情人终于相见。

冬去春来，滹沱河边杨柳新绿萌发，透出阵阵春意。乍暖还寒的天气，不时刮起阵阵风沙，间或把绿叶芥草吹向河中，漂来流去。邓拓和丁一岚在风沙中并肩漫步。他们谈工作、学习，谈生活和未来。"战地青衫侣，风沙北国春。"耳边呼呼的风沙，冷气袭人，但他们谈兴正酣，沉浸在热恋的暖意中。这次长时间的交谈，使他们加深了了解，定下了终身大事。初恋的热情和诗人的激情，邓拓诗兴勃发，不久后即写了《初晤》、《定情》和《心盟》等诗，记下了革命战友幸福情感的开始。在《初晤》一诗写道：

　　山村曲水夜声沉，皓月霜花落木天。
　　盼澈清眸溪畔影，寄将深虑阿谁边？
　　矜持话短长悬忆，怅惜芜堤不远延。
　　待得他时行箧里，新诗倚札读千篇。

在《心盟》诗中写道：

　　滹沱河畔订心盟，卷地风沙四野鸣。
　　如此年时如此地，人间长此记深情。

丁一岚回忆初次见面的情景说，邓拓清瘦文静，一身军装打扮，却又是一个地道的知识分子的样子。好久，他吃的是稀粥、馒头片，有胃病，显得瘦弱。一方面，他有着革命者的意志和毅力，对艰苦的环境很乐观；另一方面他也有书生情怀、浪漫的情调。有同志说他刚到边区在院子里学骑马，骑的是一匹日本大洋马，出不了门，邓拓慌忙地趴在马背上过去了，样子十分好笑。

1943年年初,邓拓、丁一岚向边区组织递交了结婚申请,经聂荣臻司令员批准后,于是年3月7日举行了婚礼。战争时期,所谓举行婚礼,就是几位战友在一块吃点山区土特产——红枣、核桃之类,说说笑笑,表示祝贺。邓拓他俩结婚比这还简单,只是在第二天到聂司令员那儿,聂司令、张瑞华同志设便宴招待他们。聂司令风趣地说,欢迎新郎、新娘,要吃喜糖。从此,这对革命伴侣在共同的生活工作中,互相帮助,"风波勉此生"(邓拓诗)。

丁一岚结婚后仍在四分区工作。过了一段牛郎织女的生活后,丁一岚调到了报社。前面提到的那次灵寿北营突围,丁一岚已怀孕半年了。由于突然与敌人遭遇,部队为了避免损失,摸黑向附近山头撤去。离山顶几十米远,雨天路滑,道路险峻,丁一岚实在走不动了,她拉着一位战友的枪托勉强上了山。他们转移到一个村子里,邓拓看丁一岚实在累得不能跟部队前进,让她留下来住在一位老乡家里。临别时,邓拓望着已有身孕却仍在战火中颠沛流离的妻子,心情沉重。一年后,他写了《忆北营之变》的诗作,回忆了当时的夫妻离别、心所牵挂的情景:"客秋三月战云迷,苦忆北营遇变时。弹火燃眉随突变,田梯诀别痛牵衣。出围结屋依崖冷,怀孕离群入穴危。最是寇氛纷扰日,相逢举案又齐眉。"

1943年12月,北营遇险两个多月后,丁一岚在寄居的老乡家里生下了大女儿小岚。女儿出生时,正值隆冬时节,寒风刺骨。她住的房子没有窗子,门也破得"呲牙咧嘴",冷风直往里钻。负责照看她的通信员从房东那里借来床单挡风,架上木柴烤火取暖。孩子出世后,鼻子冻得发紫,烟一熏哇哇乱叫。看到这一情景,这位战斗中不曾胆怯的女战士,眼睛不觉湿润润的。这些情况邓拓一点也不知道。女儿出世后,他只得到一个口信;女儿刚满月,就被寄养在老乡家里;到了已经会跑了,邓拓才见到自己的爱女。

送走了女儿,丁一岚继续参加报社资料编辑工作。在邓拓的帮助下,丁一岚注意读书学习,夫妇一起讨论学习收获。邓拓习惯于晚上工作,夜深人静,他伏案挥笔疾书,高兴的时候,停下笔走出院子,月下踱步,随口吟诵几句诗作,或挥挥胳膊练练拳。"孤窗走笔街声沉,小院无人霜月侵。散稿案前书未竟,狂歌门外意难禁。"就是当时的写照。每当这时,丁一岚就关切地给邓拓倒上开水,或走出去陪邓拓谈几句,"换换脑子",休息休息。

1944年,他们夫妻同时进了晋察冀中央局党校学习班。在这里,他们认真读了一些革命理论书籍,受到了马列主义教育,但也经受了一次特殊的考验。当时,康生在延安搞所谓"抢救运动"、"怀疑一切",诬陷一大批党的优秀干部,说什么"河南地下党没有一个好人"。这股阴风刮到晋察冀时,邓拓和一些老同志受到审查。在当时的情况下,邓拓思想准备不足,不免有些感喟和惆怅。他写有"天才投笔误狂歌,伤心梦幻倍蹉跎"的诗句,表明当时心情沉重如铅。后期的学习,使他思想有些变化,他写给妻子的诗中说:"八乡有意从头认,壮志纵成烟,不向蓬蒿浪掷。""如今抖擞旧精神……待取新衣上征程,好将身子试,长为孺子牛。"① 在学习期间,他参加了改编郭沫若《甲申三百年祭》一文为京剧《李自成》的工作。丁一岚还在剧中扮演红娘子的角色。她在回忆这段往事时说:"邓拓有点书生气,有时候他考虑自己同党的要求多一些,对复杂的政治形势有时估计不足。从党校回来后,他仍然负责报社领导工作,并没有因为受不公正的批评而消沉,继续在领导岗位上兢兢业业地工作。"

1945年,张家口解放,丁一岚调到电台工作,从此,他们又"伯劳飞燕各西东"。② 一直到北平解放进城后,他俩都在各自工作单位住宿。有时半月十天会一面,有时一个月甚

▲ 1944年2月邓拓、丁一岚在晋察冀边区田家口村

---

① 此诗全文未发表,原诗存丁一岚同志处。
② 见邓拓写给丁一岚诗稿,存丁一岚处。

至几个月才相会。到全国解放后的头几年里，他们仍分居两处。邓拓住东城煤渣胡同报社宿舍，丁一岚在西城广播电台宿舍里。丁一岚说："邓拓生活很随便，他很支持我独立地进行业务工作。不因为照顾他而让我留在身边。我们不常在一起，习惯了也就很自然，就像他的一首诗写的，'西风一马无余物'，却并不觉得缺少什么。"

▲ 1952年邓拓、丁一岚在煤渣胡同人民日报社宿舍

邓拓在《晋察冀日报》这个战斗的集体里，既是指挥有方、运筹帷幄的领导，又像一位亲近友善的兄长，关心和爱护战友，爱护这个集体中的每一成员。他的战友把他比作一块吸铁

▲ 邓拓（前排右三）与《晋察冀日报》的编辑记者们

石，团结和吸引报社同志在党的新闻工作中不断战斗、不断前进。邓拓热情似火，像一团熊熊燃烧的烈火，给人以温暖，让人们看到了党的好作风和传统。

邓拓经常到党委去开会，组织上给他配有一匹马。可是，这匹马常常是公用。行军中，战友们谁要是患了病，或者公务员外出购买东西，都被邓拓安排享受这个"待遇"。陈晚秋同志回忆过一件事：1947年春，他担任报社采购员，一次从平山县陈南庄赶集回来，天正下着大雨，路很滑，他背着六七把铁壶和一些物品，走一程歇一会儿，慢慢衣服都淋透了。他走到一个村庄，邓拓骑马从后面赶来，一见他那个样子，急忙下马，让他把东西放到马背上。怎么能让公务在身的邓社长挨雨淋呢？他还在推辞时，邓拓已让警卫员把他背的几十斤重的东西放在马背上了。邓拓看他还不好意思，同他开玩笑说："你那里背着几十斤重的东西，我空人骑马，这不叫我成了非人道主义了吗？"他们说说笑笑，在雨中走了一个多小时，才回到大麻棚村报社驻地。回来后，邓拓又把炊事员给他准备的热汤面分给陈晚秋喝，让他驱驱寒气。

当年的电话员刘庆贵回忆说："1942年春天，在阜平县温塘召开全边区参议会议。他跟随邓拓并负责电话通讯工作。白天，邓拓参加会议，晚上，读书、写文章，审批稿件，一直忙得很晚。当时会议上有抗敌剧社、西战团、火线剧社等边区的文艺团体来演出大型话剧《雷雨》《日出》等，是平时很难看到的。会议发给邓拓的戏票，他都让给电话员和公务员，说是他们很少看一次戏，让他们调剂调剂。他拿上书和文件去帮助电话员值班，让他们安心去看节目。

勤务员赵保回忆说，邓拓一件棉衣穿了好多年，补了几处，一双鞋破旧得开了"天窗"，总务科丁科长给他领一双新的，可他说旧鞋还能穿，把新的让给其他同志。由于他有胃病，上级供应给他一些小米，但报社其他同志病了，他就拿出来给病号吃。在向张家口转移途中，王大刚的爱人病了，邓拓让勤务员留下，帮助王大刚照看病人，把自己的小米给病人留下。

"毛锥十载写纵横，不尽边疆血火情。"（邓拓诗）是共产党人的顽强的作风和革命的智慧，是革命大家庭的阶级情谊、战斗团结，拧成了一股坚不可摧的力量，《晋察冀日报》的同志们，在枪林弹雨的险恶环境下，在革命精神的鼓舞下，胜利完成了党和人民交给的光荣任务。

"战歌诗思倍匆匆"

邓拓在晋察冀时期，主要是办报，为党的新闻宣传贡献心血。文艺写作是他的一种业余爱好。或者说，是一些生活的感染和激励，他写有一些诗作，他曾经说是"忙里偷闲学少年"。他丰富的知识才华，不仅在新闻宣传中得到施展，在文艺写作方面（特别是诗歌创作中）也得到一些展现。他曾长期担任边区文联协会的负责人，在组织领导边区文艺活动中，在团结文艺家方面做了大量工作。1946年10月，边区"国大"代表遴选时，他作为文联的候选人，受到冀东区选民的拥戴。①

1938年7月3日，《抗敌报》发表了署名殷洲的诗：《历史的壮观》。这是邓拓进入边区后最早的诗作。诗人以自由体的长短句式抒写了投身民族解放战争的决心："抗日的烽火，燃遍了华北的广原，太行的军号，响过了血腥的疆场——这是历史的壮观，中华民族为了自由解放，要把日本帝国主义推翻。晋察冀边区，在敌人后面，血战的一年，胜利象一串珠联，保卫了我们的人民万千，逃脱了亡国痛苦的熬煎，向世界人类的面前，昭示最后胜利的明天。"邓拓这首诗发表时，《抗敌报》还是石印，不定期刊出，报纸没有固定的文艺栏目，刊载的一些文艺作品多是配合当时的政治动员和战争形势的宣传，以散文、速写、诗歌为主。也就在这首诗之前两月，他写有一首《晋察冀行军》的歌词，并亲自谱曲后刊在《抗敌报》上。这可以看出，作者运用诗歌（歌词）的文艺武器，唤起人民，激励战友，"向前进，勇敢作战，我们是为民族生存而战，为世界和平而战，为人类光明而战，我们要把晋察冀造成铜墙铁壁"。当然，曾写有一些典雅深邃的格律诗的作者，写自由体并非是外行，急速变化的生活环境和报章宣传的时效性，他的这首诗未曾做精细的雕刻，但诗人的热情和敏锐以及注重诗歌

---

① 见《晋察冀日报》1946年10月。

艺术的宣传效用的创作初衷是十分明显。这期间，他先后以关白、弗政的笔名在《晋察冀日报》和边区刊物上发表了一些诗篇。诗歌创作，成为他在晋察冀时期文艺活动的一个重要内容。

二十多年后，1961年，《河北文学》编辑部向邓拓索稿，他把这一时期写的诗作重新整理出来，以《北岳吟草》为题发表。在读者面前展示了一个诗人的艺术才能。

如同题目所示，这些诗作是作者战斗在"北岳"——这晋察冀边区主要地带的作品和讴歌这一时期斗争生活的记录，也是一个很有意象的诗题。伟大的抗日战争，党和人民浴血奋战，可歌可泣的辉煌斗争的历史，革命战士崇高的斗争情怀，激发了作者的诗情，在戎马倥偬的战斗生活和紧张危急的编务之余，偶有所感，诗意斑斓，写下了这些自谦为"粗糙的半成品"。由于高昂的政治热情和斗争信念，在旧体诗词方面的造诣，作者的诗意境界阔大、感情激越，诗中浸透着一种壮美的激情。有如北岳景象，巍巍壮观，磅礴雄浑。《北岳吟草》组诗表现了革命诗人的阳刚之气，也记录了一个边区新闻官的战士情怀和生活历程。

《晋察冀军区成立》是一首诗意和豪情并美的作品。原题是《一年》，为纪念军区成立一周年写的："血肉冰霜不计年，五台烽火太行烟。战歌匝地三军角，卫垒连珠万里天。北岳扬旌胡马怯，边疆复土祖鞭先。阵云翻向龙江日，响彻河山唱凯旋。"浴血奋战，出生入死，何所畏惧，而扬旌冲锋，战歌凯旋，是边区特殊的新闻工作者们的期待和历史的责任。诗作，既是现实的再现，也是信心的表达。从边区成立、根据地初创不久作者即参加了建设边区的战斗，在历经艰辛的岁月之后，回首往事，面对新的生活，革命者有坚定的信念和无畏的豪情。诗中真切地表达了这一思想。面对纪念军区成立周年的盛况，作者的思绪回到了过往岁月。那些启示人们难忘的斗争场面，在作者笔下有生动的描绘。而从联结历史和今天的斗争启示中，诗人又展望凯旋的未来。历史、现实、未来，革命者坚定的信念和意志，把诗意和豪情推向壮美。这是诗人这一时期诗作的题旨：从艰苦的斗争生活中捕捉诗题，迸发出烂漫的诗情，讴歌赞美战斗者的意志和精神，同时又启迪人们深入思索严酷的斗争现实，为了胜利的未来而跃马扬旌，高唱凯旋。同他新闻工作完成党的任务一样，宣传动员人民群众一样，他的诗也是从另一方面，唤起人民为伟大斗争作出贡献，为了中华民族的利益而奉献。

置身于抗战严酷的斗争环境，革命的道路是崎岖漫长的。在诗人的笔下现实的斗争是"八荒风雨久纵横，关塞崎岖望不平"、"破碎河山国士悲，揭竿陇亩集雄师"；中华民族灾难深重："千年苛政问如何？旧史斑斑血泪多"。伟大的抗日斗争考验着千千万万的中华儿女，为了"复疆土"，"纾国难"，在边区的革命斗争中，多少英雄志士为国献身。这些有的是诗人亲密的战友，有的是边区英模人物。当他们为了民族和人民献出年轻的生命时，作为他们的战友和同志，沉痛的悼念和切齿的愤恨交感而生。诗人献上心香一瓣，悼怀故人，激励生者。于是，在邓拓的诗中，歌颂"献身家国"、"杀敌心殷"的勇士，称颂"狼牙山五壮士"的壮举："捐躯全大节，断后竟奇功。"1942年5月，华北新华日报社社长何云同志，在太行反"扫荡"中不幸牺牲。邓拓写了《哭何云同志》一诗，无限悼情化作一片誓言："党报事艰来日永，同侪心痛老成休！云山遥祭挥无泪，笔阵横开雪大仇。"诗人的挚友司马军城于1944年在冀东壮烈牺牲。牺牲前夕，作者曾收到烈士的一封信。平素，挚友之间通信多有戏语，这次的信中说："你看，当朝晖起处，即我在也。"不料，诗人收此信后战友已捐躯沙场。悲痛无言，化作热泪千行。一个深夜里，诗人写下了《祭军城》一诗："朝晖起处君何在？千里王孙去不回！塞外征魂心上血，沙场诗骨雪中灰。鹃啼汉水闻滦水，肠断燕台作吊台。莫怨风尘多扰攘，死生继往即开来。"这首诗在其怀念之作，是最为突出的。诗意深挚，用典自如。塞外征魂心上血，读来心痛；肠断燕台，生死继往，如泣如诉。奠祭亡友，激励来者，精炼地表达了其悲壮情怀与不屈的信念，其诗意广博，又工于诗味的锤炼。

基于对现实斗争艰苦环境和生活场面的描绘，同时又抒发出共产党人和文化战士的英雄气概、革命乐观主义精神，使诗人这一时期的作品洋溢着磅礴雄浑的气势。这不仅是在悼亡故友的诗中，在描绘报社战斗生活的诗中，也多是一种激情与豪情辉映的篇什。

报社一部分同志去冀东，作者写诗见赠："莫道书生看逝日，还凭谠论启来兹。"在《勖报社诸同志》的诗中，诗人描绘了"一手握笔、一手拿枪"的战斗生活："发奋挥毛剑，奔腾起万雄"；"文旗随战鼓，浩荡入关东"。在反"扫荡"途中，诗人和战友们辗转办报，形势十分险恶，但诗人在一首诗中却十分轻快地描绘了当时的情景："风雪山林路，悄然结伴行。兼程步马急，落日水云横。后路歼敌寇，前村问敌情。棘丛挥斤斧，伐木自丁丁。"后面顽敌追赶，前村探敌虚实，形势是紧迫的，而革命者的信心和豪气却我自巍然。这种军情急迫，斗争形势的险峻，更衬托出革命者宁危不惧、从容征战的英雄气概。而当反"扫荡"胜利归来时，则又是另一番情景："太行北峙壮玄黄，群叠奇峰上碧苍。峦气未消操大野，兵氛才过砌新墙。秋风处处忙收获，春雨年年乐垦荒。自是人工天可胜，全凭铁手保家乡。"在题为《过紫荆关》的诗中，作者更是把藐视困难、不畏险阻、一往无前的豪情壮志抒发得淋漓尽致："天地原无险，庸夫自作关。紫荆十里峻，拒马半山环。千载长城圮，三军白骨斓。如今商旅道，来去幸轻闲。"视困难有若无，历险峻若等闲，睥睨征程中儒夫庸者，表达的是一种坚定乐观的革命精神。作者带领报社十年内跋山涉水，穿行在无人区、游击区，转战在十多条铁路线、数十座山脉和十多条河流，《过紫荆关》是多年颠沛转战生活的一个场面。诗歌凝聚作者生活经历和思想哲理，而正是在这种高度"凝结"生活的画面和题旨中，读者深深体会到诗人战斗在险恶的斗争环境下，坚持党的新闻事业所依凭的一种斗争力量和革命信念。

这是作者这一时期诗歌作品的灵魂。有着对革命事业的坚定信念、对斗争生活的炽烈的情爱，而又把这种真切的感受描绘出来，传布给战友，壮大和发展这种革命事业不可缺少的精神力量。所以，在诗人的创作中渗透出来的这种严肃崇高的思想题旨，是深藏着作者艺术匠心的，也是一个革命者博大宽怀的思想境界的折光。

从饱和情感和主观抒情效果看，诗人这一时期的作品多是感怀之作。无论是从斗争生活中选取一个有意义的场面，发为心声，化入翰墨纸笺；也无论是从一些有纪念意义的日子和事件汲取诗情，作者留下了怀人之作或是悼念之什；无论是同友人唱和或是题赠往来的诗，作者那颗跳荡的诗心灼热似火，其感情浓烈如炽。

鲁迅逝世两周年纪念，邓拓当时与《抗敌报》(《晋察冀日报》前身) 编辑周明、司马军城等人特在《抗敌报》上编发了一期纪念专刊。邓拓发表了《追祭鲁迅先生》的诗，赞颂了先生的精神，同时，面对着"伤心两载风云色，咽泪重刊呐喊诗"，期冀着"再祭他年烽火后，血花一缀自由衣"。杰出的新闻工作者邹韬奋逝世，邓拓写了《悼韬奋》的诗，字字句句情深意挚："五十春秋四海名，中年蹈砺气峥嵘。尸灰余烬心犹热，寇祸燃眉事可惊。易篑遗言忧故国，归魂入党托生平。斗南今日断肠处，又弱星华护路氓。"即使在抒写生活小事的篇什中，同样澎湃着感情的潋流，抒写出革命者的情怀。1940年秋，邓拓和报社住宿在阜平城。每在夜深人静，他读书写作，常常通宵达旦。《阜平夜意》诗就是这种生动的记录："孤窗走笔街声沉，小院无人霜月侵。散稿案前书未竟，狂歌门外意难禁。风移树影驱昏睡，火逼沸壶作短吟。军舍夜深嘶战马，明朝单骑又溪林。"寂静的深夜里，诗人伏案工作后，移步室外活动一下身子，忽然传来战马的嘶鸣，诗人联想到迎接一个战斗的明天，在恬静的生活小景中，揉进了战斗的内容，让时代气息点缀而出。一首感怀小诗，生活气息、人生情景、现实场景，生动自然，作者的笔下，现场、心境、情怀，跃然而出。虽短小，却容量丰富。

值得注意的是，作者几首写革命领袖的诗。这些诗同作者在理论宣传上的建树联系起来分析，可以看出是他政治成熟的又一侧面。在晋察冀边区对毛泽东思想的宣传中，邓拓编辑《毛泽东选集》，对中共党的理论宣传作出了积极贡献。当毛泽东同志的《新民主主义论》初稿传到晋察冀时，邓拓读后立即赋诗："万水千山只等闲，长城绕指到眉端。阵图开处无强敌，翰墨拈来尽巨观。风雨关河方板荡，运筹帷幄忘屯艰。苍龙可缚缨在手，且上群峰绝顶看。"诗中形象讴歌了毛泽东同志的历史功绩，展现了中国革命的历史情境，读来笔意酣畅，情感激扬。1945年，毛泽东同志的《沁园春·雪》在重庆发表，一时间受到人们的广泛关注。人们称颂毛泽东高屋建领、俯视历史、笔力千钧地抒发了革命家、共产党人的云水胸襟，但也有反动文人鼓噪一时，进行无端的诽谤、曲解。邓拓在读了毛泽东诗词之后，怀着对领袖的无限崇敬之情，和原词一阕：

北斗南天，真理昭昭，大纛飘飘。喜义师到处，妖氛尽敛；战歌匝地，众志滔滔。故国重光，长缨在握，孰信魔高如道高？从头记，果凭谁指点，这等奇娆？

当年血雨红娇，笑多少忠贤已屈腰。幸纷纷羽檄，招来豪气；声声棒喝，扫去惊骚！韬略无双，匠心绝巧，欲把河山新样雕！今而后，看人间盛事，岁岁朝朝！

诗人以雄浑奔放的笔力，清新刚健的诗句，歌颂了中国共产党和人民群众创造的抗战胜利的大好形势，歌颂了"韬略无双，匠心绝巧，欲把河山新样雕"的领袖伟绩。特别是在有人肆意攻击革命领袖的时候，作者这首词同陈毅、郭沫若等同志诗作一起，表达了人民对于领袖胸怀和胆略的热情评价，也是对叽叽喳喳的喧噪一个有力的回击。①

邓拓这一时期诗歌创作是丰收的。虽然数量不多，但作为一个业余作者，这种勤奋和努力是值得称道的。

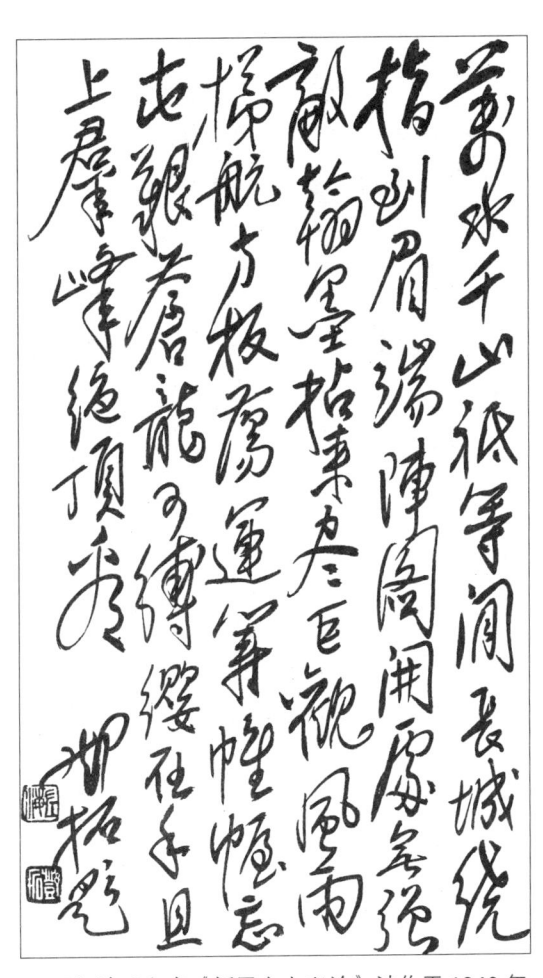

▲ 邓拓读毛主席《新民主主义论》诗作于1940年

① 《沁园春·雪》，陕西人民出版社。

邓拓写诗多是随感而发，提笔一挥而就。这一时期的诗，多半是打好腹稿后，不知什么时候找到了纸和笔，就抄录下来。他去世后，留下了一些在用台历卡片、废信封上写的原稿，就可看出他的这种习惯。晋察冀时期的三十多首诗，除了当时发表极少数外，大多是作者默记下来，或抄赠友人后流传了下来。写于1944年《赞马恩》一诗，就是在1948年作者得到了一张马恩的合影相片后，把这首四年前的旧作写录在上面的。

邓拓是以诗歌创作开始他的写作生涯的。前面说到，他在初中时就写诗，在上海、开封的革命活动中都有诗作赠友抒怀。但这些都没有发表，而在晋察冀时期他写的诗在质量和数量上都超过了以前。那么，较之先前，这一时期的诗作有什么特色呢？

首先是在题材的开拓上，从以抒写自己的感受见闻为主，到把对政治形势和生活场景的描绘纳入诗题，显得较以前更为廓大和雄浑。由题材的开拓，带来了诗意的醇厚。当然，邓拓的"狱中诗"也曾抒写了当年沉闷和肃杀的政治氛围重压下，一个革命青年的追求和希冀。那种革命者的情操和胸怀多是以自我热情的抒发，显得有力度却较空泛，是一个远离党和人民斗争实际的知识分子的情怀，而后者，作者亲自参加了民族解放斗争并成为一名负责宣传工作的领导，对未来热情的展望、对革命前程欣喜的描绘，都是建筑在对现实斗争生活的直接理解之上的。更多的是直接以斗争生活画面入诗，有着十分生动和实际的内容。作者捕捉的题旨是生活中有意义的事情，比如军区成立周年，鲁迅逝世忌辰，边区参议会议等。即使一些以主观感受为主的诗，比如描写爱情，也都有一些形象的画面和场景联缀其中，情景交融创造出生动的意境来。

当然，在题材的开拓上，诗题选取的生活画面更为广阔而丰富了。这是因为根据地的实际斗争，繁忙紧张而重要的编报写作生活，辗转周旋，与敌作战，纯真的爱情生活，重大而热烈的纪念活动等等，这些给诗人提供了丰富的素材，于是在他诗歌创作中就别开新的生面。

仅有题材的开拓是不够的。在诗人这一时期的创作中，以格律体为主，但也有了自由体、长短句结合的诗。诗风上有了一些变化。1944年，诗人写给爱人的长达四十余行的自由诗,诗句参差有序,不是一韵到底,读来琅琅上口,有如散曲韵味。诗人写作态度严谨,加上对中国古典诗词艺术的特殊爱好和功力,他习惯写作律诗和绝句。晋察冀十年,他写的诗仅两首是自由体的,其余的是律诗和词,这不能不证明诗人习惯于这种整齐规正的艺术形式中嵌入自己的思想情感。这种"取自由于法度之中",要有深厚的艺术功力作基础,而又能反映出作者的思想作风谨严和艺术爱好的专注。但是,在这种不变的艺术风格中,蕴藏有变异的因素。就形式的整体而言,还是格律诗占主要,但是诗的风格应是体现了内容和形式的统一,诗人在相同的格律诗中,却渗进了一些生动的画面,从形象的描绘上比以前的诗作更为生动和厚实、更接近于生活。有时候,诗作如金戈铁马,有时候玲珑纤巧。黄钟大吕,锦瑟丝弦都说明作者在风格上的新追求。如《阜平夜意》是抒写作者深夜伏案写作小景的,诗意盎然,富有情趣。在另一首《对花》诗中,作者春日观花于战事频仍之暇,写来别有一番情致。在爱情诗中,如《初晤》《心盟》《题像》等,作者以诗言志,写得轻盈剔透,有一种纤细之美。

诗人这一时期把爱情入诗,给诗风带来了重要变化,注入清新的活水。现存的三十多首诗中,写爱情的就有八篇。在同爱人通信中附上一诗,或以诗代信,这种抒写爱情的诗就占有一定比重。无情未必真豪杰。革命者并不摒弃真正的爱情,但是,把它置于什么地位可以看出一个人的思想情操。诗人不仅仅抒一己之情,而是在恋人间的勉励和关怀中,抒发革命的豪情。诚挚的爱情和革命者的抱负得到和谐的统一。《中秋》一诗写道:"春去秋还几月圆?中秋又见月如盘。西风一马无余物,秋色满怀到李园。"年复一年,思绪绵长,而为了革命,"西风一马无余物",但在革命者心中却十分丰富的,在抒写真挚的爱情中,这种情感容易达到最高"熔点"。邓拓是一位很重感情的诗人,他的爱情诗写得情感真挚,但是,他把这种个人感情同斗争生活、战士情怀融合在一起,诗意得到了开拓,有了厚实的内容,从绵绵恋情的轻唱微吟中也可以领略到作者战斗豪情的闪光。《战地歌四拍》是作者在1944年中央局党校学习时写给爱人的,这是邓拓这一时期诗作中最长的一首。这首诗在风格上显示出"不变中有变",在爱情诗抒写生活内容上，也是一首代表作。原诗未发表，抄录在此：

一年又值秋风起，北雁祇南飞，望南来雁影无踪，算不合关山阻？远水绕荒村，莫是枕经眠未晓？明镜菩提勤拂拭，不着人间尘土。

青丝依样似旧时，镇日书空，孤怀无寄！人乡有意从头认，壮志纵成烟，不向蓬蒿浪掷！心血如潮，七度春秋销北地。数三十又三年，衰逝堪伤天欲晦；问后来岁月，还能几许？只如今抖擞旧精神，酬尽心头文字债，待取新衣上征途，好将身手试，长为孺子牛。

鼙鼓又声喧，打叠琴书无着处，缩地失长鞭，脚跟无线，咫尺吴头楚尾。想旦夕四野动烽烟，顾不得惊起伯劳飞燕各西东。漫负笈携囊早登程，且休回首，向莽莽平沙去处舞干戈，莫念那恒岳巍巍云里人。

别离滋味浓还淡，欲诉又笺残。想将心绪谱奇弦，弹与知音人不见；结伴同行重话旧，不识何时也！果不相逢时，强饭加衣好护持，独立西风里，珍重复珍重。

离情别绪在诗中缠绵婉转，往事历历，七度春秋，情系征程，劳燕纷飞，然作者心怀坦诚，回首征程，岁月坎坷，知音何在，不免惆怅一片。但闻鼙鼓声起，烽烟动地，又抖擞精神，负笈前行，砥砺斗志。

写作这首诗时，作者受到不公正的批评，暂时离开报社编辑部在党校整风学习，回首往事，诗中不免有些感喟，但作者并没有低沉下去，希冀"待取新衣"，明镜勤拂，负笈登程，"向莽莽平沙去处舞干戈"，袒露出一个不倦的战士奋发进取的精神状态。

诗人这一时期诗篇在结构上的严整，以格律诗为主，诗风总倾向雄沉、典雅。在内容上，除了一部分生活小景的描绘是玲珑纤巧的外，由于所写的内容是感念祖国、民族解放事业和作者从事的艰苦卓绝的新闻宣传工作，"世局艰危闻壮语，襟怀浩荡唱新诗，"形成了诗人这一时期的雄浑沉实的风格。由于作者丰富的知识和良好的古典文化素养，他的诗中引用一些典故，也使他早年即形成的这一诗风得到发扬。如果说，诗人的"狱中诗"用典自然，但不免有些生涩冷僻的话,而这一时期,诗人用典多是活化为自己的句子,创造出一种"似与不似"、清词丽句的意境。如像"鹃啼汉水闻滦水,肠断燕台作吊台",使人想起文天祥的"从今别却江南日,化作啼鹃带血归"的峻峭高拔,以及杜工部的"即穿巫峡到巴峡,便下襄阳向洛阳"的率真练达;"秋风处处忙收获,春雨年年乐垦荒",可以找到唐人佳句"布谷处处催春种"的韵味;还有"春温秋肃凝冰火,战地烽烟自在人"、"寄予三生石上思"、"易水送行空落照,秦庭击筑剩悲歌"等等,都是借鉴前人的佳句与典故,表达出诗人的思想感情。正是这种用典精妙的诗篇,给人以浓郁的古诗遗风之感。尤其是在意境的创造上,承继了古诗优秀的传统,形成纸短情长、寄意深邈的华章佳篇。《阜平夜意》中,作者描绘的是夜深人静时写作的乐趣:孤窗、小院、霜月、夜籁俱寂。作者把笔伏案,间或门外小息,不觉月上中天,夜更深沉。作者诗兴难禁,于是移步回室,煮茗吟诗,这情景心境,诗人描绘得生动自然,写情、写景、写意,有如唐人绝句的美妙。但是作者表达的"听战马嘶鸣而思征战"的境界,则是古人难以望其项背的。

这种于抒情绘景中写意,在邓拓寄情感怀的诗篇中,透露出严峻的思考,体现诗人作为一个政治家描绘斗争生活题材,用诗歌吟唱心曲的特色。纵观作者这一时期的诗作,从思想内容到艺术形式,都是臻于成熟的。诗歌写作是他的业余爱好,他以一个政治家的情怀和敏锐,抒写生活,抒写心灵。作为政治家诗人,其特点主要在于:一是,诗作描绘的生活面较单一,这是同诗人业余操笔有关。繁忙的工作,诗人多是以身边亲历之事和所感之情为内容。这种感怀之作,很少去完整地描绘生活画面,反映斗争历史的重大场面,而是以抒发感受、以主情为特色。在一些老革命家的诗词中也可以看到。这种感怀诗并非不能留下纪念碑式的佳作。但毕竟囿于生活和情感约束,而诗意拓展不免受到限制,毕竟鲜有大手笔的驾驭。二是,诗的风格上,作者以沉静凝炼的现实主义艺术手法见长。作者虽不乏有诗人的浪漫笔法,但主要是以现实主义的严峻笔力,抒写情感,即或是描绘一些生活场景,也以真切地描绘为多。作为一个理论家新闻战士,冷峻的逻辑思维运用在诗歌创作上,容易找到以写实为主的特点。我们还可以想到，正是这种特色，使他的诗作多是以律诗绝句为主。

而邓拓以他那众多纪实的历史场景，那些浸透着血与火的诗意历史，也为后来了解这段生活，特别是党报的发展历程，提供了具有形象价值的史料。

文艺理论的探求

邓拓在晋察冀文艺活动的又一重要成就是理论的探索和贡献。在晋察冀边区，山区的文化十分落后。边区成立以后，先后建立了新华书店，翻印出版了一些书籍，文化生活稍有改善，但是，文艺活动却十分贫乏。边区刚成立不久，来自各地的一些文化人和知识分子对边区文艺活动的开展，比如诗歌创作、街头剧、报告文学写作等，起了很大作用，但同时人民群众对文艺的要求和边区革命斗争发展是不适应的。1938年，由周而复、马加、雷加、金肇野、鲁藜等组成的延安文艺工作团和周巍峙率领的西北战地服务团，先后来到边区。这些专业文艺工作者的到来，为边区文艺工作增添了生力军。为了发展边区文艺创作，活跃文艺思想，晋察冀边区文化救国委员会（简称文救会）于1939年2月26日，召集边区文艺作家进行座谈。晋察冀边区领导人聂荣臻、彭真同志出席并发表讲话。

就是在这次会议上，邓拓作了题为《三民主义的现实主义与文艺创作诸问题》的长篇报告。他在报告中阐述了"三民主义的现实主义"的创作方法，并对文艺创作的一些重要理论问题作了探讨。

邓拓的报告记录，整理后发表在边区出版的《边区文化》创刊号上。[①]同期发表的还有聂荣臻同志的讲话《关于三民主义的现实主义》和彭真同志的讲话《关于三民主义的现实主义》等。

关于"三民主义的现实主义"文艺口号的提出并不是个人的思想，它是边区文艺界基于对边区文艺现状、中国革命的历史情况和文艺思想的发展等问题的分析而提出来的。从革命斗争的实际出发，探讨文艺创作的重

[①]《边区文化》于1939年4月创刊。该刊只出版4期。

大理论问题，是邓拓这一时期文艺理论的主要功绩。他的探索表明，作为边区思想文化战线的领导人，邓拓对文艺创作和理论的问题有着成熟的思想，也表明一个"文艺作家对于自己战斗任务和文化事业的忠诚与负责"。①

作为一个口号的提出，"三民主义的现实主义"有它十分明了的确定性。它是在当时抗战救亡的政治形势下提出来的，是它的倡导者们"面对着伟大空前的历史斗争的时期，创造了多数新的东西，在文艺上也应该有新的创造和发展"思考的结果，也是基于这样一个思想前提——"随着中国客观历史现实的发展，作为历史的前卫战士的文艺作家，为了要集中力量发挥文艺的威力，首先不能不迫切要求解决新的文艺理论与创作方法的诸问题"，而提出来的。抗战开始不久，中共中央为了争取国民党抗日，提出在三民主义的政治基础上建立抗日统一战线，受到全国人民的拥护。直到1938年底，中共在六届六中全会的报告中还重申了这一政治主张。政治主张不能不反映和影响到文学理论上。正如聂荣臻同志说的"我们统一战线的共同纲领是抗战建国，抗战建国纲领的理论根据是三民主义，因此我们提出三民主义的现实主义，这正是政治对于文学的要求"。邓拓也指出："新文艺是为人类社会与历史的进步而服务的，在中国，今天，文艺要服务于现实的政治任务，为民族解放而服务，为抗战建国的伟大历史的事业而服务。"从这些分析中可以看出，它是基于文艺深刻反映现实这样一个历史使命提出的。所以，并不是像"有的同志认为对它的肯定不妥当，在理论上错误，在政治上也错误"。②③ 如果仅仅以为它"没有区分两种三民主义，从而没有把当时蒋介石国民党的三民主义排除在出发点之外"，就否定它的正确性，是失之简单的。邓拓也说，提出"三民主义的现实主义"并不影响各阶级坚持自己的文艺思想，"今天各阶级尽可以有自己的文艺思想，也像各阶级党派仍各有其自己的政治思想一样，但更重要的是各阶级要为着一个现实的共同历史事业而共同创造，在共同的文艺口号下，

---

① 此节有关引文均见《边区文化》创刊号。
②③《关于邓拓在抗战时期一篇重要文章》，《新文学史料》1983年第4期。

各阶级作家并不取消了他自己的文艺理想,他自己仍然是他自己的。"

诚然,作为一个文艺口号的形成,它直接地引进某一政治主张,其做法有简单之嫌。但重要的不是口号本身,而是它所包纳的内涵。我们应当看到,这一口号是在挽救民族危亡的历史时期,团结一切爱国的文艺家,为了民族和人民的利益,用笔去战斗,去创造反映伟大世纪水平的艺术的激励作用。

从文艺为"人类社会与历史的进步而服务",文艺服务于政治,为抗战建国这一崇高的历史使命而服务的战略思想出发,"三民主义现实主义"的提出是有积极意义的。抗战前期,中国左翼无产阶级文艺战士们基于民族解放斗争的历史实践,号召一切爱国的文艺家团结在民族抗战的伟大旗帜下,用手中的笔进行战斗,挽救民族危亡,提出了"国防文学"和"民族革命战争的大众文学"等口号。由于当事人在认识上的差异和口号本身的"不明了性",这两个口号虽然鼓舞了在敌寇侵略的铁蹄步步向我逼进时,正直爱国的文艺战士们积极参加战斗,但是思想上论战影响了文艺队伍的团结,不必要的牺牲,客观上削弱了爱国文艺家作为一个整体的战斗力。在党的直接引导下,抗战爆发后,有关文艺战线的口号论争就中止了。伟大的抗战爆发,面对风起云涌的抗日斗争形势,面对潜藏在这轰轰烈烈的斗争情势下,大地主、大资产阶级右倾顽固派的投降分裂活动,以及反动文人们散布"文艺与抗战无关"等反动文艺主张,一些资产阶级文艺家谈"风花雪月",逃避现实。"三民主义现实主义"的倡导者从这一历史情况出发,把文艺同政治,即同抗战,同挽救民族的历史斗争结合起来,在革命的立场上显示出了它的坚定性。当然,文艺口号作为团结文艺家的旗帜,它的存在和发展是要经得起客观实践的检验,以现实的需要为其客观依据。衡量一个口号的合理性,也是基于此。邓拓代表边区党组织和文艺界提出的口号,紧紧把握住文艺要反映现实,文艺家要成为时代代言人,到时代的洪流中把握斗争脉搏,这一思想内核,使它有着极为鲜明的时代特色。如果说过去的文艺口号较多地注意了作家政治主张上的一致和作品内容的倾向,而对作家的创作方法和同现实生活的关系阐述得不够的话,那么,"三民主义现实主义"的倡导者的表述是避免了上述的不足,它在新的历史条件下，对文艺同现实、文艺家的阶级利益同民族利益的关系，以及文艺表现光明、憧憬未来等作了论述。所以，这一口号的提出不仅在政治主张上成为团结文艺家进行抗战救国的原则上的旗帜，同时又以现实主义的创作方法为其特征，而指导文艺家同现实斗争紧密结合，成为引导文艺家进行文艺实践的方法。

正是在文艺把握现实，深刻地本质地描写现实这一重要的理论原则上，"三民主义现实主义"有着深度和新意。邓拓说："三民主义现实主义虽然是资产阶级性的文学，但是又因为它不是资产阶级单独一阶级所独有的，而是各阶级所共同的，因此它不同于旧的现实主义（固然，我们一面要欣赏和学习现实主义创作的文学技巧和成功）。三民主义的现实主义比旧的现实主义要进步，它会更积极地表现现实，概括现实，在反映现实有较充分地积极性和发展性，它反映充满着全民族的斗争与热望，和最后胜利的前途与新的国家建设的光明。"接着，他还论述了三民主义的现实主义同"新现实主义"（即社会主义的现实主义——引者），以及革命浪漫主义的关系。在批评有人认为"三民主义现实主义文艺会使文艺太政治化了"的观点时，邓拓指出："文艺诚然有其特性，不能单纯用政治方法来处理，然而文艺同时却又毕竟不能与政治分离，要成为今日中国的一个作家，非同全中国人民大众的血肉斗争，发生密切联系不可。因为作家，不在这种血肉斗争的不可分离的关系里面生存，他便不能整个地服务于民族、大众和战争，假使作家不能和大众用一个胸膛呼吸，那无论如何，文学不能站立于伟大的世纪的水准。"

"三民主义现实主义"提倡文艺服务于民族战争和大众政治生括，文艺正确反映现实，这一文艺主张是符合边区以至中国文艺实际的。在这一思想指导下，邓拓对"三民主义现实主义的创作诸问题"进行了探索和分析。如果说，这个口号的提出是邓拓和边区有关同志包括党政负责同志，对边区文艺和中国文艺情况共同研讨的结晶，那么，在这一文艺思想指导下对创作诸问题的分析和研究，则体现了他个人的思考。如果说，提出一个文艺主张显示了倡导者敏锐的政治目光和高远的原则立场的话，关于一些创作方法的思想则表现出研究者思想的开阔，和对文艺运动历史发展的理解水平。

邓拓分析了文艺的创作方法和作家创作的自由、典型问题，素材、题材与主题的关系，诗歌与歌谣、文艺的大众化等问题。他从历史角度正确地把握了这些创作理论，对一些容易产生的偏差也作了分析。这些理论问题的探讨，不仅有着历史意义，也有极其重要的现实意义。

文艺面对现实，要深刻地反映和表现，那么，如何去反映和表现呢？这是创作首要回答的问题。邓拓认为，文艺"不仅在给人以一幅日寇的崩溃死亡、汉奸投敌分子的没落与中国人民抗战胜利的图画"，也"不是革命的夸大或革命现象中武断的选择，而是从一切综错关系，一切矛盾的发展上，反映出现实的真相；当然，也不能把抗战建国描写离开了今天艰苦的抗战过程的、由理想人物创造的乐园似的。"正确的情况是，作者"从运动发展变化过程中描写现实"，"作家所创作的作品，应该是一种显示出那作者在现实生活中看见，在作品中反映的那种客观的现实，正在走向何处去的作品。"正因为如此，邓拓认为，伟大作品不是作者对于现实的某一部分之偶然调查的结果，它要求作家理解现实之整体，即作家要从小中描写出大，从一滴水、一个渺小人物的命运中显示出世界之大。"历史之伟大远景，没有那整个的历史运动的形象，他就不能完成他的任务。"同时，邓拓还着重指出反映和表现现实必须要抓住主要的、典型的现象和事件。典型的描绘也要生动、反映事物的本质来，他说："我们认为拣出孤立的典型而描写是容易的，然而我们更必须将它描写作为构成生命的一个单位、一个生命的中心，使所有光芒可以从这中心四射，并且互相交叉，现出我们生命中多样多形的整体。""我们不主张人物的单纯化，而是表现人物的复杂的、具体的、矛盾的特征的姿态，这是复杂的单纯。"这些分析，不能不是一个文艺创作的规律性的辩证认识。

关于创作自由问题，邓拓认为，统一的文艺口号并不妨碍作家发挥自己的个性和作品风格多样化。"各个作家，或某一阶级的作家，尽可自由地描写他自己所熟悉的东西……不过各作家今天都是民族斗争中的一员，虽自己有许多特殊性，但是，民族的历史的条件，必然规定了在全体作家相似的艺术形式的系统中，会表现着对现实的共通的态度，表现着特定历史条件下作品的基本的共通点（统一性）。创作的复杂性与统一性在这里更表现得是没有矛盾,我们的文艺,就要从这样的统一中多方面地把握与实践中更丰美地发展起来。"邓拓批判了"第三种人"的所谓"创作自由",认为他们所主张的自由是"超于历史必然性的自由",否认了"一切历史条件所给予文艺的限制"。创作自由是"在创作和批评上要反对公式主义",只要不妨碍抗战救国对现实有益处都有最大限度的自由。

在探讨文艺创作中的主题、题材、素材和作品内容与形式、典型化、大众化等问题方面,邓拓也是紧紧围绕着文艺同现实的不可分离,文艺深刻地表现现实、为现实斗争服务这样一个大的思想前提,进行分析。他指出:"一个人所能最深切了解的东西,就是他斗争的实践的对象,与实践相关联的方面,都又成为真正的创作的素材。""作者能否把握到正确的题材,也只有靠着丰富的实践。""今天的作家们要以全民族当前斗争中的现实的本质,作为创作的主题,才能产生最好的作品。"这里,把素材的捕捉,题材的选择和主题的提炼,这些文艺创作的过程同现实密不可分地联系起来,这是他把文艺向现实关系更加具体化了。同样,在论述文艺创作中的典型问题时,他也是从这个认识的高度来论述的。他说,典型问题是创作的"生命上的基本问题"。典型"是从多样个人类典型里概括出来的,它代表许多个体的个性之共通性。所以它的个性,特别突出鲜明,但是现代的作家们多感于时代斗争的大场面中,现象太复杂了,典型难于捉住,我们以为这也是容易解决的。实际能表现出典型的作家,非熟知周围的生活不可,作家现实生活之丰满,乃筑成表现典型的艺术的基础。我们要熟知周围生活,必须强调写作和实际斗争的重要性"。

从上述可以看到,邓拓是把文艺口号同当前的革命斗争紧密联系起来进行分析的。同时,紧紧围绕着这样几个方面:一是文艺为现实斗争服务,二是文艺同大众生活的血肉联系,即要文艺反映现实生活、反映大众生活,三是所创造的典型,所反映的人物和生活,要有个性,要与实际相联系。

从历史情况看,"三民主义现实主义"这一口号在边区提出大约有一年时间。作为一个文艺口号,它较之以前的口号有了更为全新的内容,在同现实生活的联系上要求得更为明确和丰富;但它同样是在一个时期着眼

于政治斗争思考的，所以当政治形势发生应有的变化时，这种服务于一定的政治任务和形势的文艺口号，随着变化了的情况，显露出历史局限性。当历史进入40年代后，国民党投降派不顾民族的利益，多次掀起反共的高潮，制造内战，中国革命的前途是打败日本侵略者，粉碎国民党阴谋，建立新中国，但这个新中国不是三民主义的而是新民主主义的，显然，原来意义的文艺是不合时宜的。政治口号和文艺运动在激发人民革命斗争精神上是一致的，但政治口号不能代替文艺运动，过分地要求文艺与政治的紧密结合，容易产生政治上的趋时而不能长久。这不能不是值得注意的，虽然这同那种绝对化的否定不是一回事。

历史发展到今天，文艺与政治的关系有了较多的阐释，也有了较为明确的认知。但在战争年月，革命文艺作为无产阶级政治斗争的一翼，作为革命者思想解放的武器，它强烈和鲜明的政治性是发挥文艺战斗作用的一个重要方面。从这个意义上说，我们容易了解当时晋察冀领导同志和文艺家们，纵观中国革命的现状和文艺斗争情况而紧紧地围绕着现实斗争提出了这一文艺口号，何况它从团结可以团结的力量，进行文艺为时代服务，鼓舞大众精神起了重要的作用。何况它还有一些文艺的基本规律的思考，比如典型化、整体性、创作自由等，是很有意义的，尤其是30年代末期，是革命文艺的宝贵财富。

邓拓关于文艺理论的建树是基于边区的文艺现状和中国革命斗争历史情况进行的，这就形成了他在边区倡导的"三民主义现实主义"的文艺口号活动中积极地发挥、阐释这一思想。同这一问题相联的是，关于文艺大众化问题论述，这也是他对边区文艺理论建设的一个贡献。

文艺大众化问题，30年代以来，在中国现代文学史上引起过十分热烈的讨论。在"左联"的领导下，1930年以来，关于这一问题曾进行过三次集中的讨论。对此，文史家王瑶分析说，1930年第一次讨论是"集中在产生为大众欢迎的作品和组织培养工农群众作者两个问题上"，1932年后的第二次讨论的中心，"已经不是一般地讲大众化的重要意义，而是着重在具体的措施和途径"；1934年的讨论"是以大众语为中心展开的，它与文艺大众化有联系，有些文章也谈到了大众语和文学创作的关系，但讨论的中心是语言文字问题"。① 关于大众化问题，鲁迅、瞿秋白等人曾发表过许多精辟的见解，针对当时复古逆流和反动文人的诬蔑，一些革命文学家把大众化同提高大众的欣赏水平，联系起来分析，切中了问题的腠理。

那么，大众化问题在边区如何呢？特别是抗战爆发以后，一大批知识分子和文化人深入到解放区，担负着宣传群众、动员群众的工作，在深入到大众中，他们从过去在理论上分析和讨论，变为在实际感受中对这一问题的重新认识。于是，出现了这样的情况：一些同志能够正确地认识文艺大众化同民众文化水平提高、普及的关系，并为边区大众化工作作出贡献。有人单凭革命的热情，对大众的文艺进行不适当的评价，从左的角度认为当时大众化就是要向外国"洋"的看齐，轻视民间的和民族的东西，认为大众的东西粗浅而俗气。

正是在克服了对边区文艺大众化理解中"左"的和右的倾向后，不少人对这一问题进行了正确的分析。邓拓对大众化问题作过较长时间的研究，曾在有关文章中四次提到。一是边区文协编辑的《五十年代》中，他写有一篇谈大众化的文章；二是在1946年的张家口，他做了"文艺的普及与提高的讲座"，报告未见发表，但据听过的同志回忆说，他在讲座时分析了边区的文艺大众化同文艺普及提高的关系；三是他在关于"三民主义现实主义"的报告中，谈到了旧形式、新内容和文艺大众化问题等；四是他在《新长城》创刊号上发表了《大众化问题在边区》的文章。

大众化问题实质上是如何看待中国民间、民族的文艺，如何看待大众所喜闻乐见的艺术。这里，夸大和贬低都是不对的。30年代关于大众化问题的讨论，并不是要排斥和凝固人民大众所要求的文艺，并不是固步自封和抱残守缺似的对待民众的文艺，而是要发展人民大众的艺术、为了人民的艺术。在这个意义上，邓拓批评了来自"左"右不同方面的干扰。他说："我们需要的大众化是什么？它不是替大众另造一种文化，也不是迁就大众的俗，而是把原有的文化领域扩大起来，提高文化的外形与质素，成为进步的中国大众的东西，就是那'新鲜活泼，为中国老百姓喜闻乐见的

---

①《文艺报》1980年第8期。

中国作风与中国气派'。"邓拓这里所说的大众的"俗",是指在民间艺术中的不健康成分和"封建性的糟柏"。对于吸取民间艺术的丰富养分,邓拓在另一文中有过充分的论述,他说:"大众化不是使文艺价值减低、迁就群众,有人以为大众化就是使语言文学尽量粗野、粗糙,直率起来,这观念也同样是不正确的。民间日常用语,粗野只是一个表面,其中精致婉转的一面,即使很多文艺作家也难以企及。如像农民在夏季乘凉中谈鬼说狐,其中语言之趣味,不亚于大作家的文章。大众的成语、隐语,带有充分幽默味的普通语言所难传达的情意,一向被文艺家所忽略了。"但是,仅仅把大众化看成是发掘和搜集民间文艺,也是不完全的。大众化的文艺离不开民族化,是使文艺在群众喜闻乐见的基础上有发展和提高。"忽视民族化而空谈大众化,这是抽象的,非现实的。"因此,他认为大众化不是表现在字面上和语言方面,而是从思想感情上,要提高大众的水平。同时,他还认为未来中国大众的艺术也是在发展,它不是一些自视清高的艺术家们所鼓吹的一种外来的"新艺术",而且也不是旧的固有的艺术,而是要发展为一种新的东西:"今天吸收外来的艺术和发展民间固有的艺术就成为中国大众的艺术的创造之必要的步骤了。"

邓拓在边区对文艺理论的探索研讨主要是抗战初期,也即他初到边区的时期。这时,他虽是《抗敌报》编辑部主任,但也兼任边区文协会的负责工作。晋察冀边区在抗战初期关于文艺和文化工作,是通过边区宣传部和《抗敌报》等文化宣传部门起作用的。这样的条件,加上他长期左翼文化工作的实践,使他成为探索边区文艺理论十分活跃的人物。边区文化工作落后,斗争生活艰苦,文艺工作者工作也是很艰苦的。文艺是深入民众成为人民大众的亲近的朋友和对敌斗争武器,还是玩赏于少数人手中的琴弦?在这种情况下,邓拓和边区一些负责同志探讨了文艺理论的重要问题,有着深刻的意义。在晋察冀边区这块民主的土地上,革命文艺的旗帜高高飞扬。在抗战斗争中,曾经创作和演出了一些受群众欢迎的节目,其中《穷人乐》等活报剧在解放区文学史上闪耀着光彩,这不能不是革命理论指导(包括对一些具体文艺思想探讨)的结果。

散文和报告文学写作

诗歌创作的丰收，文艺理论的辛勤探索，是邓拓晋察文艺活动的两大成果，除此之外，他在散文写作方面也是有收获的。

散文，作为一种自由灵活的文学体裁，它的形式多样、丰富，没有固定的格式和章法，一些文学史家对它分类也较宽泛。在今天它不仅包括轻巧灵便的抒情、叙事的美文，也包括一些辛辣小品文和杂感等。我们在论及邓拓这一时期散文时，就是综合了他的抒情散文和杂感、随笔等文字的。

同他的新闻政论写作和诗歌创作相比较，散文的数量并不多，但在形式和风格上是丰富多样的。有怀念战友的浓烈抒情性的文字，有纪实性的通讯、特写，有回顾历史、抒写人物的报告文学，有读后感、随笔、序言等，虽篇数不多，却几乎包括了散文作品这一活泼多变的文学体裁的多种样式。

作者的生活环境和思想历程是促成他选取何种文学样式的重要因素。邓拓进入边区前，在白色恐怖中从事左翼文化活动，动荡的生活使他对中国革命历史和现实有深切探求的欲望。于是他冷静地分析社会研究历史，留下了关于政论和史论的著作，而文艺写作，除了一些未发表的诗歌外，他并没有更多涉猎。到了边区，他从事新闻工作，这一工作的特点，一是时效性强，在艰苦的年月，生活节奏适应战斗情势变化；二是接触面广，时政、军事、文化、民运等工作，为适应这个变化的情况，邓拓在文艺写作上找到"轻骑兵"——散文、特写、诗歌等"武器"。这也为以后他的这类文章的写作奠定了基础。

作为政论家和宣传家，他的散文在题材选取上，密切配合革命时局发展，对一些重大的时政问题发表自己感想。这就有了对边区报纸成立一周年的纪念文字《这一年来》，有了对伟大抗日战争爆发一周年后的纪念性文章《伟大的七七纪念大战斗》，有了《纪念世界革命圣人——列宁生日》的文字，有了《三个国际组织变迁的回顾》等。这其中也有带强烈政论色彩的杂感，但又不同于他为报纸所撰写的社论和时评，作者把自己的感想熔铸在笔端，以亲历己见、真情实感和确切丰富的史料感染读者，说理明

细,语言生动。在《这一年来》一文中,作者回顾了《抗敌报》初创时面临的战争环境和物资条件缺乏的困难,在极其艰苦的条件下,坚持在敌人炮火下出报,报纸不断发展、成长的历史情况。在回顾坎坷艰辛的历程时,有着十分豪迈热情的展望和期许:"这一年来,我们的报纸,经历了边区的艰难缔造的过程,经历过边区人民所经历的无限痛苦和兴奋的辛勤战斗的过程,眼看这边区扩大巩固与伟大胜利的现实,而且反映了这一现实,促进了这现实。今天我们在这一现实的边区的自由的领土上,吞吐着自由解放的洪波,弹奏着伟大民族斗争的旋律,这是伟大的人民的赐予、民族的赐予、历史的赐予。然而,更大的赐予,更在那未来的明天、明年……我们抱着更大的热情,准备着更大的活力来期待(战斗的明天)……"这种语言激昂与形象,是散文化的政论。

邓拓曾认为创作中题材的捕捉和把握,是同作者所经历的斗争实践紧紧相连的。他在散文中除了把一些重大的时事和纪念性活动纳入自己创作中外,即使读一篇文章,做一篇序言,他都站在纵观历史和现实的视点上,对一些重大问题发表感想和意见。洞察历史的走向,关注深刻的现实和思考发展着的未来,是加重文章纵深感的一个原因。《祭左权同志文读后感》一文,是他读了聂荣臻同志《祭左权同志》一文后的感想。作者回顾了聂荣臻和左权两位将军的战斗友谊,从历史的回顾到对现实的感怀,吊唁死者,激励生者,抒发了自己对革命先辈战斗经历的敬慕。在自己感动同时,把这种感怀又传导给年青的朋友们,于是,他直率而深情地写道:

> 人们往往只见到历史的伟大与美丽,而见不到创造历史的实际斗争的残酷;那么,看了这篇文章的朋友们,该会有新的认识了吧!
>
> 在实际工作中,有多少人真正能够像左权同志那样的踏实负责呢?恐怕并不很多吧!那么,我们想起左权同志的优良品质,严格地检查与反省自己吧!今天正有不少的人,以参谋工作组织工作经济工作技术工作等"无名英雄"的伟大事业,看成是"为人作嫁",不被重视的职务,苟且敷衍,不安于工作,保存着军阀制度,雇佣制度的

观点，那么，请他们向左权同志学习，洗清自己的观念吧！……

今天还有不少人，做着个人打算，一片虚荣，不愿吃苦，动辄请假休养，或要求离开工作去"学习"，他们看到左权同志一生的埋头苦干，更应该惭愧无地，也更应该知道怎样彻底改正自己吧！①

这种真切的袒露和期许，附丽于对革命先辈英雄业绩的敬仰上，具体而实在。当作者向年青朋友们发出自己感想，读者看到的是那颗炽热的心。更重要的是，他从一篇文章的阅读中，联想现实的思想问题，有针对性地发言，使一篇读后感有着生动具体的"现实感"。从着意于对现实生活中的问题抒发自己思想这一角度来说，作者是既善于捕捉现实斗争中重要内容于笔下，又有从生活的日常现象去描绘出一些值得注意的事件和提出人们思考的重要问题。邓拓在另一篇《摄影常识序》中，也是把摄影这一具体工作同蓬勃兴起的轰轰烈烈的抗战斗争伟大事业联系起来，把吴印咸这位辛勤奔劳于抗战前线的摄影家乐于为普及摄影工作而作出贡献，同从事于"为民族、为国家、为广大人民的利益而服务"的艰苦工作联系起来，一篇短小的序言像一朵小花，在汲取了思想甘露之后，沉甸甸的有了分量。

散文创作需要以小见大，从常见的生活事件或平凡生活场景入手，写出一定的思想内容来，这表现了作者驾驭这一文学样式的能力，表现出作者要有举重若轻的艺术功力，但是任何一篇好的作品，首先要以思想取胜，所谓"意在笔先"。散文创作以小见大、寓深刻于平常，首先是作者的艺术眼光、是作者在题材的选择和把握上敏锐的洞察力，从这个意义上说，一篇好的作品，捕捉题旨要义是第一位的，我们看到邓拓这一时期的散文创作，有如是收获和成功。

当然，思想性寓于艺术性之中，题材的选择，还要有合适的艺术形式来表现。在散文作品的艺术形式和写作方法上，作者是有过一些探求的。他的十多篇散文有长逾两万余言的叙事纪实的，也有短小到两千多字的杂

---

①《晋察冀日报》1942年7月5日。

感。它们共同的特点是真切地描绘了作者的见闻、感触，描绘了真人、真事、真情。这同作者在文艺理论思想上所主张的严峻的现实主义、反映人民大众的"思想情绪"和"积极向上的图画"的思想相一致。边区大生产运动高潮中，作者的笔伸向了边区的劳模群中，写下了《耕二余一的劳动英雄聂荣福》，详细叙述了两个贫苦雇农在党的领导下翻身解放、劳动生产、支援革命的事迹。文章写得繁细，详尽真实地记叙了主人公生活生产的情况，对当时发动边区人民进行土改生产是很重要的启示。作者力图从这些事实的记录和描绘中，通过一个英雄劳模的成长看到党的领导和政策在边区的威力，看到翻身解放是贫苦农民的必由之路。

作者写作手法上的多样化值得注意。他不仅有那些纪实性的工作式的作品，也有杂感、随笔和抒情的散文，这在他的写作活动中是别开生面的。邓拓在1946年10月发表的《蒋介石与明英天宗》，就是一篇"社会论文"式的杂感时评。

文章把进犯华北解放区的蒋介石同历史上明朝暴君所作所为联系起来分析，表述了与人民为敌、逆潮流而动必将灭亡这样一个思想。作者在论述这个题旨时，巧妙地运用蒋介石走历史上明英宗的"老路"，不仅是作为必然下场的"老路"，连地点也相同，说明侵略者由于其本性决定了他的灭亡下场："蒋介石的军队，现在正沿着一条历史上的老路，走向死亡的坟墓。""这是一条历史的老路，怀来附近正是一个有名的古战场。这里，过去已经埋葬了不知多少进犯者的军队，今天更要成为蒋介石进犯军的坟墓。"这种由此及彼、由现实推想到历史，增强了文章的深度和说服力。

作为一篇政论性的散文，作者把现实和历史进行比照，把丰富的历史知识纳入说理剖析中，在语言的锤炼上，作者也很有特点。如果说邓拓的叙事性散文讲究的是气势，比如《伟大豪壮的七七纪念大战斗》、《锦热路北的血战》等注重的是新闻纪实而略逊文采的话，那么他的杂文随笔（包括作者的抒情散文）类的散文，则在语言上更见散文笔法。

散文写作的收获，丰富了作者文学创作的实绩，也表明他作为一个报纸宣传的领导者，探索多种多样的的写作形式，加强报纸宣传效果和改进报纸工作的辛勤努力和成功。如果我们把邓拓散文写作放到这一时期文学史上作分析,我们可以看到,他虽然在文体的多样化方面有着探索和尝试,但具体到一定的写作方法上,似乎还缺少灵活多彩的笔墨。邓拓在散文写作中以新闻政论家的笔力,描绘了重大的历史场面和深邃的理论问题,文章的气势和题旨的表达都是高屋建瓴,显示出政治宣传家的水平。但是在这类创作中,缺少那种把形象和思想交融一体的作品。

也许,这些要求近乎苛刻。如果我们把以上的要求,仅限于美文的标准方面,而在纪实性的散文即通讯、特写和报告文学方面,邓拓是有佳作的。1942年7月,《晋察冀画报》上发表了邓拓署名"肖斯"的《晋察冀舵师聂荣臻》的长篇文章。这是一篇人物特写。从作品展开的人物活动、历史场面的恢宏气势和作品纵横的笔力来看,这是一篇有特色的报告文学。他不同于作者在其他叙事作品中冷静地描述历史事件和斗争场面,而是着意写人,以人物活动为中心展开内容,在描写人的精神气质方面倾注了热情。作品写聂荣臻在晋察冀边区的革命实践活动,但又同聂将军成长的历史作纵向的联缀,使主人公的思想行为同一定的社会历史有了深刻的联系。作者笔下的聂将军是一位英武果敢的军事家,又是一名深沉而略带风趣的指挥员。他雄才韬略,指挥若定,也关心战士,爱护同志,充满着革命的人情味。在40年代,中国人民革命斗争推动了各解放区的发展,一些解放区、根据地的领导同志的事迹和形象相继在作家们笔下出现。周立波曾描绘了王震、徐海东等将领的功绩,这是当时日益兴起的报告文学题材的新开拓。邓拓写聂将军的报告作品,作为最早记叙聂将军生平故事,无疑是值得重视的。后来,延安的《群众》杂志予以转载。捷克作家基希曾把报告文学当作"纪录一个时代的艺术文告",是从报告文学纪实性的历史价值而言的。邓拓在这篇作品中真实地纪录了边区斗争的生活,其中关于聂将军救护日本小女孩的情节是第一次在文章中披露。这个故事为日后所有的文艺作品提供了素材。

这篇长逾三万言的报告文学,时空开阔,笔力奔放,熔叙事、议论、抒情于一炉,再现了一个人物的历史功绩和一个时代的历史风貌。作者长期同主人公共事,从大量的素材中,剪取人物的主要活动场面,写出了一

个共产党人、一个革命指挥员的气质、精神和情操。作品在谋篇布局上也是有特色的。写人物不是平铺直叙,有时打破时空界限,采取跳跃式的交错,纵截横取;有时把人物推向事件的前面,精心雕琢最能表现人物的镜头。比如聂将军走出队伍同一位送行的妇女谈话,是作者从叙述中推出的一个"特写",表现了聂将军平易近人的作风,反映了党同人民血肉联系。报告文学在我国兴起于20世纪三四十年代,之后艺术形式上不断发展,到今天已成为一种独立的文学样式,在写作手法上更加趋于成熟和完善,这是包括了一代代作者的孜孜矻矻的努力和探索的实绩。

晋察冀十年,邓拓的聪明才智得到了充分的发挥,他在新闻办报、政论写作、诗词创作、文艺理论探索,以及散文写作等方面,都取得了成绩。如果说,在反文化"围剿"的斗争中,他不畏高压,顽强战斗,是呼啸着前进的话,那么,当他投身到革命根据地,在这块自由的土地上舒展了自由之身,进行着创造性的工作,他像一支号角,不知疲倦地吹奏着,为中国人民的解放事业贡献着全部力量。如果说,青少年时期打下了他追求真理、探索理想的思想基础,反文化"围剿"的斗争磨砺了他的思想锋芒,那么晋察冀时期,他的思想找到了真正归宿——在党的领导下,通过斗争实践,逐渐地成为共产主义的坚强的文化战士。他在粉碎敌寇的军事和文化"围剿"的斗争中,"发奋挥毛剑",英勇战斗,在党的新闻和文化史上作出了重要贡献。他带领报社同志迂回转移在崇山峻岭中办报,他自己又患有严重的胃病和肺病等多种疾病,但丝毫没能摧残一个革命战士的意志。更可贵的是,他在进入边区以前,在史学、哲学的研究中,已崭露头角,但当革命斗争召唤、党的工作需要时,他毅然决然地把自己的智慧和才能无私地贡献给党的事业,担起了过去不曾熟谙的新闻工作担子。在时代和人民的选择面前,他无愧于党的优秀儿女。他工作是繁忙的,在后期一身数职,凭着为民族和人民利益的赤诚,一腔爱国热忱,竭心尽虑,披肝沥胆,投身到与工农相结合的斗争中。这是中国现代革命史上无产阶级知识分子的必由之路。从邓拓的身上,可以更为清楚地看到那一时代知识分子形象的缩影。

1948年6月14日,随着战争形势的有利发展,《晋察冀日报》奉命与晋冀鲁豫的《人民日报》合并。在这以前，邓拓已任晋察冀中央局宣传部副部长，暂时调离报社，到华北局（该局1948年5月成立），在彭真同志领导下工作。他先是在华北局政策研究室进行土地改革和农村政策问题的研究。这年冬天，中央政策研究室成立，彭真同志任主任。11月中旬，中央政策研究室成立了政治、经济两个组，邓拓担任经济组长。研究室工作宗旨是做好中央的助手，起政策参谋部的作用。农村工作主要是抓土改和生产，城市工作主要抓入城和接管方

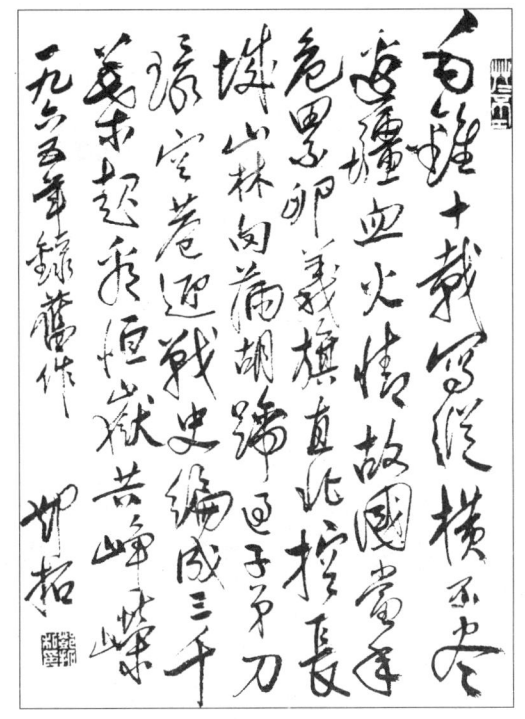

▲ 1948年6月《晋察冀日报》与《人民日报》合并，邓拓为《晋察冀日报》终刊作诗

面的政策制定等。当时，革命形势迅速发展，解放区逐渐扩大，一些城市相继收复。百废待举，为适应这一变化，人们的工作是繁忙紧张的。据当时的组员张子帆日记回忆："11月25日，经济组开会，分为工商、农业生产和全国经济综合调查三个小组。12月6日经济组讨论合作社、今后农业生产指示等问题。12月7日，全室讨论公安布告、入城政策等问题草案。邓拓这天还同大家谈了建立大资料室的设想。"

这年12月，随着我军解放的隆隆炮声，一个新的时期就要来临。岁末寒流锁不住春之将至的信息。邓拓随着彭真、刘澜涛等领导同志从平山县来到北京西山时，远望这座古老的都城，即将回到人民手中，祖国大地迎来灿烂的曙光，这对于为此奋斗了十数年的邓拓，无限的欣慰，无限的自豪。万里征程未下鞍。邓拓和战友们以革命者战斗的姿态，去迎接新战斗，拥抱一个光明的中国的到来。

第四章 在人民日报社

历史翻开了崭新的一页。1949年10月1日,中华人民共和国宣告成立。从此,这个惨遭蹂躏、满目疮痍的古老民族将洗尽自己的屈辱,屹立在世界的东方。

邓拓是1949年3月随晋察冀中央局(华北中央局)大队人马进驻北平西山的。北平解放后,邓拓在中共北京市委任宣传部长。当时老领导彭真、聂荣臻都在北京市军管会工作,邓拓在他们的领导下,协助参加城市的接管工作。

随着党的新闻事业的蓬勃发展,中央召唤邓拓——这位新闻界的健将,这位从早年就从事党的宣传工作的文化赤子。1949年秋天,当祖国上空五星红旗飘扬的时候,他出任人民日报社总编辑。这以后的七年,他战斗在新中国的新闻岗位上,为党的新闻事业继续贡献着聪明才智。

"为新生活而奋斗"

祖国获得新生,历史开辟新纪元,人民当家作主人,这给邓拓莫大的鼓舞和激励。一年多以前,在石家庄刚解放的时候,邓拓就曾写诗歌颂"万众翻身除封建,千军倒海制长鲸"的革命成果,热切期待着"他日文旗随战鼓,群雄浩荡入春明"。当这一天终于来到了,怎能抑制一个为之历经千辛万苦、奋斗了多年的革命者的心情呢？又一批战友奉命南下工作，他写诗寄赠，带去自己的祝愿和怀念："红豆千村思猛士，白云万里望春明。"一个新社会的来临，春风骀荡，蓝天丽日，激励了诗人的豪情，抑制不住诗情，他写诗赠友人，歌颂"凯歌吹落胡天月，京国长安羡政声"，歌颂春明景和的新生活，赞颂充满希望的美好时光。在给父亲的家书中赋诗寄怀："乡国今朝欣解放，好将马列作家传"，不辜负这大好的时光，认真学习、努力工作，为人民作出新贡献。是的，历经严冬的人倍感春天的温暖。这时候邓拓虽然患有多种病疾，常常休息不好，有一次搬运书柜，他的腰扭伤了，打上了铁夹板仍然坚持工作，他一像支上满了弦的钟表，不知道疲倦和劳累。他曾说，新的生活、新的情况，有那么多的问题要研究，要重新学习，时间是多么宝贵！新中国成立初期，一个新时代的到来，人们的工作热情和斗志十分高涨。从过去革命斗争中传承下来的，尤其是老解放区的优良传统，在一些老同志的身上发扬光大。

1952年，在纪念苏联《真理报》出版40周年时，邓拓写有《为新生活而斗争的有力武器》的文章。他介绍了我国报纸在新生活斗争中的作用，认为"为新生活而斗争"是我们报纸的最大目的，是现阶段报纸工作的一个最基本的主题。这也是邓拓这一时期革命活动的一个"主题"。在党的号召下，由于革命工作的需要，他为了人民的"新生活"的幸福，不辞劳苦、辛勤奋斗。

北平解放不久，邓拓在彭真同志领导下，作为市委宣传部长，他参加了一些文件的起草和修订，及至后来他到人民日报后，还协助中央领导起草过党的文件。1949年底，北平解放

▲ 1956年11月邓拓接待苏联《真理报》人员来访

两个多月后，邓拓仍为市委起草了第二期工作决定：《中共北平市委关于加强城市管理与生产建设的决定》。在这份重要文件中，邓拓对解放后城市的社会治安、经济管理和建设，党的领导、思想文化的教育以及职工纪律等作了认真分析，并按照有关领导的指示作了明确的要求和规定。在文件手稿上，邓拓用钢笔和毛笔作了多次修改，对一些提法仔细地推敲和斟酌。1951年3月6日、29日和30日，他又多次协助彭真同志起草了关于整党和发展党员的有关文件。这些党内十分重要的文件的起草工作，是邓拓这一时期的主要工作足迹，也是那一时期革命者从战争年代到和平建设，转身变岗后的身影。

同样，为了新生活而奋斗，邓拓这一时期用自己对党的路线、方针、政策的学习和理解，向广大的群众进行宣传，动员广大群众投身到轰轰烈烈的革命建设中去。

建国伊始，共产党人从国民党手中接下来的城市是一个烂摊子，饥饿、失业、匪祸等频仍，封建的资本主义的毒素孳生。在破败的废墟上建起光明的大厦，反动派在破坏，群众在观望，人们有顾虑是自然的，一些党外人士对党的有关政策也不理解，面对这种情况，重要的是向他们宣传党的方针政策，进行思想教育。党内的文化人、高级干部，有责任进行艰苦的思想疏导工作。作为理论家和宣传战线的领导者邓拓，责无旁贷。他这一时期积极行动，响应上级号召，除了在一些文章中阐述党的方针政策外，他多次到学校、机关去作报告，谈思想和形势，在建国后早期的思想教育中，做了很多的工作。仅有记录的，在1950年6月中旬就有以下活动：

1950年6月12日，邓拓到燕京大学作报告，题目是：《谈科学态度和科学方法》，鼓励大家用正确的方法对待学习和实践，研究新问题。

1950年6月17日，他在北京向民主促进会的部分政协人士讲了《中国革命前途问题》，分析了中国新民主主义的革命和社会主义革命的关系，勉励大家："努力实行共同纲领，恢复生产，争取和平转变"，做革命的"促进派"。

1950年6月18日，他又到清华大学，作了题为《新革命中党的领导和建设的问题》的报告，从党的历史讲起，讲述了"对党的认识"、"民主集中制"、"党和人民"、"自由与民主"、"党性和个性"、"党与群众关系"等问题。在不到一个星期的时间，连续几次到社会上作报告，足见邓拓宣传党的有关政策所作的贡献。此外，1951年、1952年、1953年内，他先后多次到学校、机关作关于形势和政策的报告。在抗美援朝中，他有时一天参加几次会议，讲述政治形势，阐述对党的有关政策的理解，完成了一个宣传家的责任。

新中国成立以后，社会主义革命和建设不断深入，国内、国际的政治形势迅疾变化，作为中共党的宣传战线的负责同志，义不容辞地站在宣传党的路线、方针、政策的前列，为了党的各项中心工作而奋斗。50年代初期，关于党的整风运动、城市建设和管理、土地改革、抗美援朝、"三反"、"五反"、党的过渡时期总路线等工作不断开展，在这些工作中，邓拓以一个宣传家的热情给予极大的关注，除了领导报社工作、积极在党报宣传上配合外，他深入到基层做报告演讲，深入宣传党的路线方针和政策。作为一个身负重要编务工作的党报总编，能抽出时间，热心于党的路线、方针的宣传普及工作，表明他执行党的政策的坚定立场和热情，以及自觉性。

这种"为新生活而斗争"的高昂的革命热情和高度的责任心，激励着邓拓全身心投入到党的新闻宣传工作中，他在领导《人民日报》工作的几年时间里，努力宣传和贯彻执行党的路线、方针，在政论宣传中，作出了重要的贡献。

把党的指示变为群众斗争实践，使党的路线、政策贯彻到人民群众中，新闻报纸是一个十分重要的桥梁。特别是作为"党的耳目和喉舌"的中央机关报，宣传党的路线，阐明党的方针政策，是无产阶级新闻事业的根本特征，而加强报纸的指导作用，社论的写作也是至关重要的。

实事求是地分析，《人民日报》的社论作为党和国家一个时期政治生活的"晴雨表"，在新中国成立后十年内有过兴盛、发展，也有失误，同党和国家政治生活一样，经历了一个曲折的过程。这里的是非曲直自有公认。邓拓的贡献在于，他积极响应中央号令，加强评论、政论分量，改变过去薄弱的状况。1949年，《人民日报》平均每月不到八篇社论，这远远不适应党报在新生活日新月异的发展变化面前的作用。为了加强评论工作，特别是社论写作，邓拓和报社同志们努力打翻身仗，根据党中央的有关指示，把社论和短评写作当作报社工作的重点来抓。仅在1951年的一年内就发表了二百多篇社论和时评，到1954年几乎每天都可以看到本报评论和社论文章。邓拓自己动手写了大量的社论。在1952年一年内，他写有19篇社论。他在人民日报社工作的八年时间内，撰写和修改的社论、评论达二百多篇。有不少得到毛泽东、周恩来等中央主要负责同志的称赞。如今，这些社论和评论，存在报社档案室，记载了一个时代邓拓和他的同事们的辛劳。

社论写作，常常是最为艰苦的活计，政策性强，也要赶时间，重要的多为总编辑亲自动笔。1951年6月的一天深夜，中共中央办公厅给邓拓打来电话说，中央关于朝鲜战争的问题要报纸明天发一篇社论。邓拓根据中央精神连夜赶写，几个小时后，他用毛笔小楷写好的草稿已送往中南海了，黎明前，毛泽东同志看完后，用铅笔在原稿上批示：照发，很好。这篇题为《朝鲜停战的一年》的社论，同他撰写的其他诸多社论一样，都是他在紧张的编辑工作中，为党的新闻宣传工作付出的心血。在邓拓所写的社论中，其中毛泽东同志签阅有四十多篇，周恩来和刘少奇等同志签发也有不少篇。

邓拓习惯于晚间写作。他当时家住在报社不远的遂安伯胡同，人民日报社在不远的王府井大街，工作环境和工作性质变了，他有了较为安稳的时间来进行写作，也有了较多的时间来考虑一些重要的新闻理论问题。这一时间内，他的政论的写作和新闻理论的思考有了新收获。

白天，他处理繁忙的编务；晚上，他有时亲自值晚班，常常是处理完一些编辑工作，坐下来挑灯写作。他的不少社论原稿用竖式稿纸、大字笔书写。在起草一些重要社论的急稿时，他能够边写作边排字，然后立即送审。从保存的一些原稿中看出，他的写作多是一气呵成，字面清新，书写工整，犹如书法艺术。这一点报社当年的老同志多年以后还津津乐道，在回忆时犹为享受。由于战争年代锻炼出来的"倚马可待"的写作，使他在迅速及时地宣传党的政策方面取得了良好的效果。

人民日报社时期，邓拓在社会上的兼职很多，这是社会

▲ 1952年邓拓、丁一岚夫妇与父母和孩子在家中

对他文化成绩和学术成果的认可。1957年，中华全国新闻工作者协会成立，他荣任主席。1954年和1956年，他曾率中国新闻代表团访问莫斯科和波兰，在发展各国新闻工作者的友谊，推进同世界各国新闻记者的团结合作方面，他是新中国新闻事业的先行者之一。

由于邓拓早年学术研究的成绩，1949年6月，由华北人民政府主席董必武任命他为华北高等教育委员会委员。1949年12月6日，北京大学法学院委任他为兼职教授，他多次到该校作学术和政治报告，并在1950年为北大经济系开设了《中国土地问题与土地改革》的课程，把中国土地革命的研究同中国社会主义革命和建设的需要结合起来。1955年他受聘于中国科学院哲学社会科学部的学术委员，并承担了中国资本主义萌芽研究的专题。1959年10月，他又为学部委员会古籍整理和出版规划小组成员。他还是全国第一届政治协商会议的代表，第一、二届全国人民代表大会的代表。第八届党代表大会代表。这一系列的社会工作和文化工作是他在报社领导工作之外的"业余劳动"，虽然影响自己的写作，但他热情参与。他在一篇题为《共产主义者对世界人类社会生活的看法》的文章提纲中，谈

到关于"如何全心全意为人民服务"时写道:"负责到底,最大努力,为公忘私,实事求是,不半途而废,取巧投机。完成工作任务,业务搞好,读

▲ 1954年2月邓拓率中国新闻代表团访问苏联期间与苏联少先队员

▲ 1954年邓拓在中国新闻代表团访苏期间报告会

书读好。""个人兴趣服从工作需要"。① 这些活动代表了新中国成立初期那一段时间里革命者对工作和人生的态度,也是邓拓这一时期思想和行为的准则。为了新的生活,他倾注了全部热情。

社论、时评及其他——深沉思考的结晶

新中国建立后的十年,我国人民经历着一场新的考验,从旧的废墟上建立社会主义大厦,需要有崭新的创造和艰苦的探求。创造新世界,人们的热情高涨,新形势的召唤,事业成功的感召,同时,也出现了不冷静和不应有的失误。十年中,政治形势的变化,密集的社会运动的开展,过分的政治化的主导,对形势的判断的失误,造成了党在工作中一些政策的偏差,在经济建设中走过一些弯路。这些不能不影响到作为党中央报纸的负责人。这一段时间,作为邓拓在人民日报社也是他新闻工作的最后时刻,他遇到了前所未有的挑战,他的忠诚与遵从,他的热情与深思,他的赤诚与本分,他的政治理想与人文习惯,他的书生习气与角色意识,他的主观努力与外在需要,等等,加上这个时期十分浓烈的政治氛围,个人的努力与上面的指令,无疑使他比任何时候都增加了思考与实践的难度;可贵的是,邓拓以实事求是的态度,持守的共产主义思想原则,认真探求,书写了新的工作业绩,书写了曲折而不平凡的个人历史。

政论写作是他的工作任务,也是他探求的结晶,虽然有着职务写作与个人写作的区别。但对一个有着几十年党龄的新闻人,他的思想在经历了众多的社会变化后,不能不有自己的状态,不能不有自己的思考。

一方面,他在主持人民日报社工作中,邓拓继承我国政治家办报的传统,在政论写作方面有新的收获,取得了显著的成就。另一方面,他的个人写作,表现出于对人文历史的特殊兴趣,对于某些思想领域的不足与弊端的批评。

---

① 此件手稿存丁一岚处。

我国近代新闻报刊史上政治家办报，体现了那个时代需要一种活的创造力。那些锐意革新、力主变法的思想，使古老封闭的旧中国能够"睁了眼看世界"，在社会思想和写作方面都带有一些生气。当然，无产阶级新闻事业，所谓政治家办报较之过去有了新的涵义。但通过对社会问题的解剖和探索，力图用革命的理论和思想分析、透视一些社会问题，表现出一个宣传家和政论家的深沉思考。正是在这个意义上，邓拓在20世纪50年代主持人民日报工作期间，不仅为报纸撰写了大量的社论，同时也撰写了大量的署名文章，而后者使他的写作有了新的面貌。

政论文章代表一个时期的理论水平，也是某一时期社会和思想的舆论指导。特别是党报社论，党通过它向群众宣传各项方针政策，群众通过它领会和了解党的有关方针政策。中华人民共和国成立，在庆祝的礼炮声中，邓拓从自己两种社会经历中，激情凝成诗文，他写有"凯歌吹落胡天月"、"半载政声满燕京"的诗句，表达新时代到来，人们翻身解放的喜悦心情。作为政论家在喜庆的时刻不忘历史的借鉴，用先辈们斗争精神，激励青年们创造和保卫新生活的战斗热情，珍惜幸福的时光。1949年12月，他写了《〈中国青年〉和恽代英同志》一文。1950年他写了《是谁领导五四运动》、《中国五四运动和马克思主义的传播》等文章。在《〈中国青年〉和恽代英同志》一文中，他说："今天中国人民解放战争和人民革命已取得了历史性的伟大胜利，我们来纪念恽代英同志，更会生发一种力量，继续激励着千千万万的青年战友们奋勇前进。"纪念先辈，激励后生。为了鼓舞青年朋友们投身于伟大灿烂的时代建设的洪流中，他高度赞扬了烈士的献身精神和英雄业绩，他把先辈们为之奋斗终生的事业同今天我们所肩负的重任联系起来，激发青年创业者们"应该更加积极起来，动员和组织一切力量，努力学习和进一步发扬我们的先驱者崇高的革命品质与广博的才学，为了把革命进行到底和建设与保卫新民主主义的伟大祖国而奉献我们的生命"。建国伊始，创业维艰。在这个新的斗争中，青年是一支生力军，但他们对历史了解甚少，没有经过艰苦生活，特别是革命斗争环境的锻炼。在革命胜利的红旗锣鼓面前，对他们进行传统教育是十分必要的。在面临着建设伟大的社会主义国家和新生活的新的历史时期，邓拓把回顾历史，缅怀和珍惜革命传统的问题，提示到人们特别是青年朋友们的面前，有着极为重要的意义。

随着革命和建设不断深入发展，人们的思想也在历史进程中发展变化。在一个大的转折时期，革命形势急速发展，由此产生的一些思想倾向要有正确的舆论引导。建国初期，党中央、毛泽东同志针对一些思想倾向问题发表了一些文件和指示，引导思想建设和革命实践的健康发展。但是，思想教育是细致复杂的工作，需要长期而多方面的工作。在毛泽东思想指导下，一些政论家发表文章和进行报告演讲，认真执行党的路线，在思想教育中作出了成绩。正是在这样的情况下，邓拓在解放初期的一段时间内，像一位"报告员"深入到基层去讲形势和任务，宣传党的路线。他也写有一些文章，用马克思主义的观点分析革命和建设中的思想问题。如果说在解放的炮声中他对青年们进行传统教育和历史知识的教育，体现了一个从黑暗中奋斗过来的革命者高度责任心的话，那么，对一些思想倾向的分析，则表现出他理论家的执著和思想家的深沉。他在一些理论刊物上发表了《整风运动在国家建设中的重要性》、《彻底批判命令主义》、《关于党的政治路线和组织路线》、《加强思想工作、展开思想斗争》、《思想改造必须是自觉的行动》、《和青年团员们谈群众路线》等文章。

政论家的思索是时代的思索，作为党中央机关报的政论主笔，他的文章既建立在对时事的分析之上，也同对党的路线方针敏锐地把握和理解相联系的。1950年5月，中共中央发布了《关于整党的指示》，决定在全党范围内进行一场大规模的整风运动。这次整风主要是提高干部和一般党员的思想水平和政治水平，克服工作中所犯的错误，克服以功臣自居的骄傲自满情绪，克服官僚主义和命令主义，改善党与人民的关系。这年10月，邓拓写了《整风运动在国家建设中的重要性》一文，针对中央发出的整风运动在国家建设中的必要性和政治作用作了分析。他说："在我国目前和今后一个长时期中，革命的主要收获，显然也已经开始并将继续逐步过渡到经济战线上来了。而在目前我们完全应该采取一切方法，巩固我国人民用

无数代价所换来的人民民主专政的制度，加强我们国家所必需与可能的各项改革和建设工作。这就要求我们来加紧扫除一切旧的反动的国家机关遗留下来的残余制度和作风影响，克服那些足以阻碍我们工作前进的思想作风上的左右倾向。"1951年，邓拓在《加强思想工作、展开思想斗争》一文中，有感于一个时期内，思想政治工作落后于日益发展的实际生活和斗争的状况，他写道："目前我们的思想战线太薄弱了，严格地说，我们还没有坚强有力的思想战线，我们的思想工作，还远远落后在实际生活和斗争的后面。"他认为加强思想斗争，展开思想斗争，以马列主义、毛泽东思想为指导的政治理论教育是同伟大的建设工作密不可分的工作。那么，如何加强呢？邓拓说："对于客观的情况和问题，用马克思列宁主义和毛泽东思想的原则，进行具体的分析研究，找出它们的共同点，找出它们的矛盾的各个方面，做出合乎实际的正确判断；并且在实践中根据发展的新情况和新问题，继续分析、研究，补充修正原来的判断。"邓拓还特别指出在思想工作中，要防止右的和"左"的倾向。所谓"左"的倾向，他认为，"对于中国民族的一切传统，好坏不分，一概打击，全部否定，或者不根据中国现实的社会条件，对一切事物提出苛刻不合理的责难。"而右的倾向又表现为"歌颂中国各色各样落后的东西，以至于把落后的东西，吹嘘成为与马克思列宁主义和毛泽东思想差不多，甚至有过无不及"。同时，对于那种"把马克思列宁主义和毛泽东思想当作时髦的装饰品，而加以庸俗化，并与其他不知所谓的思想揉合起来"的错误行为，要予以防止和警惕。这些分析对当时进行的思想教育是十分有益的。党在夺取政权以后，由于我国特殊的国情，一些从旧社会遗留下来的思想意识严重地影响了党和国家的政治生活，党中央及时地领导开展了在思想战线上的斗争。革命需要建设，需要有政治思想的舆论指导，也需要理论家进行把党的各项路线方针、政策变为群众实际行动的理论宣传。加强思想政治工作，作为建国初期党和国家政治生活中十分重大的工作，也是理论思考的重要题目，无疑需要足够的认识。但是，思想工作是一项细致的工作，不是通过行政命令和组织的干预所能奏效的。建国后，我们党所领导的革命斗争中包括一些拥护社会主义和共产党路线政策的各方面力量、各界革命的人士,这给思想工作这一特殊的社会实践带来了新的课题。采取什么样的方式进行卓有成效的思想工作,而又不失于粗疏,取得效果,是一些实际工作碰到的问题。作为政论家除了对加强思想工作的必要性进行深入分析外,对加强思想工作采取的方法也必然要进行一些探讨和认识。邓拓在写了《加强思想政治工作》一文后,他又认为:"提高思想觉悟,加强思想工作,是革命者自我教育运动,应该是自觉行动,而不是行政命令式的。但是自我教育并不是放弃领导,自觉的行动,也看出每个人的思想水平。"如何进行自觉的思想改造,邓拓认为,一是学习党的有关文件,学习马克思列宁主义、毛泽东思想;再是实践,是在正确理论引导下的实践。他认为,思想改造要有正确的标准和远大的目标,"人们自我改造的具体标准不可能完全一样,低的标准到高的标准,这中间有很大的距离。每个人都可以自由选择他自己认为适当的努力目标。"但是,只有在彻底摆脱了反动思想和一切错误思想的影响,"彻底认清了人类历史发展的必然规律,不但在今天积极拥护新民主义,而且在将来也积极拥护实行社会主义和共产主义。这才算是政治上思想上有了彻底的觉悟。"他还特别提到知识分子思想改造的特殊意义,认为"工人阶级不但希望旧的知识分子能够改造思想,为工人阶级及其所领导的国家服务,并成为工人阶级的知识分子,而且工人阶级还一定要训练自己的知识分子"。

  以新闻家的目光捕捉社会思想问题固然重要,把一些人们容易认识上的偏差,以及不良的思想倾向提请到人们面前,警惕左右不同方面的思想认识的错失,并作出深刻透彻地分析,是理论家的责任。作为党的理论宣传工作者,不仅是阐述党的有关文件和政策,更重要是用自己的理解,从实践中把握新的思想倾向。邓拓在这一时期写的政论中,对错误的思想注意透过现象,挖掘本质,使论述和分析更臻深刻完整。党中央在全国解放后,鉴于新的斗争环境和条件,提出了抵制和防止干部思想作风中的官僚主义、命令主义毛病时,不久,邓拓撰写了《批判命令主义》的社论和其他政论文章,对产生这一思想的社会历史根源作了深入分析。

为什么在全国胜利后，在革命政权机关和我们党的组织中还存在着官僚主义等思想作风不纯的现象呢？邓拓分析："原因就在于中国是一个小资产阶级极其广大的国家，社会经济生活的广大基础是建立在从农业为主的散漫的小生产之上。而中国共产党不但是处在这个广大的小资产阶级的包围之中，并且小资产阶级出身的分子在党内也占了大多数。甚至于即使是工人群众和工人党员，在中国这时经济条件下，也容易染上小资产阶级的色彩。此外，还有其他阶级不正确的思想作风以及过去的反动官僚机构残余的恶习，随时随地都在袭击着我们。"如果把这种分析当作作者对官僚主义产生的社会条件进行剖析，那么，在另一文中，作者则是对其产生的思想认识根源进行了剖析。他说："现在革命已经在全国取得基本的胜利，我们党的组织有了更大的发展。这时候，老党员老干部中有的不免产生骄傲居功的情绪，看不起群众，随时都会助长命令主义的错误倾向。新党员新干部中也不懂得走群众路线，很容易采取命令主义、官僚主义的恶劣作风来对待群众。我们有了善于联系群众和掌握政策精神这两方面的优越条件，那么，只要不骄傲自满，虚心学习新鲜事物，随时随地根据具体情况和群众的具体要求，执行上级的指示，掌握政策的精神，就一定能够正确地领导群众，把工作做好。固步自封，自以为是，脱离群众的实践和客观实际，是一切错误产生的根源，同样也是官僚主义的认识根源。"这些分析抓住了问题的实质，特别是关于群众路线方面，是他这一时期政论写作经常论及的题目。群众路线是我们党的一切工作的生命线，革命夺取了政权，共产党变为执政党，容易产生骄傲自满、脱离群众的情绪，尤其是在革命转变的历史时期，这是个现实而重大的问题。毛泽东同志在建国前的党的会议上，著名的关于戒骄戒躁的论述，也是从这一思想的基本点出发的，而邓拓是把它进行了多次的阐述，特别是从群众路线的角度，这不能不是一个理论家崇高职责的体现。

在批判革命发展进程中容易产生的一些错误思想倾向的同时，邓拓又从正面对党的思想路线最为根本的问题即群众路线进行理论的分析，是他这一时期理论宣传的一个重要贡献。

1951年，他写了《和青年团员谈谈群众路线问题》一文，针对高校中青年团员们反映出来的思想问题，谈了他对群众路线的理解，较系统地反映了作者的这一思想。他说："群众路线是一门大学问。每一个共产党员和青年团员，随时随地都要考虑：怎样密切地联系群众，走群众路线。这是每一个革命者和革命组织的生死问题。"为什么我们必须联系群众呢？"第一，因为群众中蕴藏着无穷的天才智慧。革命的胜利是因为发动、组织和团结了广大的群众。发扬了群众的创造力。毛主席之所以成为伟大的革命领袖，就是因为他能够把自己的天才智慧和广大群众的天才智慧结合起来，并吸收古今中外的革命经验，把无数人们的革命思想以及零散的意思集中起来，变成科学的系统的思想。我们任何一个同志如果脱离了群众，那么任何事情都办不成功。""第二，一个人的和少数人的思想，往往有片面性；广泛联系各方面的群众就可以避免和克服这种片面性"；"第三，我们的主张不是空喊的，而是要实行，就要依靠广大群众的支持，使我们提出的口号和主张，变成千千万万群众的口号和主张；否则我们的主张就会成为空论，不能很好实现。要群众接受我们的口号和主张，就必须按照毛主席所说的，'从群众中来，到群众中去'，这就是要领导者将群众中分散的意思集中起来，系统化起来，变成完整的主张。"这篇文章敏锐地抓住了现实生活中的思想问题，尤其是青年干部中的思想，受到重视，被编成丛书出版。

　　从邓拓在新中国成立以后政论写作的情况看，20世纪50年代初期是一个活跃期，为配合党的理论宣传工作，他写得不多，却几乎涉及了当时政治生活中较为重要的问题。虽然多是阐述党的某一路线政策，但在论述中留下作为政论家特有的思索。这以后，他的政论写作有过一段时间的沉寂，除了作为总编辑保持战争年代不做新闻官的传统，写了一些宣传性的社论外，政论的署名文章，他空寂了三五年。当然，这有着多方面的原因。到了1957年，他重新操笔，写下了著名的《废弃"庸人政治"》的杂文。

　　《废弃"庸人政治"》以"卜无忌"的笔名发表在1957年5月11日《人

民日报》上，文章针砭时弊、体现出论者社会批判精神和思想勇气。这之前，作者的政论主要是从正面阐述党的路线方针和规范的角色思考，多是从党在一个时期的革命号召和中心工作要求为前提进行探索的，文章政策性强，体现了一个时期统一的思想部署和认识的统一，而这篇文章则是针砭社会生活中的不正常现象，从生活实际中捕捉的论题，是作者思想个性化的思考，是对形式主义的现象进行有力的抨击。其思考之重要，犹如一支投枪，为当时思想时论中的翘楚。文章说："看到最近发生的一些事情，我突然领悟了一个道理，这就是唐朝的陆象先所谓'天下本无事，庸人自扰之'。"他举例说："某县的同志下过一道命令，叫把全县的棉花都在同一天打尖。结果有许多田里的棉花，没有到打尖的时候，也硬给打尖。在人事工作中也有这样的情况，我们自己搞了一个官僚主义的机构，调来一批又一批的干部，然后又调了另外的许多人来做人事工作，自己还经常要同他们谈话，开会，帮助他们写报告、看报告、批转报告，等等。结果使自己忙得不可开交，也使这么一大批干部都陷在日常公事中不得解脱。"文章认为，这种"凡是凭主观愿望追求表面好看，贪大喜功，缺乏实际效果的政治活动，在实质上都可以说'庸人政治'。这种庸人政治除了让那些真正没出息的庸人自我陶醉以外，到底有什么用处呢？""庸人政治"实际上是一种形式主义的领导方法和作风，他们并不懂得真正的思想政治工作，因此，"这种糊涂的领导同能够害死人的庸医一样，都是在扫荡和废除之列的"。

那么，为什么会产生这种"庸人政治"呢？邓拓认为是官僚主义发号施令在作祟，是他们不相信群众，无不怕出乱子的原因，"我们的人民群众这些年来受了革命的教育，也可以相信他们不会差到那里去。"但"废弃庸人政治"，并不是放弃领导和放任自流。邓拓认为："我们的领导是大胆地放手、放手、再放手，既然如此放手，原来的一套领导方法恐怕就得改，也就是说，在某种意义上应该允许某种程度的放任。"在这篇千字文的杂感中，邓拓针对某种具体的社会现象有感而发，特别是对那些主观、好大喜功、忙忙碌碌而又没有实际效果的官僚主义"庸人政治"画像，十分深刻而又生动,简直可以成为一切形式主义空头政治家的代名词。这一形象的表述,为很多的人所认同,成为20世纪50年代的有关文章中的名篇,为众多的选本所收入。

有感于政治生活中的这类官僚主义对社会的危害,对党的事业和人生发展的阻碍,针砭时弊,归类世相,邓拓以一种探索的勇气,显示了他的思考的深入。他所抨击的这些现象是有历史继承性的。比如官僚主义的思想作风,早在1951年时,邓拓就写文章批评过命令主义、官僚主义,曾经把官僚主义分为好几种。他所说的那种忙忙碌碌的官僚主义,实际上就是这篇杂感中抨击的那些陷入日常公文中不得解脱的工作作风:"但同样是对这些问题的批评,在新的情况下,又有新发展。那种追求表面好看,贪大喜功,搞不必要的形式主义,就是一种空头政治,即'庸人政治'。"对于根除这种形式主义陋习,他认为,要相信人民群众这些年来受了革命的教育,"在某种意义上应该允许某种程度的放任",这是很有见地的。而在今天我们实际工作中不也有必要废弃和根除吗?

《废弃"庸人政治"》在作者这一时期政论写作的文体探索方面,也有重要意义。一个政论家,特别是一个有着丰富写作实践的作者,同文艺创作一样,随着社会生活的变化,吸收新的生活感受(包括对正面的歌颂和对落后的抨击)。时代生活的变化,作者文章的内容是全新的,在写作方法上也是发展的。建国后,邓拓政论文章较之过去战争年代的政论写作发生变化,主要是体现在论述事理更为缜密,分析得更加细腻。战争年代,作为号召和鼓舞人民群众进行斗争,阐发党的路线、方针、政策的政论,需要作者高度的理论水平和坚强的党性。但是,由于宣传对象主要是边区的人民群众,文化水平的落后和边区斗争生活的动荡,作者在进行政论宣传时基于这些实际情况,做到文章的理性和简捷,也因为宣传对象特殊性和内容的正面性(很少是批评的),加上战争年代写作条件的限制,所以,政论文章(主要是社论)在写法上是概略性而不精细,重文气而少有理性开掘。解放后的政论,是作者对政治生活中的一些重要问题发言,读者对象更为扩大。论题的尖锐、重要,同样是阐述党的指示精神但又区别于党

的文件,就要求论述得更为精细和深入。邓拓的《和青年团员谈谈群众路线》一文,是他把党的这一政治路线融化为自己对新的历史条件(青年学生中群众)的理解中。他在分析群众一时不觉悟,或自己的观点与群众的意思不一致如何处理时,细腻而全面。这是过去的政论所没有的。即使在同一时期,也非一成不变。《废弃"庸人政治"》就不同于20世纪50年代邓拓的其他政论文章。它从捕捉到的一个生活现象为由头,在分析论述中引征同类事例,而又直接插入作者的独特感受,避免政论文章常见的说教毛病。文章并不是靠引经据典、讲大道理取胜,只是把历史上的某些相似的事件和思想引申出来,进行比照,加强内容的丰富生动。为什么是"庸人政治"?作者引出了史书上关于"庸医"、"俗子"的事例,在类比中归纳,在抽象中具象,使之更为鲜明明确。这是邓拓这一时期政论杂感中直接以抨击社会思想问题为主的文章,这种用语直率,分析犀利,形象鲜明,是那一时期政治生活民主化和文章写作"百家争鸣"的一个反映,也标示着他的思想和写作将有大的收获。可是,不久以后刮起的一场反右风暴,荡涤泥沙腐朽,也摧毁了新绿生机,正当的理论探索受到阻止。作为理论家的邓拓不得不有暂时的沉寂。

《人民日报》改版前前后后

1956年7月,在中共中央领导下,《人民日报》进行了改版。这次卓有成效的改版工作是报社编辑部在邓拓的具体领导之下,中央党报新闻改革的一次尝试。它的成功是中央领导的指导和广大读者的支持,是在建国以来一个时期内我国政治、文化生活健康发展的良好局面下取得的。

1956年,我国社会主义所有制改造基本完成以后,努力发展经济和文化,成为国家政治生活的主题,成为全国人民的迫切愿望。5月2日,毛泽东同志在最高国务会议上提出了"百花齐放、百家争鸣"这一指导和促进我国科学文化和文艺繁荣发展的方针。中央倡导的反对教条主义、大胆探索的精神促进了各项工作特别是思想文化战线的活跃。正是在这样一个思想解放、勇于探索的大好局面下,《人民日报》开始了改版工作。

新中国成立以后,《人民日报》曾经历了几次小的改革,比如建国初期,在报社建制方面,曾经由过去的分工笼统逐渐改成以专业部分工的组织形式。在一段时期,报社保持过去解放区报纸的传统组织形式,即按照新闻业务本身负担工作分工,如编辑、采访、通联、资料等,各自又分为部、科、室。但作为中央党报,在社会主义革命和建设日新月异的创造和发展的新形势下,这样分工就显得有碍于同各条战线和行业的及时联系。于是,报社同志们共同讨论研究,邓拓集中了大家的意见,明确地提出"编、采、通(联)的统一,按实际工作分组(或部),建立集中统一的总编室"。① 按照党和国家各部门的实际工作,把党报的编辑部门分为党的生活、工业、农村、财贸、政法、文教、文艺、国际、群众工作等组,每个组又都负担编辑、采访、通联等任务,"这样有利于党报密切联系群众、联系实际,有利于宣传报道的准确、深入,也有利于克服单纯的新闻技术观点。"② 实践证明,这种分工是合理有效的,一直延续到现在。再有,《人民日报》从编排技术上的革新和版面的变化等改革也是时有的事。这些都属于具体业务工作,而明确报纸的指导方针、在内容和形式的综合革新、报社的整体改革方面,1956年改版是十分重要的一次。

改版前,报社有关部门从4月中旬起就广泛地征求读者的意见,而且有一些地方的高级领导干部参与,可以说是全党参与、集全党之智慧的一次活动。到6月15日,共收到意见信357件,其中有省、市一级党委负责同志,有机关工作人员,有教授、作家和大学师生。编辑部还分别邀请各方面的读者召开了十多次座谈会。省市领导同志如谭启龙、宋侃夫、李尔重、王恩茂、魏文伯、王铎等同志都曾提出过建议和意见。在这个广泛征求读者意见的基础上,人民日报社编委会给党中央打报告,提出了改革版面的计划和要求。

---

①② 燕凌:《分明非梦亦非烟》,《新闻研究资料》1979年第1期。

1956年6月，中央批准了报社编委会的报告，指出："为了便于今后在报纸上展开各种不同意见的讨论，《人民日报》应该强调它是党中央的机关报，又是人民的报纸。""今后《人民日报》发表的文章，除了少数的中央负责同志的文章和少数的社论以外，一般地可以不代表党中央的意见，而且可以允许一些作者在《人民日报》上发表同我们共产党人的见解相反的文章。这样做就会使思想界更加活跃，使马克思主义的真理愈辩愈明。"正是在中央的指导和读者的支持下，《人民日报》进行了改版。7月1日，胡乔木同志起草的《致读者》的社论中，贯彻了中央的指示精神，特别从报纸发展的方针原则上论述了改版后的设想。作为党的喉舌的机关报，借这次改版之机，也传递了一个十分重要的信息，即文章"一般地可以不代表党中央的意见"，或者，允许发表"见解相反的文章"，报纸也要探索和创造，要有独立的思考。这在中共新闻宣传史上史无前例，也由此开启了《人民日报》改版的良好实践。当然，这种思路，基于当时"百花齐放，百家争鸣"的方针的提出，基于对日益发展的社会形势的信心，也是基于对昌明的文化政策的期待，只是，到了后来反右运动时，政治形势的变化，这种思路被反弹而招致了不少人获罪，或者政治人生的被动。这是后话。

改版在当时是件大事，令报社同仁们兴奋期待和热情投入。当时，不少从解放区过来的人，有着当年献身无产阶级新闻宣传工作的热忱抱负，仍然是希望报纸的加大民众情怀、信息总汇，期待着有新的面貌；年轻人多来自学校，专业知识突出，也有从基层抽调来的干部，他们更是参与时代的社会改革，有着对于新闻工作的敬重和期待，积极地参与。这些给当时的参与者当事人们，留下了深刻的印象，成为他们党报工作中最为记怀的历史。恰如有人所说，"上下齐努力，改版成为当时人人的头等大事"。

这次报纸改版，《人民日报》由六个版增加到八个版，增设了副刊。版面增加，内容和编排的改革，提倡编辑记者多写反映现实生活、报道工农业战线成绩的文章。邓拓在这个倡议下，身先士卒，走出报社大门到生产建设中去，写了反映建设者们斗争生活的文章。

《访"葡萄常"》写作是一个很好的开端,标志着邓拓这一时期写作的新变化。从过去日常繁杂的编务工作,写作政论时评进行理论宣传,到双脚迈向生活中,讴歌工农业生产建设者的斗争业绩,反映革命和建设的新气象。他的作品带着生活的朝露,有了新的色彩。《访"葡萄常"》描写了北京崇文门下唐刀胡同一个制作料器葡萄的常姓手工艺世家,"两代清寒"的家世和"人工巧胜天然"的"百年绝艺",歌颂了全国的解放,"也正是'葡萄常'姑侄姊妹扬眉吐气的新时期的开始",人民当家做主的新生活为家庭特种手工艺的恢复和发展开辟了广阔的天地,这样一个现实题旨。文章发表时,正值我国生产资料私有制的社会主义改造基本完成之际,合作化运动刚刚开始,作者深入到一个普通的家庭手工业作坊里,从现实生活中选取"一斑",力图反映出"三大改造"伟大变动的"全豹",体现了邓拓的用心。

这以后,他于1957年底沿着新修的宝成路南行,进行现场采访。在宝成路这条"钢铁大动脉"上旅行,他写了《英雄的路——宝成铁路正式通车有感》、《陈仓道上》两篇散文。"毛锥动,彩云生",作者以参观访问的见闻感受,彩笔生发,激情昂扬,歌颂新生活的巨大变化,描绘壮丽生活的图景,歌颂创业者们精神风采,他以一个普通记者的身份辛劳奔波于采访一线。如果说过去忙于编务、政务、公务中,伏案于政论文章的写作,是作为报社领导者和政论家的劳绩的话,当他深入到生活第一线,感受到祖国建设如火如荼的气象,写文章抒发对"新的人物、新的世界"的感受,记录建设者的足迹,则表明了他新闻记者的成就。这是作者多次强调"不做新闻官"、"总编辑也是编辑"的思想的具体实践。

《访"葡萄常"》是作者新中国成立后同类文章的第一篇。作为党报总编,三次深入到一个偏僻的胡同,在矮小的手工作坊间同几位大娘老太太交谈,作者用火热的心去感受党的政策给人民群众带来的变化,也是一个老新闻工作者去捕捉新生活的素材于笔端,力主实行党报改革,反映人民群众生活和工作的一次身体力行。仅此一端,《访"葡萄常"》等特写,在邓拓这时期的写作中就有十分重要的意义。但作者以丰富的知识和深沉的

思索在文章中体现出的鲜明风格,也是值得重视的。《访"葡萄常"》曾被收入几本散文特写选集中。作为一篇访问特写,作者记叙了鲜为人知的蒙古族手工业世家的生活和生产情况。文章以采访记的形式,穿插了作者同采访对象的谈话,使人感到亲切。在结尾处,还描绘了赠送诗词给常家的情节,增加了文章的现场感。在描绘葡萄料器时,作者写道:"做成一串串的葡萄比那园子里新摘下来的也差不多,深紫色的薄皮上覆着一层轻霜,柔软的枝干衬着几片绿叶,叫人望见它们嘴里就有酸甜的感觉。"寥寥几笔,形象活脱而出。在文尾,邓拓听说常家姑侄姊妹中老一辈的不出嫁,有人当了尼姑,在年轻一代中也有两个侄女受了姑姑影响,也都下定了不出嫁的决心。他写道:"这使我不禁联想到中国历代手工业者用一切方法保守技术秘密的许多悲剧,我疑心这个悲剧在常家一直演到如今还没有终场。"作者的这种感触寄托深意,虽然新中国成立后,常家姑侄姊妹生产"合作别开生面",劳动条件改善了,外边的订货增加了,"一种欣欣向荣的好光景出现在她们的面前",但如果仍寡守着中国历代手工业者的保守技术秘密的习俗,悲剧是不会终场的。社会主义制度为手工业者开辟了广阔的前景,但理想的实现是需要努力奋斗。这种既有平淡的细节,又有感触寄寓,使文章深情,耐人寻味。

同样,他在《英雄的路》、《陈仓道上》的文章中,也从现实的建设变化中,寄托着对新生活讴歌,也对产生这些变化的原因进行揭示。邓拓从修路建设工程,看到了社会进程中革命精神的意义。他认为,一条铁路的诞生,一方面充满了英雄的凯歌,另一方面也不免引起了临产的痛苦。人们欢呼一条钢铁大动脉横空出世时,应该想到,它生长在英雄的时代,只有我们英雄的祖国和英雄的人民,才能养育这英雄的路;也应该想到,为修筑这条英雄的路所付出的痛苦和代价,进行的改造大自然的斗争。修铁路是如此,进行伟大的社会主义建设事业的其他劳动,又何尝不是这样呢!由路及人,由眼前此景回望过去展望未来,于是,作者把笔触伸向对创造这些奇迹的战斗精神和革命意志的歌颂。向人们介绍"宝成铁路怎样成功地征服着大自然?它又怎样有效地锻炼和提高了人类征服自然的力量，同时改造了人们自己"。

当然，作为报社的领导人，邓拓在领导《人民日报》1956年改版工作中，对于报纸宣传计划的改革，提出了一些自己的设想，并积极组织各方面的力量，贯彻执行报社的改版工作。

《人民日报》这次改版，篇幅增加，版面革新，相应地在内容上作了改革。特别是党中央在批复报告中指出，为了使思想活跃，《人民日报》应该允许发表不同的意见，明确提出了要纠正过去所谓字字句句必须代表中央的实际上不可能的做法。中央的这个批复报告，从原则方向上是报社改版的指针。这是有鉴于过去报纸宣传工作中的偏颇和1956年以来党的"双百"方针的提出和政治形势变化提出来的。从历史角度分析，这是中央对宣传工作中出现某些问题的一次纠偏，是为了恢复党报更加密切地联系群众，更好发挥报纸的宣传作用的传统，对《人民日报》以后的发展有很大推动。为了贯彻这个指示精神，邓拓和报社其他领导同志多次开会研究，定出具体计划。这期间，邓拓先后在报社学术文化部、自然科学座谈会、文艺部和党总支会上作了发言，就报纸改版的宣传工作谈了自己的看法和设想。

人的思想和规划，有时是在对过往历史的反思中获得的，也有是根据新的发展了的情况提出新的要求和计划。1956年8月15日，邓拓在党总支会上作了《关于编委会的领导工作问题》的发言，就思想领导和业务领导方面，谈了一些意见，他认为编委会缺乏独立思考，过去在执行上级指示，完成一些重大报道任务中，容易产生形式主义倾向，有空谈的作风，原因是没有具体措施，缺乏独立思考。他认为领导工作要"原则请示，独立思考"。要在政治上不搞自由主义，但在具体问题上应该提倡独立思考。报社工作既要健全领导核心，又要发挥每个人独立工作的积极性、主动性和创造性。这些意见无疑是邓拓对党中央提出要活跃思想，贯彻百花齐放、百家争鸣思想在报纸工作上的具体运用。在业务领导方面，他认为过去忽视了中国报纸的民主传统，过多地在形式上照搬苏联的经验，对中国报纸的传统诸如报纸副刊、文章标题的简洁明快等都忽视了，是需要改进的。

他说，中国报纸的评论，象邹韬奋、张季鸾、王芸生的文章，文体基本上是随感性的，从小的地方谈起，影响则大。这种随感式的文章娓娓动听，好像说话式的。虽然其中有很多不足为训，但对于改进我们报纸的文风也是有借鉴的。在自然科学座谈会上，邓拓说："我们处在原子能时代，改版后希望重视自然科学的文章。对各门科学的基本知识作深入浅出介绍，是需要的。这适合大家的兴趣，叫内行人看起来不讨厌，叫外行人看起来有兴趣。像裴文中先生最近发现的巨猿人的牙齿，这就可以写篇文章。"他还认为，报纸要介绍有争议的问题，介绍争论双方的意见。在文艺部的一次座谈会上，邓拓认为杂文要随着社会生活的丰富而兴旺起来。杂文的题材很多，群众希望多发表关于社会生活的杂文。杂文要针对思想问题，提出尖锐的意见，解决问题。

邓拓这些讲话和意见，基本上是从中共中央对报纸改版指示的思路展开的。但是，却触及了较为深刻的、或者深层次的新闻工作的原则和实践问题，特别是党报的改革实践。独立性的思考，反对形式主义的照搬苏联

▲ 1956年苏联《真理报》回访中国，在人民日报社合影

的方式，注重报纸的民生传统，改变文风，杂文的思想尖锐和针对性等。这些是当时报纸中薄弱的环节，也是人们习惯于解放区的新闻传统、多年来的习惯意识、难以摆脱党报思路和束缚造成的。在中央的指示精神指导下，报纸有了较为明确的方向，作为社领导，邓拓的一些讲话和思考，无疑推动了报纸改革变化。

报社编辑部改版工作上下动员，行动迅速，领导身先士卒，亲临一线，编辑记者出力献策，形成了火红热闹的景象。仅就前两个月的改版工作，报纸的思想言论加强了，副刊文章品种增多，长期以来没有固定专栏的杂文也经常与读者见面。一些著名作家茅盾、郑振铎、徐懋庸等在报纸上发表了有影响的杂文。两个月内报纸就发有95篇杂文和"读者中来"文章60篇。报纸上杂文的大量出现是这次改版的最明显的收获，也引领了当时文章的写作之风，作为及时解剖社会思想的轻快深沉的文字，它对于人们思想的探索，贯彻"双百"方针，起了很好的作用。

可是，1957年以后，中国历史进入了一个多事之秋。在贯彻党的"双百"方针的同时，有人在思想上对贯彻"双百"方针有抵触，其中也有不怀好意者的攻击和人民内部思想认识上的模糊认识。为此，一个革命的理论家明辨是非要比在正常的情况下更增加了许多困难。

1957年4月，由于种种原因，邓拓受到毛泽东同志的几次批评。在一次谈话中，毛泽东就《人民日报》的宣传问题批评说，过去说是书生办报，现在应当说是死人办报，并批评报纸宣传跟不上中央的步子。这些批评是十分严厉的。多年以后，当一场颠倒黑白、任意构陷罪名的"文化大革命"风暴席卷而来的时候，邓拓和他的作品，自然被作为漏网"右派"和"反革命"的一个口实，被江青一伙文革旗手们用来反党夺权开刀的祭品。

1957年4月1日，中央召开会议，邓小平、王稼祥、陆定一、胡乔木等中央领导和报社编委会部分人士在一起，分析了《人民日报》工作中的问题。胡乔木同志主持会议，他宣布中央决定成立报社委员会，由政治局委员负责领导。陆定一、王稼祥、邓小平同志先后讲了话。中央领导同说，报社的同志作了很多、很辛苦、很好的工作，书记处以前关心的不够，大家应多关心、提醒。领导同志分析说，近两年主席常常提到《人民日报》工作改进不大。以后工作方法要改，不要埋在纸堆里，经常到外边跑跑，听听意见，争取大的进步。领导同志还热情地肯定了报社领导的工作，并鼓励邓拓接受教训，努力工作，要改革报纸，改革了就好了。①

邓拓在受到不公正的错误的批评以后曾想，自己一介"书生"，还不如搞个人的学术研究，何必担这多风险呢！他曾对夫人说过，有些工作，是书生习气不能解释的啊。他在一段时间内特别谨慎，也曾找报社的其他领导商量改进工作，但总觉得自己习惯的一种东西又如何做到坚持而适应大局，不至影响了工作和大局，可能是主观的东西不能适应客观变化的现实了吧。他有点无所适从。他也隐隐觉得有某些不大对的事情，好多东西不是他和报社同仁不努力所能解释的。他总是希望有可能澄清和解释的机会。他心中不免戚戚。但是，他听了中央领导同志的这些讲话，受到感动。是呀，党的关怀和期望。一个共产党员可能容许有气馁、埋怨、退缩的思想吗？社会主义革命和建设风风火火，革命者应该追上时代的步伐。也是在这到他在记录中央领导讲话的记录稿上，写下了这样的话："个人的打算服从党的工作需要。"显然，成立了由政治局领导的报社班子，他明白对于报社的工作有了更高的要求，他也想到，这对于自己的工作也是一个新的考验。

关于报纸与社论、新闻与哲学

作为一个新闻实践者，一个有着解放区办报经验的老新闻，他在工作中，思考了新闻事业的许多理论问题，特别是对党报工作具有指导意义的新闻理论，有的形诸于笔墨，有的在工作报告中作了相应的表述，这都十分宝贵。

---

① 此件为邓拓手稿原件，存丁一岚处。

新中国成立后，党的新闻事业进入一个新的发展时期，由战时分散的新闻工作完成了全国性的转变，党的报刊有了极大的发展。由于实践的需要，新闻理论的研究逐渐受到重视。一些经验丰富的老同志，在实践中不断总结探索新闻理论问题。邓拓这一时期先后发表的这方面文字有《怎样改进报纸工作》、《关于报纸的社论》、《马克思主义哲学和新闻工作》等，以及在报社和有关新闻会议上的讲话。这些文章和讲话，是党的新闻宣传负责同志为培养新闻干部、加强和提高党的新闻工作者思想和业务修养，对一些理论问题所作的探索。

新中国成立初的一段时期内，新闻理论研究是薄弱的，从客观上讲，没有相应的建制和机构，在教学和科研方面较之其他学科是落后的。从这门学科本身来讲，历史不长，没有其他学科那样有着长期的积蓄。我国无产阶级新闻学研究，早先大多数文章是一些从事党的新闻工作的领导和实际工作者撰写的，也多是为了解决一些实践问题。作为一门学科研究这是不够的。但这种从实际出发解决问题的文字，并不等于没有理论的光彩和学理意义。这一时期，邓拓的新闻理论的贡献也可作如是观。

新中国成立后他作为中华全国新闻工作者协会主席、党中央机关报的总编，对一些重要的理论问题和业务研究发表意见，表现出政治家的识见和组织领导者的才能。对于社会主义时期党报的性质和报纸上开展批评与自我批评的思想，是邓拓新闻理论的重要方面。

1954年，在全国宣传工作会议上，邓拓作了《怎样改进报纸工作》的发言。他从改进报纸工作的实际出发，对无产阶级报纸的性质和任务作了较明确的论述。他说："报纸是党用来教育和领导广大人民群众进行革命斗争和建设新生活的最有力的武器"，"是党和人民的喉舌和社会舆论的指导者"。同一时期，在报社内部一次会议上他又说："作为党的机关报，要把党中央所规定的政治路线、各种政策、方针及时地传达到人民群众中去，并从群众中反映他们的要求、问题，给以正确的解释和解决，从而动员人民群众为实现党中央的主张而奋斗。"这是符合社会主义报纸的性质的。社会主义时期，无产阶级夺取了政权，共产党成为执政党，党的新闻手段包

括报纸应当是"党的喉舌和社会舆论的指导者",宣传党的方针政策,同时也是联系人民群众的桥梁。在向人民群众宣传党的路线政策的时候,反映人民群众的要求。社会主义时期开始了大规模的经济建设,因此,报纸既是革命斗争的武器,又是建设新生活的武器。在这个认识基础上,邓拓曾经就党报的宣传任务,作过多次的探讨。他在主持《人民日报》的一些工作会上,多次强调党报改进工作、制定新的计划和方针的重要。他认为党报宣传任务是由党报性质决定的,要自己配合党的中心工作不断改进和修订宣传计划。1953年,我国国民经济建设进入一个新时期,党提出了过渡时期的总路线方针,这年8月23日,邓拓在《关于人民日报工作情况和问题》的讨论发言中说:"报纸过渡时期的任务,应按列宁《论我们报纸》一文要求的,主要的任务是报道新生活的建设的各种事实,用生动的好的具体榜样去教育群众,进行社会主义批评,痛斥无用分子。"由此,他认为:"在我国有计划的经济建设开始时,无疑要把经济宣传放在第一位。"在另一次讲话中,他还具体指出,经济宣传"要有突出重点,保证经常不离版面,一般不能少于版面的四分之一"。

从中共宣传历史看,报纸的批评和自我批评是党报重要的任务和思想武器,是无产阶级新闻事业的光荣传统,也是新的历史时期,变化的形势对于党的新闻工作的新要求。邓拓在新中国成立初,探索报纸工作改进的新闻实践中,把这一重要的思想加以发扬光大了。

中共中央曾在1950年重申了报纸坚持开展批评与自我批评的重要性。党报上开展批评与自我批评,发扬光大党报的优良传统,对它的必要性和重要意义的认识是没有疑义的。党中央在新中国成立不久,即专门发文重申,更见其重要。问题在于,思想认识必须付诸实际工作,往往在具体实践中由于不该有的偏失而影响到对某一政策和任务的落实和执行。这种教训不在少数。在一项重要的政策付诸实施前应有周密的计划安排,有对这项政策的深刻理解和诸多相应的步骤。对于贯彻中央关于报纸的批评与自我批评也是这样。邓拓关于报纸如何进行批评和自我批评问题的种种思考,结合党的实际工作,对党报关于坚持批评的重要性认识,更重要的是就如何开展批评也有探讨。邓拓认为:"在报纸上进行批评时,应当区别不同的情形,采取不同的方针。对坏人坏事,要斗争,给以严重的打击,对我们工作中的一般性质的缺点和错误,也应该批评和自我批评。""报纸的任务不只是对于前一种坏人坏事应该进行批评和斗争,而更重要更经常的是对于后一种一般性质的工作中的缺点和错误进行批评和自我批评。"另外,为了争取好的批评效果,他认为,报纸上发表的批评必须严格核实,"保证事实和观点完全正确","发表的时机也要恰当"。因为,"刊登在报纸上的批评,不是作者个人的批评,而是代表党的批评,它是公正的强大的社会舆论力量,是不能不真实,不能不正确的。"这些意见,尤其是对工作中的失误的批评,严格批评的程序等分析,对于正确地开展党报批评和自我批评无疑是十分重要的。

邓拓对新闻理论的系统思考,集中体现在他的《马克思主义哲学和新闻工作》一文。这虽然是个大的题目,但在分析中,他力图从哲学整体中,思考新闻实践工作。他从马克思主义唯物辩证法角度,分析了新闻工作同哲学的关系,认为"新闻工作不可不通晓马克思主义哲学"。他运用列宁唯物辩证法的思想逐一分析了哲学同新闻工作各个环节的联系。虽然有些提法为一家之言,但把新闻理论运用哲学思维,放到马克思主义的范围内考察,是有开创意义的。早年在晋察冀新闻实践中,他提出的发展报道、重点报道是他最早的哲学思考。30年后,丰富的新闻实践,以及在毛泽东同志提倡学哲学时,他又更系统地探讨新闻的理论问题中的重要问题,表现了宣传理论家的执著和热情。

把哲学沉思引入新闻理论研究,并不仅仅表现为运用哲学思想来说明新闻工作的某个方面,也不是把新闻理论的某个问题套入哲学框子,寻找其哲学的合理性,重要的是解释和说明现实问题,包括对新闻宣传中的弊症和偏差。邓拓在研究党的新闻理论的同时,把思索目光投注到新闻实践的失误中。1957年在全国宣传会议的发言中,邓拓就把消除新闻宣传中的教条主义现象作为一个重要问题提出来。可是,这种思考没有再发展。新闻业务研究和新闻理论的思索,在相当长的时期,都成为新闻工作的一个短板。这除了客观原因之外，也同这门学科太容易成为政治意识的附属有关，同真正的学科建立欠缺有关。所以，常常看到的是，新闻研究多是在一些做具体工作的负责同志、一些谈实际体会性的文章中，缺少学理性、系统性，多见的是一些实际工作的体会，或套用政治评介的多，这种现象至今仍然是突出的，也不是一朝一夕可以改变的。

除了以上对新闻理论的思考外，关于报纸社论的研究，则是邓拓在新闻业务方面的贡献。这在当代新闻特别是党报新闻宣传中，不为多见。

社论作为报纸的思想旗帜，是反映编辑部思想的窗口，为历代领导所重视。我国报纸的传统就是政论在报纸中占有突出位置和较大比重。在社会主义时期的报纸宣传中，较好地继承这一传统，主要是通过社论来完成的。但对于社论写作的研究，特别是党报社论研究的文章，却与其规模不成正比。邓拓在1954年发表的《关于报纸的社论》，填补了这一空白。

社论写作实际是编辑部的思想表达，即有选题的重要，也有写作方法的规律可寻。邓拓联系《人民日报》社论写作的实际来论述，主要是党报写作特色，其中既有对社论写作实际步骤和方法的阐述，又有在党报中的地位及其性质的综合性分析。

在《我们对报纸社论的看法》一节中，作者开宗明义地对社论在报纸中的地位做了重要的论述。他说："一个报纸有没有社论，是不是经常有社论，广大读者对社论阅读的情况怎样，这些都是重要的政治问题。我们有理由认为，社论是表明报纸的政治面目的旗帜，报纸必须有了社论才具有完全的政治价值。"党报的社论又不同于其他的报纸，它不是个别"主笔先生"所包办的，而是体现了整个编辑部的集体劳动，是"全党办报"的结晶。"它所涉及的问题都是广大群众最关心的最迫切的现实问题。"因此，"编辑部中的任何个人，当他根据党的意图执笔撰写社论的时候，他完全不应该想去表达他个人的什么观点，而只应该忠实地表达党的观点。"从党性的高度论述党报社论写作的意义，提出了其"政治面目的旗帜"这一明确的思想，是十分鲜明的。

在明确了党报社论性质的基础上，邓拓对报纸社论进行了分类。他依据社论反映的内容分为三类：一是关于党和政府对内对外的政策路线的解释性的评论，例如关于过渡时期的总任务、全国人民代表大会、宪法、党的全国代表会议等社论；二是对各项实际问题和部门问题的评论，例如工业、农业、科教、文艺等方面的重大思想原则问题和日常工作中的重要问题；三是属于一般政治节庆宣传的社论，如五一、七一、国庆等纪念日和外交礼节性的社论。

有了对社论价值的认识和种类的划分，那么，如何拟定社论的选题计划，这是社论写作前首先碰到的问题，也是关键一环。邓拓认为，"报纸编辑部每月、每周、每日都要按照一定的计划来组织自己的工作……通过这样的计划，我们才能把编辑部全体人员的创造性和积极性引导到一个确定的方向上去，使大家集中注意力去进行有目的的劳动。""社论的选题计划乃是所有选题计划中最重要的，它的完善与否将影响整个报纸宣传的政治效果。"它可以有以下"五个方面的依据"：一是党中央和国务院的决策和指示；二是地方各级党委和政府提供的情况和意见；三是同党和政府许多主管业务的部门接触，由此所了解的情况和意见是又一可靠的根据；四是记者每月提出新闻报道的题目和线索；五是广大读者每月寄给编辑部数以千百封信件。"在社论选题计划的项目中，指定作者是重要的一件事情"。他认为，社论写作应该有更多的作者来参加，不应采取交给一两个"万能的主笔"去写作的做法。社论的写作是代表党来完成的，报纸的编委会必须向党负完全的责任来组织社论写作。

从一些具体的分析中，可以看出，邓拓对党报社论不仅仅在理论的分析和论述上，从一般性抽象地总结社论写作的得失，而是从写作本身出发，提出值得重视的意见，或可操作的方法。同有关新闻思想一样，他不是从新闻学理论原则出发来研究新闻实践的规律和现象，而是从工作的需要来论证和解决实际问题。当我们读到作者对社论定义和性质的分析，对社论选题和写作中既要以马列主义为指导，又"不是公式化和概念化的说明问题，而是创造性地发挥被公认的原理原则"，这些标准和要求的时候，我们看到长期党报社论主笔的经验之谈，他从原则性、党性立场同力戒形式

主义、公式化相结合的角度,给予这门不是随便就可以说清的专业问题以思考,不能不是一个新闻理论家的贡献。作为一篇研究党报社论写作的少有的文章,《关于报纸的社论》也是党的新闻理论的重要收获。

当然,新闻业务方面的研究不独是社论写作,新闻通讯等各种文体的写作,也是需要总结的。邓拓认为各种形式都在发展,要不断创新。但是它们有一个共同点是客观地反映出社会生活的面貌。因此,新闻工作的关键,是以辩证唯物论为指导,反映客观实际。他说:"新闻采访写作的着眼点应是深入实际、深入群众,发现实际工作与斗争中的重要问题,正确地反映人民群众的生活与思想感情。"我们的报道主要靠事实来说服人,即使写作社论,也必须针对一定的事实来立论,不能空论、泛论。他从哲学思维的角度来分析新闻报道是记者理论思维的结果:"我们不承认纯粹感性报道的素材就是新闻。哪怕只写了几十字的小动态,也是通过理性认识的结果。尽管思维过程非常短,从感性认识到理性认识的过程非常快,但不能说这里面没有理性认识。"

正是注重从实践中研究和探讨理论问题,并用以指导实践,这使邓拓新闻思想呈现出求实的特色。随着党的新闻事业的蓬勃发展,他的研究、探讨的问题逐步扩展和深入。对新闻从业人员思想修养和业务技能的培养也是他新闻思想的一个侧面。

新闻工作容易被看成打杂的工作,有同志认为"新闻无学",把新闻工作当成"过渡性"工作。就此,邓拓在人民日报的记者会议上多次谈到新闻工作者的思想修养的问题。他说:"不要把记者工作看成过渡,而要把这个工作看成长期的一辈子的工作。""长期打算做新闻工作把党的新闻事业与个人前途完全一致起来,这就必须把个人的其他各种想法完全丢开,重要的是要自己的思想有所提高。一个人的精神生活有一定的阶段。如《古丽雅的道路》中的古丽雅,一生只有20岁,她就有四个精神高度。如果分析马克思,他也有许多精神高度。"因此,邓拓认为新闻工作者的思想理论的修养是特别重要的。对有些同志总认为当记者不如搞文艺创作。他认为,只要有恒心,正确处理好本职工作同个人爱好的关系,能够做出成绩，干什么工作都可以"成家"。

新闻工作应加强党性锻炼，加强思想修养，但也要提高理论和文化水平、钻研业务。如何进行提高？邓拓认为：一是要有创造性，记者要成为某一方面的行家。"记者对各方面的工作要熟识，要有丰富的知识。当然不一定要当技术专家，我们应该从思想上、行动上进行指导。"1954年6月，邓拓在一次记者会议上提到："我们要认识到自己所做的工作的性质是范围非常广阔而内容非常复杂的思想工作，这几乎是需要有全面的无所不包的知识做基础才能够做得好。"10月，在报社地方记者会议上，他又谈到自我修养问题，他认为"记者应该自己钻研一种东西，成为某一方面的内行"。"如果记者对驻地的情况和人民生活，摸得很熟悉了，那你就可以进而成为那个地方的专家，至少是那儿的内行感到你不是外行，而外行又感到你讲得通俗易懂。"对于记者专业化问题，曾经有过争议。有人从新闻工作的特点——接触面广、报道面宽出发，认为新闻工作者应当知识丰富、广收博取，不能拘守一隅，把专业化当成"专门化"，而认为一提"专"容易陷入狭小的知识圈子，封闭自己。这实际上是杞人之忧。专是指知识的精，不是知识的贫乏，作为新闻记者，需要对各种问题发言，报道和反映社会中各个方面的情况和问题，因此记者编辑应当努力成为某一方面的行家、权威，对实际工作提出正确的合理的意见，这也是改变某种对新闻工作偏见的最好方法。20世纪50年代初，胡乔木多次提到新闻工作者要成为专家、内行，能够对自己所报道的方面，进行理论或政策问题的解答，能够发表正确的权威的意见。这个思想，今天很有现实意义。

邓拓关于新闻工作的专业化，是把专和广、精和博，统一起来考虑的。他所谓专是指在广博知识的基础上求专。他多次提到，新闻工作要成为多面手，知识丰富，做"杂家"。在写作方法上，他主张要勤动笔，学会使用"十八般武艺"，"我们新闻工作者也要提倡作多面手，学会十八般武艺，学会多种技术。例如编辑、排版、采访、摄影等等。在新闻写作上要学会各种体裁，如新闻、通讯、特写、评论等等。""一个理想的记者应该是各种笔都能拿得起来的,不要净写自己所熟悉的一种体裁。我们起码应该除通讯外,还要增加杂文、短文(批评性论文)、简短有力的访问记或是谈话等。

"文章常助百家鸣"

当邓拓在报纸宣传中充分发挥才干,并勤勉努力工作时,他的学术研究也成果卓著。新中国成立后,安定的工作环境为学术研究提供了条件,但紧张繁忙的编务领导工作,却又占去了他不少时间。同他的新闻理论一样,在学术方面他是业余研究,"忙里偷闲"挤时间进行。1958年,他在四川留给报社驻站记者的一首诗中,有感于党的"双百"方针的执行,写道:"毛锥动、彩云生,蜀水燕山若有情。展望高潮弄日夜,文章常助百争鸣。"这是对同事的鼓励和期望,也是他的自勉。在日新月异的社会主义革命和建设的新形势下,他挥动着一支多彩的笔,文章合为时而著,"常助百家鸣"。

自从到晋察冀边区后,有关历史研究没有再继续,长篇的史论和学术文章没有了。他曾说过,自己是学业荒废了。不过,这期间,报纸有时为配合有关文章的发表(例如范文澜的《斥所谓〈中国文化的统一性〉》等文章发表后,邓拓曾以"曼公"的笔名对其中一百多条历史典故和名词作了注解),约他写短小的文章,但长篇的专题研究文章他是久疏了的。1950年,邓拓作为北京大学兼职教授,给学生们讲授"中国土地问题与土地改革"的课程,这是他在入城前,在平山中央政治研究室积累的资料。当北京大学邀请他去讲经济学课时,他自己选定了这门课。这以后,他对《红楼梦》研究中有关历史背景发表了研究文章。不久他又继续研究明清历史,并写了《从万历到乾隆》的论文。1957年他整理出版了历史专著,尔后受中华书局之托,编选了《新编唐诗三百首》。这一系列的学术研究活动,勾画出邓拓在新中国成立后,在历史研究的道路上不断地跋涉精进的面影。但从中也可以看出三个不同的阶段。进城初期,他忙于报社工作,无暇研究；而后在"百家争鸣"方针的鼓舞下，他对当时热闹的《红楼梦》研究写了文章；后来，他离开了报社，有了完整时间进行学术研究，这才有了他重新研究历史和经济，有了他作为一个学人的成绩和面貌。

新的时代给学术研究提出了新的要求，新的生活对研究项目注入了新内容。固守着过去的学术思想而不适应新的发展情况，是难能得到进步的。但是，学术研究有相对的稳定性和继承性，特别是研究的题旨选定，往往是作者的某个方面擅长，是作者新的条件下新的发现。邓拓作为历史研究家，他从中国社会历史的变化运动中寻找社会发展规律，但他又是一个马列主义史学家，他关注当前中国的社会现实，力图用马克思主义理论去分析和说明。因此，他能发现一些新的研究问题，基于社会实践的中心工作相联系，他以所掌握的学术知识，从历史的角度进行学理性的研究。在新中国成立后刚开始的土地改革还没有大规模到来之际，他以革命者的热情和历史学家的冷静，最早选定了这一研究的课题：《中国土地问题和土地改革》，力图在研究历史的过程中解决现实斗争的重要问题，不能不引发人们的注意。

这个《中国土地问题与土地改革》讲座自1950年上半年起，在北京大学每周上两课时。他上溯马列主义有关半殖民地半封建社会农民土地问题的理论，下联我党在土地革命开始的解决中国土地问题的实践，比如有关方针、政策的执行，还结合旧中国土地问题的丰富材料，老区土地改革的实践经验等，对中国革命和土地问题作了较为系统的分析研究，使这门政策性强课程，有历史演变的阐述梳理，又有对当前实际问题的分析和解析。邓拓的讲稿未发表，这是一份珍贵的历史资料，在此，做些纲目性的引述：

全文分为五部分。第一章：《人民民主革命中的农民土地问题》。从中国革命的具体国情出发，研究了中国革命为什么是解决农民土地问题。作者认为，中国人民民主革命的根本社会内容是解决农民土地问题。这是因为社会性质决定战略方针，而战略方针又决定了政策。他又从中国近代社会性质出发，论述了新民主主义革命时期党的战略方针制定的正确性，论述了抗日战争胜利后我党实行土地改革的必要，也回答了学习这门课的主旨——为什么人民民主革命胜利后农民土地问题仍然是革命成败的关键。就这门课程来讲，这是一个"前言"。

第二章《民族解放斗争与农民解放斗争的统一性》，从帝国主义侵略我国近百年来历次革命运动中民族革命与土地革命的联系，来说明"民族独立问题实质上是农民问题"。革命历史表明没有无产阶级的领导，不可能解决农民土地问题。不解决农民土地问题，革命也就很难成功。他还详细地分析了我党领导的土地改革的经验。从一些历史材料和革命实践中说明土地改革是我国解放农业生产力的必由之路。

在第三章《旧中国农村人口的阶级构成》、《中国农村土地分配及使用》、《中国农村土地的租佃关系》及《抗战中解放区土地制度的变化》等节中，论述了"我国土地分配的不均，长期的阶级剥削关系，不但阻碍了社会生产力的发展，而且造成了许多不合理的上层建筑方面的社会现象"。只有消灭封建的土地所有制，让农民自愿地联合为集体的大农场，采用新机器生产，才是我国农业发展的必由之路。

历史的研讨是为了现实服务，对理论的探讨是为了解决实际工作中的问题。在邓拓讲授的这门课的最后两部分，专节列有《土地政策的发展》和《土地改革的实践》。前者用中国革命各个历史时期土地政策的发展变化，说明党的土地政策的制定对于指导革命实践的重要。后者又分八个小节，把进行土地改革实践所掌握的政策和策略，作了十分明晰的阐述和分析。在"阶级成分的划分和改变"一节中，邓拓运用实例说明计算剥削收入占农业总收入的比例方法，由此来确定阶级的标准。

邓拓在谈到这门课程的学习时说："学习本课程的目的是掌握当前解决中国土地问题的具体政策。通过本课程的学习，使我们掌握思想的武器和实际工作中武器，藉此为广大人民群众服务。""过去我国土地改革的实践中提出了许多问题，今天我们这门课程的讲授就是要从理论上和实际经验上说明其理由，明确决定每项政策的理论根据和这些政策在实践上所起的作用。"应该说，邓拓是实现了这一初衷的。他在讲授中深入的理论分析和丰富的史料论证,使这门新的课程——也即新的学科研究,既有理论又有实践的意义。对于培养专业人才、党在全国大规模开展土地改革运动工作的宣传都起了很大作用。另外,在他的学术研究中,这门课的开设意义还在于:一是把自己的专业研究同新形势下革命斗争的实践结合起来。历史学家应该有自己的研究兴趣和方向,但历史学研究不能不关注现实。马克思主义历史学不同于以前任何的历史学研究在于它不断地运用科学理论来说明论证实现的规律问题。邓拓的历史研究侧重于明清史和救荒史,这些给他研究中国农业生产的土地问题提供了条件。特别是中国救荒史的研究,对旧中国农村经济关系的深入了解,是他进行中共土地政策研究的基础。在这门课程的讲授中旁征博引,表明了他对中国革命的土地问题的了解和掌握。听过讲课的同志有评论说:"讲稿内容精当,反映了邓拓同志深邃的史学和政治经济学的学识及丰富的土地改革的实践经验。"二是把史料引用同理论分析结合起来。科学研究要借助于丰富的史料,也要借助于唯物史观对史料进行马克思主义的综合分析。在邓拓关于土地改革问题的分析中,既注重史料的丰富性,包括自己研究心得,又运用马列主义的历史观,剔粗取精,甄别分析。在分析旧的生产关系和阶级关系阻碍了生产力发展时,邓拓引用了国民党政府行政院农村复兴委员会1933年对陕西、河南、江苏、浙江、广东、广西六省区农村调查的总结(薛暮桥、孙晓村、王寅生等参加了这次调查),在分析了地主、富农、中农、贫农不同阶层对土地占有的不同状况后,邓拓认为,从历史上看,为使农村生产力得以自由的发展,必须改变农村的封建社会关系,改变封建的阶级关系。"一要作为一个阶级去消灭地主阶级,但不是从肉体上消灭他们。二是从经济上和政治上消灭地主阶级,即打倒和剥夺地主阶级在经济上和政治上的特权。政治特权是从经济基础上产生的,并且反作用于经济基础。"邓拓还引用大量的晋察冀边区的史料,这些多是他在边区时收集的。仅此一点使他的研究表现出注意收集和实地调查的扎实,也是他以后研究近代资本主义历史发展问题秉持的一个风格。

1954年9月,年轻的文学理论批评工作者李希凡、蓝翎在他们的母

校《文史哲》上发表了《关于〈红楼梦简论〉及其他》的文章，对"五四"以来我国古典文学研究中的唯心主义方法进行了批评。10月16日，毛泽东同志写信给中央政治局和有关同志，支持两位"小人物"敢于对学术领域资产阶级唯心派斗争的精神和勇气，这是著名的学界"两个小人物"事件。于是，在上面的号召下，文学界掀起了对古典文学研究中的唯心主义的批判。

1955年1月19日，邓拓在《人民日报》发表了《论〈红楼梦〉的社会背景和历史意义》的文章。自1954年下半年后，在批判俞平伯等研究《红楼梦》的唯心主义的同时，一些研究者力图用马列主义观点对这部古典杰作进行正确的分析。这时期主要是从《红楼梦》的思想意义和作者的政治态度等方面着手的。为了进一步把研究引向深入，对资产阶级唯心论的研究方法作深刻的清算，许多研究者从《红楼梦》产生的社会历史背景，即明清之际的社会形态，特别是对资本主义生产关系萌芽问题作了认真的研究。邓拓的这篇论文就是在这样的情况下出现的。

当年的两位"小人物"虽有过"文化大革命"的沧桑沉浮，后来回到人民日报。上世纪80年代初，我有幸成为他们同事，多少知晓一点有关内情。同作者之一的蓝翎，多次谈到他们当时是在邓拓等社领导支持下，坚持"红学"的讨论，将他从北京某中学调到报社，给他们研究提供方便。说到邓拓亲自写文章参加讨论。他说，真没有想到，当时老邓那么忙还写学术文章参加"红楼梦问题"的讨论，是支持一下我们这些初出茅庐的人；而且，作为我们的直接领导，他的参加更有保护我们的意思。"老邓文章发表后还听我们的意见。他态度是真诚的谦和的，他的思路有史学家的严密和诗人的激情，他分析问题总是用商量的口气，不同于他当年在经济历史论战中的气势和口吻。"

作为研究明清史的专家，邓拓从《红楼梦》这部作品所描述的历史事实中，寻绎出当时社会经济生活的若干主要线索，并联系到一些重要的历史材料，对《红楼梦》作为一部政治历史小说的社会历史背景作了论述。他批判了胡适派的资产阶级唯心论者"故意抽掉它的社会背景，歪曲它的历史意义,而把它说成是'忏悔情孽而做的'"观点,认为应该联系书中反映的18纪上半期社会历史情况来分析。"这个时期的中国社会是什么样子呢?概括地说,当时的中国是处在封建社会开始分解,从封建经济体系内部生长起来的资本主义因素正在萌芽的时期。"

为了论述的深入,邓拓在文中又分别从18世纪地主阶级激烈兼并土地,商业资本残酷剥削农民,封建社会土地占有关系的变化,城市手工业和工场手工业的发展,代表资本主义关系萌芽状态的市民社会力量的兴起等方面,论述了《红楼梦》的"社会背景和历史意义",认为这部伟大作品"反映了当时新生的社会经济关系的萌芽和新兴的市民社会力量追求民主和个性解放的生活而又找不到出路的痛苦……《红楼梦》应该被认为是代表18世纪上半期的中国未成熟的资本主义关系的市民文学的作品。"邓拓认为《红楼梦》是反映了新的生产关系产生时期市民阶级的文学。他从曹雪芹在书中的有关描写,分析出作者基本上是站在新兴的市民立场上来反封建的。它"描写了一整个时代"、"刻划了一个时期社会的典型面貌"。

当然,对于这部史诗般的鸿篇巨制的评价虽然有分歧,但在对一部历史小说的社会背景和历史意义上去认识把握作者的思想、作品的丰富内容,无疑是正确的途径,关于新兴市民文学的发展论述也是很有见地的。在今天这或许不是一个问题,可是,在古典文学研究中唯心主义谬说亟需纠正时候,足见作者的思考的深入。一部关于"红学"史的专著,在总结解放后"红学"研究的情况时认为,"1955年翦伯赞《论十八世纪上半期中国社会经济的性质——兼论《红楼梦》中反映的社会经济状况》和邓拓的《论〈红楼梦〉的社会背景和历史意义》,集中反映了在这个问题上的研究新成果,为当时和后来的对《红楼梦》时代背景和思想意义的探讨,提供了重要的史实根据。"当时作为"红学"讨论的始作俑者、另一位"小人物"李希凡曾对笔者说:"邓拓的这篇文章体现了他深邃的思想和丰富的历史知识以及一种学术研究中应有的公正态度。他的问题说得精辟、透彻。对于当时开展的红楼梦问题的讨论,邓拓的文章是一个有力的推动。"

邓拓评传

在邓拓参加《红楼梦》问题研究的同时，他利用业余时间进行中国资本主义萌芽问题的研究。这是他作为一个史学家的本能的坚持。准确地说，他是在1954年就开始了对北京市手工业历史发展问题的研究。虽然早在30年代，他就开始研究中国近代历史问题，但客观环境的不允许，那多是从历史记载的间接史料上去论证的。在新中国建立后，他利用工作之余，希求通过一些典型事例的调查研究，解剖具体的"麻雀"，作田野考察，以图在他研究的有关方向中特别是对近代资本主义发生发展的历史作些深入的探讨。于是，在1954年，邓拓三次来到北京西郊门头沟，实地调查明清手工业历史。北京西山门头沟地区，在元朝已经有封建官府征工开采的煤窑。到了明朝中叶以后，这一带开始出现了民间的采煤业。这些是研究北京地区手工业历史发展的重要史料。邓拓在门头沟访问了一些老窑主，在当地有关同志的帮助下，他发现了明清两代一百座民窑的遗迹，收集了有关大批的契约文书等珍贵的文物，他酝酿着一篇重点文章。

1956年，邓拓发表了上述研究成果——《从万历到乾隆——关于中国资本主义萌芽时期的一个论证》的文章。在这篇三万多字的论文中，他通过一些实物和史料的分析，详细论述了中国资本主义萌芽期的历史。他指出："可靠的历史记载和调查材料，使我有理由认为，从明朝万历年间到清朝乾隆年间，约当公元16世纪80年代到18世纪90年代，是中国资本主义因素的萌芽期。其中，从万历到明末和从清初到乾隆又可以分为两个阶段。前一阶段是资本主义萌芽开始的阶段，后一阶段是资本主义萌芽发达的阶段。"

这不是一个简单的结论，关于中国资本主义萌芽时期的研究，早在对中国古代社会史分期讨论时就开始了。20世纪30年代以来，许多研究者对这个问题发表过不同的见解，但由于所依据的历史资料不完备，一直存有分歧："有的说中国资本主义最初的萌芽远在南宋末年和元朝初年就可以看到，有的认为明朝初年就出现了资本主义的关系，有的又说资本主义的萌芽是在明朝的正德、嘉靖年间开始出现的，也有的认为明朝的嘉靖、万历年间是中国资本主义萌芽的最明显的转折阶段。"邓拓在历数了这些分期后，他认为这都不太确切。这也同他在这个问题上的多年执著研究有关。他在30年代中期的一篇文章中对中国封建社会后期资本主义因素的萌芽作了肯定的分析，并对由此产生的社会经济结构的变化也给以深入的阐述。但在当时的情况下，他认为"在18世纪中叶，中国封建社会经济结构内部，已经开始变化了"，"封建社会经济结构已经有了某些资本主义因素"。而当他在门头沟进行实地调查，对一百座民窑的遗迹和大批实物作认真研究后，得出了"中国资本主义因素有它的萌芽期和成长期。它的萌芽期就在明朝万历年间到清朝乾隆年间"的结论。这一研究结果比他以前的论述更为具体、明确，对过去有人仅凭某些史料（比如有人依据徐一夔的《始丰稿》卷一中的《织中对》所描写的钱塘相安里一个富有杼机四五具、佣工十数人的情形，就认为元朝至正年间，约当公元14世纪50年代的时候，中国就开始了资本主义萌芽期），就把这一时期下限到元朝或者更早的说法，有更信实的根据。

在这篇论文中，邓拓以大量篇幅把收集来的实物资料作了分析研究，这种把实地调查和史籍研究相结合的方法，不仅在论述的问题上有了可靠历史根据，使问题更趋深，同时在方法上也有了新的收获。

从邓拓20世纪30年代历史研究到50年代的重操旧业，作为一门科学的研究，数十年的风云沧桑，毕竟给当事人带来了种种困扰。但作为一个对历史问题有着深究精研的学人，其执著精神是十分可贵的，凡几十年风云变幻而不悔其志，并在不断砥砺精进中，形成了更为明确和具体的研究方向。他曾认为，研究中国北方地区资本主义因素萌芽发生的具体过程和它的特征是研究中国历史上资本主义萌芽的一个重要方面，而研究"萌芽问题"又对中国近代社会的性质找到一把钥匙。因此，他在全国解放后把这作为研究方向，表现出一个史学家奋进不息的科学精神。据当时一些同他考察的同志说，在那十多个小煤窑遗迹的穿行中，一个新闻官员、业余研究者的韧性和执著，令一些陪同的人都感动。也许，这个早年开始的学术方向，这位历经烽火岁月的文化赤子，除了对报纸对新闻那种执著精神之外，他早年所热衷的那份不舍的史家精神，挥之不去的历史情怀，成为他生活的一部分，也成为那一时期政治人生中不舍的人文意识，于是，一个并非科班出身的史家，却是一个有活力而有创意的学人。当人们读到这本从田野笔记开掘、浸透着作者汗水与心血的辛劳之作，敬意与感动油然而生，也会感叹不已。

学者总是执著的追求着新知，总是在默默行动的，何况他还是中国科学院的兼职学部委员。1956年他发表了《从万历到乾隆》后，同年，在中国科学院的学部委员提交的《一九五七年年度研究题目计划》中，邓拓把对"中国资本主义萌芽的研究"，即"论它的发生发展过程、特点和影响"，作为"本年度以内争取基本完成"的计划，继续着他十分宏大的研究工作。他写道："如果条件许可，我准备在1957年度以内争取在基本上完成关于中国资本主义萌芽的初步研究，写成研究报告和论文集，并编出资料集。"在关于这一问题研究的缘起中，邓拓又写道："这个题目的研究是从实际需要出发。无论中古史和近代史的研究都需要对于中国封建社会的瓦解过程，即资本主义因素生长的过程作出正确的解答。现在到了解答这个问题的时候了。"同他关于门头沟地区煤窑史料的发掘一样，在关于研究方法、步骤等一栏里，邓拓写道："这一研究工作所采取的方法是史籍研究和实地考察相结合。把全部研究工作分成五个至八个单元。每个单元又分为史籍研究和实地考察两个部分。"并且说，他"已经在华东、华中、华南、西北、西南都选定了几个典型，已经搜集到许多有关的新资料，但还必须逐一进行调查和核对情况。过去我的研究工作是'单干'的，一点一滴积累的，今后希望能够得到研究所的支持，改变过去的工作方式"[①]。

邓拓的这项研究计划并未付诸实施。1957年以后，他没有再发表关于资本主义萌芽问题的论文。这有多方面的原因。据他当时兼职指导的历史研究所的研究生刘永成回忆，1957年春天，邓拓已拟定了带大家去苏州等地实地调查有关中国资本主义萌芽资料的计划，但他得知所里已经为青年同志打好基础划了出了学习理论和业务的规划时，就毅然放弃去南方调查

---

① 见邓拓的一份手写研究表，此件存丁一岚处。

的计划。

1957年夏天，多事之秋，邓拓在三联书店的朋友们的帮助下，把30年代出版的《中国救荒史》作了"技术性修改"后准备重新出版。8月7日，邓拓整理完了这部二十余万字的史书，由文言体改为白话体。他在《写在重印本的前面》的初稿上写道："我是不喜欢这本书的，虽然收集了一堆资料，但是整理得不够好，它对于我来说很象黄山谷所说，'掉却甜桃摘醋梨'。我似乎特别深刻地体会到个中的滋味。"他又说，它的重版"大概是这本书收集资料毕竟还有些用处吧。并且《中国救荒史》以往未见有成书的，所以史学界的朋友认为它还有一点价值，而我国农业、林业、水利、农垦、粮食等部门的一些同志也认为对于实际工作有某些参考作用，大家的鼓励我越加不满。前年，三联书店提出要重印这本书，被我耽搁到现在，正是这个道理。"这些话，邓拓在后来的书中删去了，所以出书后读者看不到作者对自己作品的评价。透过自谦之词，可以看出作者对历史研究认真负责的态度。也是在作者写

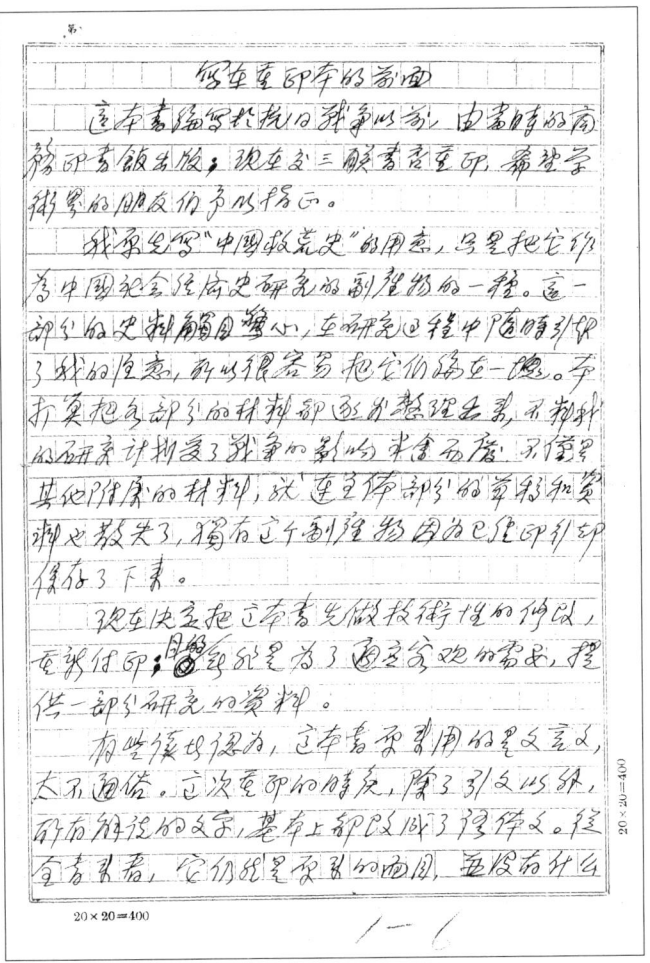

▲1958年《中国救荒史》邓拓再版序言手稿

这段前言后半个月，原三联书店负责出版工作的领导陈原，写信给邓拓说："此书（指邓拓的《中国救荒史》）或者照样印一次，或者等你彻底修改补充后再印，采取哪一种办法我们都同意。"而邓拓认为要作些修改和补充后再行印出，可是瞩稿在即，加上报社工作有了许多新的变数，他无暇顾及，并没有作太多的修改，"仍然是原来的面目"重印了。他曾想把史料补充到中华人民共和国成立以后，对历史上重要的经验教训进一步加以探究，对若干论点展开充分的说明，这些都只能是寄希望于以后了。在这次重印前言中，他表示了这个愿望："我将争取在同志们的帮助下早日实现这个小小的愿望。"

但是，社会生活发生的急速变化，政治生活的急风暴雨，不能不影响作者，何况一个处在风暴中心的新闻官。学术研究必须要有良好的氛围，学术的每前进一步，都给他带来不尽的快意，他曾对丁一岚说，我是学剑不成，学书也难啊。这个时期，他曾有抱负，好好地修改《中国救荒史》，好好研究明清中国北方资本主义发生的历史，然而，邓拓没有能实现他的计划，包括对资本主义萌芽问题的深入研究。这留下了一个有作为的史学家的遗憾，也留下了我们一个深深的思考。

"屈指当知功与过"

1959年2月12日下午，人民日报社举行全社工作人员大会，欢送老领导邓拓到北京市委工作。半年前，1958年8月，邓拓被任命为北京市委书记。即将离开战斗过近十年的工作岗位，离开那些朝夕相处的战友、同仁，邓拓怀着依依惜别的心情参加大家为他举行的欢送会。他很早就来到会场，同大家作临别前的话别。大家的心情也同样，老领导跟大家共同奋斗了三千多个日日夜夜，在这即将分别的时刻，一些往事历历涌上心头。

编辑部同志们记得，他作为报社总编辑却正如他所说的，"不做新闻官"，不仅自己动笔写文章，在报纸上留下了他的辛劳，而且，经常同普通编辑、记者商量，出主意、定选题。报纸工作有时需要赶任务，晚上拼版时常会遇到重要问题需要配一篇文章，或是短评，或是"补白"，总编辑亲自动手，而且速度快质量高，令人难忘。1950年6月，《人民日报》发表的《关于武装的革命反对武装的反革命，是不是中国革命独具的特点？》的"人民信箱"专栏的文章，和这年5月《请大家注意文法》的短评等，不就是出自他的手笔？

编辑部的同志还记得，总编辑亲自处理来稿，看小样。值夜班时，常常同版面编辑一道下车间，出主意。真正像他说的"总编辑也是个编辑，是总其成的编辑"。多少次夜班同志看到他的办公室灯光最后一个熄掉，有时还是拿到了当天报纸后，他才放心地离开办公室，这时已是早晨四五点钟了。为了工作他付出全部心血，可他是一个身患多种疾病的人，在他的身上还穿着一个不锈钢制的铁背心。

编委会的同志们怎能忘记，作为编委会的"班长"，邓拓团结大家把党报工作认真做好，他带来了解放区的好传统，工作严谨，作风民主。谁在工作中出现了差错，他严格批评，却又勇于自己负责，不埋怨别人。他没有架子，儒雅的略带福州口音的普通话，常常以商量的口气同你说事，很少见他那领导一社之长的派头。人们不会忘记，1956年周总理在一次全国政协会上，批评《人民日报》对邵力子先生纪念孙中山诞辰九十周年的文章版面处理得不显著，邓拓接受总理的批评，却没有责怪值班总编。在报社编委会的讲话中，他多次进行自我批评，恳切之词发自内心。当同志们有意见向他提出时，他又是倾心听取，不虚以委蛇。大家记得，他有句经常说的话："谁给我提个意见，我就磕上一个响头。"在荣誉面前，他却又不计个人得失。1956年，中共党的"八大"会议上，北京代表团的同志准备提名他作为"八大"中央委员会的候选人，当提出名单后，邓拓主动请求拿掉自己的名字。他说，我的资历浅，同一些有贡献的老同志比应该选他们。他从不炫耀自己的成绩。1954年在莫斯科《真理报》座谈中国的新闻事业，他讲了党领导下中国无产阶级新闻事业的发展历史，提到了许多报纸的贡献，唯独不谈在他主持下的《晋察冀日报》的成绩，这

邓拓评传

▲ 1956年9月邓拓参加中共八大时的标准像

件事使许多同志包括晋察冀"老新闻"们很受感动。

秘书、司机也不会忘记，跟邓拓在一起觉得十分亲近，感觉不到他有总编辑的"官架子"。待人平等，不搞前呼后拥。小车司机结婚，他前去祝贺，在婚礼上为新人致词。新分来报社的同志，他前去探望，使大家在一踏进这个工作岗位就感到革命家庭的温暖。他的谦虚不仅是对社内同志，对外面不相识的同志，哪怕是一个电话，他也同秘书说，对人家说话要客气，如果对方要找的人不在，把对方电话记下来，问他有没有急事。这在有些人看来是小事一桩，但在邓拓却想得细致周到。在他的表率下，那时候人们哪叫什么这长那官的，都叫他"老邓"。人们找他可以打个电话，或者，直接去办公室。他保持着解放区的好传统，从不搞小团体主义，不安排司机、秘书的等身边人得到任何好处，不因为来自这报那编辑部，就有亲疏远近，搞山头，也不是看人下菜，搞庸俗的吹吹拍拍，看你对他的所谓忠诚与否；不只爱听好话，搞自我表扬，任人唯亲庸俗的那一套。面对一班人领导集体，一如大家庭似的，让人们的工作学习进步都有着良好的氛围，是真正的心情舒畅，人们并不是为了某些晋级升迁，弄得关系紧张，走门子找路子，让庸俗的人际关系败坏着党报的传统。

人们敬服他新闻一支笔，既能够驰骋新闻政论的写作，领会中央的政策，完成党的宣传任务，写时评、政论豪气干云，谠论宏文大手笔，成为人民日报社及至党的新闻事业的财富，又能够倚马可待写诗配文，为众多的画家、艺术家的作品填词配诗，他的书法也是岂可不得，成为同事们争相索取的佳品，他承继了中国文人传统，诗文书艺竞相长，知识渊博才学高，对于这样一个有情怀、多性情、温文尔雅的长者，这样一个多才多艺的领导,他的暂别或离开,对于同他建立了友情的这个集体,对于这张需要才学和识见的领导的报纸,将是多么的不舍啊!

人们当然记得,从报社的大政方针、工作计划到生活中的食堂管理、卫生制度以及图书资料建设等,邓拓事事关心。他的细心和谦和,他的情趣和知性,都成为人们的难忘的记忆。而他那个削瘦的身子,那一介书生的背景,那满腹才学却又谦和儒雅的风度,是同事们心中定格的形象,岁月流年在他身上留下了多种疾病,偏头痛、腰椎炎、胃病等,可他是那样的坚强淡定,这又让人们不得不担心。

当然,人们还敬佩他满腹才学,写出那么多的好文章,在学术方面的成绩骄人,足可以作为一代报人、一代领导的风范,一个足可以称职、配得上这个实际职位的掌舵人。如今竟然离开,人们多有不甘不舍。

人们只是默默地祝福着他,如同多年来敬佩、信服他们的领导一样。

欢送会由吴冷西同志主持,他说,中央决定调邓拓同志到北京市委工作,要离开他主持了将近十年的《人民日报》了。在邓拓同志主持下,《人民日报》自1949年以来有了很大的发展。邓拓同志对报纸工作有许多贡献,积累了许多宝贵的经验。他请邓拓向报社全体同志作临别讲话。

人们用热烈的掌声欢迎老领导"临别赠言"。

面对着熟悉的面孔和特殊的场合,面对同事们真诚的目光,讲什么呢?作为"笔走龙蛇二十年"的老新闻战士,作为党中央机关报的第一任总编,作为在新中国新闻工作岗位战斗了近十个春秋的老同志,往事历历,如梦如烟,艰辛曲折的战斗历程,建设时期的多风多雨,他当然有"曾经沧海"之慨叹。然而,他最想说的是,离开之前,把自己这些年来久久思考的问题提出来,与大家共勉。他说:"办好我们的党报,首先必须有坚强的党性,这是最重要的。党报工作者特别重要的就是党性锻炼,自由主义是党性的对立物。所以锻炼党性必须从克服自由主义着手,加强党性,是党报思想方面的基本建设性质的措施。其次,我们的思想方法、工作方法、写作方法需要进一步地提高。这就必须深入研究马克思主义唯物辩证法。学习辩证法必须通过一系列实践才能掌握。"

他还说:"过去我们报纸在工作中发生错误的时候,检查做得多,而真正冷静地研究,从中吸取教训,则做得不够。其实,认真从思想方法、工作方法中总结几条经验,才能避免再犯类似的错误。这样能够提高我们的水平,也对全国新闻工作有好处。"

听着他侃侃而谈,人们心头热乎乎的;听着他一番有点工作报告式的讲话,一个内心有着如许思绪的临别赠言,

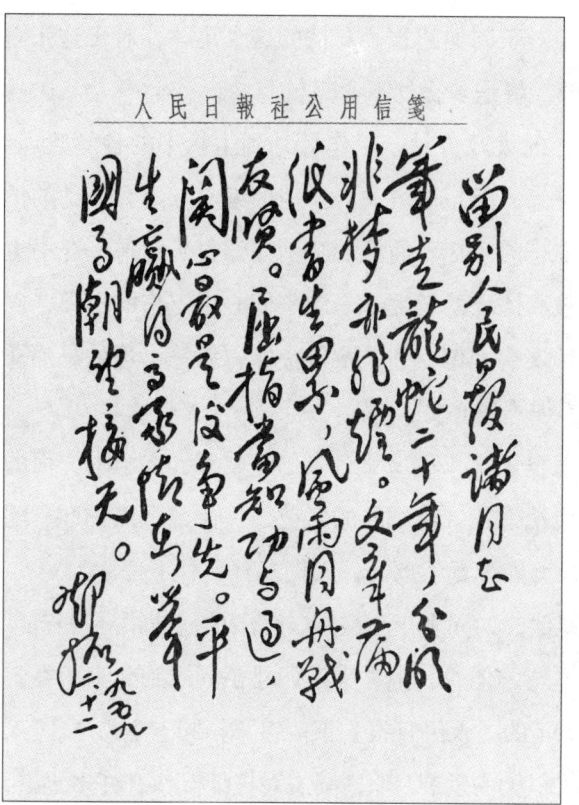

▲ 1959年2月在人民日报的欢送会上,邓拓即兴书写留给报社同志们的诗

大家一如领会他过去的报告,政治的热情、工作的责任、人生的箴言,或者面对工作问题的思考等等,人们沉浸在这告别时的复杂心情中。当然,一个对新闻工作感情笃深的领导,在他即将离开时,他以肺腑之言为大家留下了他的体会和期望,使大家心情并不平静。

讲话结束前,邓拓朗诵了题为《留别人民日报诸同志》的诗。他念道:

笔走龙蛇二十年,分明非梦亦非烟。
文章满纸书生累,风雨同舟战友贤。
屈指当知功与过,关心最是后争先。
平生赢得豪情在,举国高潮望接天。

当他念完最后一句时,会场上爆发出热烈的掌声。对此,作家、原文艺部的领导袁鹰在他的文章中专门回忆说:"他一句一句地念着,有的略加解释,如念到第三句时,他说前几天还有位同志说他'书生意气未能无',语气间有点自责,也有点自信。邓拓同志在台上神态安详,感情真切,一如十年来他多次在这讲台上作报告时一样,只是声调中略带一点怅惘的情味。报社的同志们在台下静静地聆听,却是心绪如麻,感慨万千。我反复咏吟,很有点像前人评诗中用过的'深情绵邈,寄托遥深'八个字。"袁鹰同志借用"深情绵邈,寄托遥深"来品评邓拓的赠诗也是寄托深意的。这首诗是作者20年新闻工作十分形象地概括。屈指往事,当知功过是非,不免寄情遥深。于是,在做了短短的临别讲话后,邓拓言犹未尽,用诗表达了自己的情怀,寄托心志。

品味隽永的诗句,望着一腔赤情的老领导,大家不免追溯往事:1957年4月,在毛泽东同志批评报纸工作以后,人民日报社积极贯彻党中央和毛泽东同志的指示,对过去宣传中的失误作了补救,使报纸工作有了很大的起色。可是,不久开始的"反右"斗争,在执行具体政策上的失误,使宣传工作出现了一些偏差。"面对复杂的政治斗争和思想斗争,邓拓同志深深懂得,作为党中央的机关报,既要闻风而动,更需要冷静的思考和观察。他说,我们是中央党报,一切都要听中央的安排和指示,不要街上锣鼓一响就出来。""当有的报纸率先开始鸣放的时候,在最初几天内,他确实按兵未动,等待指令。历史证明,正是由于邓拓同志的高度纪律性和坚定性,在风云变幻中保持了冷静的头脑,才使人民日报社的同志避免了许多政治性的错误,坚持了正确的政治方向。"①

当然,对于非常时期的政治形势的正确认识不是容易把握的。这年6月,中央改组了报社的领导班子,邓拓改任社长。职务变动,并不影响他对报社工作的负责。他协助其他领导落实中央布置的宣传任务,表示了一个共产党员高度的党性原则。

---

① 廖沫沙等:《忆邓拓》,福建人民出版社1980年版,第97页。

1958年4月21日，报社编委会召开扩大会议，讨论新的工作纲要。邓拓在会上作了讲话，他对报纸在解放以来执行党的宣传方针的经验教训作了回顾，检讨了一些问题。他对编委会的思想作风进行了分析。邓拓话语恳切真诚。他说："我没有当好班长，自己也不满意，有人说我近两年来干劲不如以前，这个批评我接受。我自己对工作还是愿意干的，我决没有计较个人名誉、地位，但是严格说来，我对个人与集体的关系也没有完全摆得端正。我个人对学术研究工作有一些打算，没有很好地向编委会提出，以致变成个人的包袱。"

面对特殊时期的个人得失，邓拓总是从自己的主观找原因，这里，最让他挂怀的是对于学术研究的热衷和执著，他所认为的是没有处理好关系，成了个人的包袱，这当然是可以见到的客观因素，但是，政治活动中的一些变故是主观努力所难以把握的情况，贯彻上面精神的行动中一些人为因素和随时可能发生的某些变局，还有已经显露出的长官意志、形式主义的作风等，在那一时期的思想政治形势中，无疑给宣传部门的领导工作的开展增加了难度，也让当事人思想留有印记。从上面的"留别诗"和在编委会的发言中，可以得到说明。

"文章满纸书生累"、"屈指当知功与过"。邓拓是清醒的，邓拓是坦荡的，也是自责的。邓拓是心有戚戚的。回顾历史，他对于过去没有处理好个人和集体关系作了自我批评，对于因为受到批评后增加了顾虑、缺乏主动精神等都进行了检讨。或许，这样的自我批评成为某些做法的自我校定，当然，也有那个时期、那个年代中，忠诚的信仰和具体工作发生的碰撞、革命理想所带来的习惯性的坚持等，某种心绪、某种心

▲ 1958年邓拓、丁一岚夫妇在家中

怀。比如，有听任指令、遵旨受命的负责精神，也有主观认识上的偏差和失察，后退与前行、左与右的反复，多在不可预测和毫厘之间，于他都过去了，也是憾事，但总是心有戚戚，也心有不甘。1958年4月，他在中央机关的一次会议上，作了题为《新闻战线上的社会主义革命》的报告，对新闻界反右斗争作了不切实际的评价，在报社内以至新闻界起到不好的影响。后来，他还就开展思想上的"革命"写过文章，过分强调思想领域内斗争的重要和必要。这对日益升温的政治热昏，起到了推波助澜的作用，在他一生的跋涉中，是不可讳言的偏失。从他个人来说，是出于党的利益和革命工作的考虑，以善良愿望代替了认真深入的分析，政治态度的一致代替了深沉的思考，同他以前对于一些问题的冷静思索也是相悖的。但这也同党在那个时期的政治路线失误有很大的关系。新闻工作作为党的喉舌和敏锐的政治工作，政治风浪来势猛烈时，岂能不闻风而动。过去，这种片面强调和过分夸大新闻宣传的政治性特点，尤其是在党的路线发生偏向和失误的时候，容易禁锢人们思索的勇气，阻塞探索者言路。从这个意义上分析，对于正确认识和处理党的路线同新闻工作的关系，坚持正确领导是十分重要的。这也是正确认识社会主义时期复杂的新闻历史的一个关键。

邓拓在1958年以后，面对着政治形势的变化，思想的步履举之维艰，但也并非流入世俗时风。他不同于"风派症"患者，政治上"左"右摇摆。他不乏有自己的思考，保持着某些特色。即使是对于有些问题没有找到合适的方法，他也是观察中审慎而行，或者可以当做是他的书生习气，但这是复杂的政治形势中一个敏感的新闻工作所面对的客观实际。

第五章　文之殇：捍卫真理的斗争

离开了人民日报社，邓拓带着对二十年来新闻工作依依不舍之情，带着报社同事们的殷切期望，带着对党和人民新闻事业拳拳可感的赤诚，就任北京市委文教书记。

虽然，人民日报社为邓拓举行欢送会是1959年，实际上在1958年8月，他就已离开报社到北京市委上班。这以后，直到含冤去世，8年时间里，他经历了思想探索的复杂过程，经历了人生最严峻的考验。如果说几十年新闻写作的笔墨生涯，铸就了他作为"精神界之战士"、"文化赤子"的思想特征的话，在他生命的最后几年里，他思想的光芒像一支熠熠生辉的蜡烛，更加耀眼光彩。他勤奋著述，坚持真理，在理论宣传中坚持实事求是原则，主编《前线》理论刊物，写作不少社论；更为突出的是，他以凌云健笔，写下了当代文坛上独树一帜的杂文随笔《燕山夜话》和《三家村札记》（与吴晗、廖沫沙合作），留下了深邃沉郁的思想随笔和政论文字。

然而，江青等一伙，为了篡夺党和国家的领导权，以"文化革命"为借口，对文化进行大肆的绞杀，造成了惨绝人寰的十年动乱，他们以批判《燕山夜话》和《三家村札记》为开端，污蔑陷害无所不用其极，高压的政治冤狱，损毁了一个思想者、文化赤子的身心。

"文革"之始，也是邓拓的生命的消殒之时。他以自己的深沉思索和坚毅斗志，同林彪、江青、姚文元等进行抗争。为了捍卫真理、为了人生的清白和理想，以死抗争，谱写出生命的壮歌。

国之殇，文之殇。

《前线》社论和"于遂安政论"

1958年11月25日，中共北京市委的理论刊物《前线》创刊。这份理论半月刊的主编是邓拓。他到市委工作后，在当时彭真、刘仁等市委负责同志的领导关怀下，创办一份思想理论刊物，经过半个多月的筹备后问世。

《前线》从1958年11月25日创刊，到1966年4月被迫停刊，历时七年半共出154期。作为主要负责人的邓拓是费尽了心血的。从刊物的编辑思想，稿件的编发，到有关文章的写作，邓拓事必躬亲。《前线》出版的七年，充满着曲折坎坷。当年参加编辑工作的李筠回忆说："它的历史，是一部宣传和捍卫马克思列宁主义、毛泽东思想的战斗史诗，同时，也是一出壮烈的历史悲剧……邓拓同志的名字永远同《前线》杂志连结在一起，与他同《晋察冀日报》的关系一样。没有邓拓同志也就没有《前线》的奇异光辉。"① 这段话其实也说明，作为政论的作者，他以战斗的史诗般的工作态度，以热情配合中心工作，所以，政治宣传中邓拓完成了那个时期主编和总管的角色，也成为同这份刊物之名一样，战斗在思想的"前线"，是理论工作的党性原则的表现。

《前线》前十期的十篇社论均出自邓拓的手笔。《前线》社论刊出时间是1958年底到次年4月。这以后，他先后在《时事手册》、《政治学习》等刊物上以"于遂安"的笔名发表政论时评文章。邓拓在50年代中期搬到人民日报社宿舍遂安伯胡同5号居住。故以"于遂安"为笔名。从《前线》第一篇社论到用"于遂安"笔名发表的最后一篇文章，共三年左右时间。这些文章如同前线社评一样，出现在那个特殊的年月里，记录了一个党的高级干部、新闻战线负责同志、革命宣传家，以及文化学者艰苦探索的足迹。

---

① 廖沫沙等:《忆邓拓》，福建人民出版社1980年版，第101页。

邓拓曾在《怎样改进报纸工作》一文中说,"现实生活向我们提出了各种各样的迫切的问题,其中有很多需要从理论上加以解答。报纸应该经常地就党和国家的总任务和实际生活中的各项问题,进行马克思列宁主义的解释。应该强调理论宣传的文章要从实际出发,以解决实际问题为目的,力戒教条主义倾向,不必要的大量引证马克思主义经典著作和随便创造不成熟的理论的现象必须停止。"这是邓拓对报纸理论宣传的期望,也是他写作社论的宗旨和出发点。在这一时期《前线》社论写作中,他对北京市贯彻执行党的有关政策,把党的有关指示同北京市的工作实际联系起来分析,鼓舞人民群众投身到火热的社会主义革命和建设中,起了积极的宣传作用。1958年冬,党中央召开了八届六中全会通过了《关于农村人民公社问题的决议》,不久,邓拓发表了《贯彻党的八届六中全会的决议》的社论,当1959年新年来到时,他先后写了《为了一九五九年更大跃进》、《新春望高潮》的社论。增产节约、评比竞赛等活动开展后,他又写了《好好领导竞赛和评比》、《抓住群众运动的中心环节》的社论。这里,作为党的理论工作者,在党向人民发布了战斗动员令后,热情地宣传、积极地贯彻执行党的有关指示精神,"就党和国家的总任务和实际生活中的各项问题,进行马克思列宁主义的解释",体现出了高度的责任感。

邓拓的《前线》社论写作时期,正是我党由于指导方针严重失误,经历着一个曲折发展的历史时期。"由于社会主义建设经验不足,对经济发展规律和中国经济基本情况认识不足,更由于毛泽东同志、中央和地区不少领导同志,在胜利面前滋长骄傲自满情绪,急于求成,夸大了主观意志和主观努力的作用,没有经过认真的调查研究和试点,就在总路线提出后轻率地发动了'大跃进'运动和农村人民公社化运动,使得以高指标、瞎指挥、浮夸风和'共产风'为主要标志的'左'倾错误严重地泛滥开来。"①这时期,以宣传党的中心工作为主要内容的报刊社论,不可避免地受到

---

① 中国共产党中央委员会:《关于建国以来党的若干历史问题的决议》。

"左"的错误的影响。但是,作为理论家,不会放弃自己的思索。在《前线》社论中,邓拓也留下了他作为理论家曲折的探索和认真的思考。一是把群众路线作为这一时期检验党的工作、克服主观主义的一个重要标志。他批评说:"有一部分干部又冲昏了头脑,以为自己想到哪里就一定能够做到那里,违反群众路线的思想作风又慢慢抬头了。有的干部甚至以种种理由为借口,拒绝实行群众路线,遇事不同群众商量,往往用简单的命令以及其他粗暴的方式行事。这是我们目前必须设法防止的危险倾向。"他的十篇社论中有三篇是谈执行党的群众路线同做好党的某一中心工作的关系。在《群众路线是我们党的根本路线》中,他从执行党的群众路线的重要意义上,批评了那种不从实际出发,不从群众出发的思想作风。二是抨击了主观主义、不按客观条件办事的瞎指挥的领导作风。他认为,主观主义的思想方法严重地阻碍了对客观事物的正确认识。我们的干部,自以为已经懂得了许多实际情况,就不再注意进行调查研究,凭自己的脑子一热、灵机一动,就作出判断,乱下命令。"其实,我们所面临的问题有许多是过去没有遇到的新问题,许多复杂变化的新情况需要我们去了解,客观运动的新规律还需要我们去发现和掌握。"针对一些违背客观实际的现象,邓拓指出:"我们的口号是,按照客观的可能和需要办事,该怎么办就怎么办,所谓客观的可能性可以有两种解释,一种是实在的可能性,这是具备了必要的条件,经过人们的主观努力就能够努力实现的,另一种是抽象的可能性,那是根本不从客观条件出发的空想。"他认为,"要提倡老老实实的谦虚谨慎的态度,提倡对党对人民负责到底的实事求是的作风。"除此之外,邓拓还就执行党的有关政策要有具体计划,要有周密的步骤,务实不务虚等给予了分析和论述。这些思想在当时的历史情况下,不能不是作者对一些不正常情况的一种警觉。虽然,作者的社论主要还是从正面为当时日益兴起的各种政治运动进行"解释性的宣传",但作者从一种倾向中注意到掩盖着的另一倾向,不能不是深沉思索的结果。

人们回忆那段辛酸的往事时,对于新闻宣传中的过头话和"一窝蜂"是深为鄙弃的,但如果联系到一定的历史条件分析,就能为作者设身处地作想，而那些在艰难跋涉中仍然保持思想的锋芒特色，尤为可贵，当然也有不可逾越的历史局限。

1959年10月，邓拓开始"于遂安政论"写作。"于遂安政论"共写有八篇，前后一年多时间。这一时期党的有关农业政策不断制定不断调整，从国家政治形势来看，从经济战线上的"大跃进"到思想战线上的"反右倾"，"左"的影响日益严重。在这样的情况下，"于遂安政论"紧跟形势，不可避免地出现了一些趋时的文字。如对所谓"思想革命"的提倡，作者写了《挖掘右倾机会主义根源》，措词严厉，咄咄逼人。由于论辩的对象把握不准，把对违反客观实际的某种大哄大闹的做法表示出不同意见的人们视为右倾，是不恰当的。从总的方面看，"于遂安政论"积极配合宣传党的农业政策，宣传中心工作。但是，因为那一时期，政治的激进热昏，"左"风盛行，加之，作为一个以解释中心工作、政治宣传为主的政论文字，这些配合性的言论，随着那些时风流弊过去而成为历史，也表现出政论作者的局限与遗憾。

夏衍同志在谈到20世纪50年代以来"左"倾思想严重时说："50年代以后，我担任了行政职务，讲话和做文章就不免要受到所处地位的限制，在左风压人的时候，难免有违心之论，歌德之词。"他还说，任何一个人，"在一个特定的时代和环境中，不可能不受历史、社会条件的影响和制约。"① 我们在认识邓拓的这些职

▲ 20世纪60年代邓拓在遂安伯家中客厅

---

① 《夏衍论创作序》，上海文艺出版社。

务写作文字时，也同样看到作者在那个特定时期思想所受到的"影响和制约"。作为一名党员，一个长期的宣传领导，他并不因为新闻一线岗位的退出，就远离或者隔断了政治的热情，也不可能超出历史所限定的内容。这也正是曲折反复的中国当代历史的一个常见的现象。当然，也要看到他在可能的条件下对过去思想特色的保留，任何夸大和缩小都不是实事求是的态度。

在1957年底到1960年底三年时间，是新中国成立以后，社会主义革命和建设的历史进程十分特殊的年月。在《关于建国以来党的若干历史问题的决议》中，中共中央对这段复杂的历史作了全面论述。同任何一个历史时期一样，在党和国家政治生活发生了重要的变化时，作为党的理论宣传者，在文章和讲话中，在所负担的某一工作部门，自觉地为党的指示贯彻执行进行热情地、富有成效地宣传，是一个优良的传统。问题是在这个"共性"中，根据一个理论家和宣传家思想探索的不同，而显出自己的特色。当邓拓作为一个党的新闻宣传领导者时，他以共产党员的坚定性和责任感，留下了许多热情的文字；当他作为一个思想家时，几十年来沧桑风云，加上对唯物辩证法的深入思考，运用在他对一些时势的剖析中，保持着思想家的特色。这种矛盾的统一，是相悖却不难理解的现象。

如果上面的分析成立的话，那么，邓拓在1961年发表的一篇历史论文的理解就更为明确了。或者可以作为这个论点的注脚。1962年2月，邓拓在北京市委召开的关于历史学报告会上，作了长篇发言，对史学界一个时期以来对于中国历史研究中的不正之风进行了批评。这篇题为《毛泽东思想开辟了中国历史科学发展的道路》的讲话，先后发表在《北京日报》和《历史研究》上。

在文章中，邓拓针对50年代末，陈迫达等人在学术界刮起的主观主义、教条主义，针对史学界有人对中国历史研究搞虚无主义、"欧洲中心论"的偏失，运用历史唯物主义批评了一些错误倾向。廖沫沙同志评价说，邓拓"对史学界的公式主义和实用主义偏向，作了科学的分析……其中大量引述和运用了毛泽东同志的历史学说、哲学思想和马克思、恩格斯的历史

唯物主义原理，批判了过去史学界的一些不良倾向，指明了中国历史科学正确的发展道路。"① 这是符合实际的。

应该说，邓拓反对历史研究中的公式主义、教条主义，是抓住了一个时期以来史学研究中不良倾向的实质和要害的。他在反对不重视史料研究的同时，对在史料中加进马克思主义词句、理论和史料没有内在的联系，教条主义、公式化的研究方法等，进行了批评。把言必由衷、实事求是的研究方法作为学术研究的正确途径。这些都是他作为历史学家敏锐地看清了科学研究的问题和不足，很有针对性，对于脱离马克思主义的历史学研究，邓拓作出了具有实践意义的忠告。但是，作者没有把视野投诸学术研究之外，或者说在学术研究中对不正常的社会历史缺少应有的警觉。廖沫沙也说道："他虽然用他的马克思主义史学观，对过去史学界的偏向作了批判性的分析，但使我感觉遗憾的，是他对我国当时主要的非马克思主义的历史观还缺乏认识，更没有估计到那种历史观往后的恶性发展。"① 对于"往后"的历史作出清醒的预测，似更需要对历史的深刻把握，或者是需要时间的检验。有时候，在历史进程中先期预见或作出准确判断是十分困难的事，但对于过往，尤其是刚刚发生或是仍在进行的历史情状作出一些恰当的评价，激浊扬清，催促新生，是一个成熟的思想家所应该也可能做到的。我们不必苛求于思想家，但总结这一教训是件有意义的事情。

这也是探讨邓拓20世纪50年代后期思想复杂性留给我们的启示。不独是在新闻敏感的前沿一线、历经风波生涯的邓拓是这样，在那个特殊的年月里，思想理论界真正能够察微知著、振臂疾呼的所有几何？是他们缺乏思想的洞察力吗？是知识分子的良知与立场缺失了吗？是急变的革命形势下，思想者们在迂回在寻找吗？历史是一个复杂的未知数，或许只有当事人自己才说得清楚。也许他们在寻找自己的方式、正经历一个新的孕育过程……一个严峻的事实是，经过几次不该发生的运动，一些善于思考的人们，因言获罪，思考者的言路给堵塞了。

---

① 廖沫沙等：《忆邓拓》，福建人民出版社1980年版，第1页。

但是，历史要发展，生活在向前。发展变化的社会历史和现实的政治形势，考验着政论家，也呼唤着思想家的新生。

《燕山夜话》和《三家村札记》

思想跋涉者在默然前行。

经历了20世纪50年代中后期中国当代历史上的多事之秋，经历了60年代国民经济的暂时困难时期，作为一个理论家，邓拓把思考的目光投向人们关心的现实问题，更多的是从民生角度来认知社会世相和历史进程。当60年代初，我国政治生活发生了一些重大变化之后，在邓拓的写作活动中，他从沉静深思、步履艰辛，到积极创作、一发不可收，捧出了《燕山夜话》和《三家村札记》这两本闪耀着哲理和诗情的杂文随笔。

从50年代中期以来，由于众所周知的原因，中国当代政治生活中出现了反历史主义的倾向，严重地影响了社会主义革命和建设的进程，但是在政治运动高潮之后遗留下的众多难题，却又给人无限的思考。当党和人民逐渐从热情澎湃中冷静下来，面对严峻的历史时刻，一个善于思考的作者是努力寻找答案的。这期间，党的"双百"方针提出，思想文化工作出现渐趋活跃的局面。1959年初，毛泽东同志在上海的中央工作会议上，对不敢讲真话、实话的不良倾向，提出了批评，提倡要有魏征和海瑞讲真话的精神。1961年以后，周恩来同志对文艺界做过几次重要讲话，提倡破除迷信，解放思想，重视艺术规律和艺术民主，力图为杂文等讽刺艺术样式的发展排除障碍。

正是在这样的背景下，1961年2月，邓拓以马南邨的笔名在《北京晚报》上开始了《燕山夜话》的写作。一年以后，他又同吴晗、廖沫沙合作，在《前线》杂志上写作《三家村札记》（可参阅《三家村札记·后记》）。文章从日常生活现象入手，论题尖锐泼辣，敢于表达作者不同的意见，反映了60年代初作家们可贵的探索精神。

邓拓曾戏称《燕山夜话》的写作是被拉上马的。当年的编辑在回忆这

段往事时也说是在编者的再三催促下,作者才交稿的。① 但是,从历史的情况看,它的出现并非偶然。几十年的写作生涯磨炼了邓拓的笔和思想,每每在社会情势严峻的时刻,他不乏有自己的思考和探索。1957年,作者《摒弃"庸人政治"》对形式主义的作风抨击,1959年他在《谈将才》一文中又对领导者的德能,从古代选贤任能的标准,智、信、仁、勇、严等方面阐述了一个人才的作风锻炼的重要,特别是关于"对待一切问题要采取严肃认真的态度,不含糊、不苟且、不模棱两可,不敷衍搪塞,在大事大非的面前,态度尤其要明确,立场鲜明而坚定,把是非的界限划分得清清楚楚,对于正确的全力支持;在工作中要求严格,有赏有罚,纪律严明,并且抓紧督促检查,反对自由主义"的思想,无疑是对现实中一些领导作风不纯的现象进行抨击。到了50年代末、60年代初,中国社会进入了一个非常的历史时期,天灾人祸,造成物质生活的困难,影响到人们的精神生活。急剧变化的社会现实让一些探求者活跃的思想遇到了阻碍,高压下的政治现实让一些思想的追求遭遇到扼制,正常的充满期待的与反常的隐晦的令人禁若寒蝉的种种,不能不反映到一个思考现实、思想求索的作家心中,一个有着丰富的历史知识、对社会现实有着敏锐思考的政论作者心中。他寻找最能表达自己思想的方式——杂文,在解剖社会问题同时,丰富了人们的精神生活。

《燕山夜话》和《三家村札记》中,邓拓写有一百七十多篇。1961年3月19日,邓拓发表了《燕山夜话》的第一篇文章《生命的三分之一》。文章针对当时有些人面对物质生活的困难,精神生活空虚,轻易抛掷时光,鼓励人们像古人一样,利用夜晚时间,重视这生命的三分之一,"严肃地对待自己的生命","多劳动、多工作、多学习、不肯虚度年华,不让时间白白浪费掉。"这是古来一切有成就的人所持的人生态度。邓拓认为:"一个人对待生命的态度是否严肃认真,看他对待劳动、工作等等的态度如何,也就不难对这个人的存在意义做出适当的估计了。"从生命的价值,这一

---

① 廖沫沙等:《忆邓拓》,福建人民出版社1980年版,第114页。

崇高的人生命题上看待人们的工作和劳动，看待业余生活，一开篇就向人们展示了严肃的生活题目。在这篇文章结尾，邓拓阐明了写作的宗旨，他说："我之所以利用夜晚的时间，向读者同志们做这样的谈话，目的也不过是要引起大家注意珍惜这三分之一的生命，使大家在整天的劳动、工作以后，以轻松的心情，领略一些古今有用的知识而已。"正是在这一思想指导下，作者写作了大量的关于读书、学习、求知的"夜话"，像一个在书海夜航中孜孜前行的学子，留给读者关于学习的许多宝贵知识和经验。然而，作为一个政论家，他对于社会生活的热情和沉思，又把手中的笔触伸延到政治思想和社会生活的各个方面，其中留下了对于时弊的抨击和不良倾向的针砭，成为《燕山夜话》的主干和骨架。

《燕山夜话》和《三家村札记》，相当部分是作者在那个特定时期思索的结晶。而最为明显的是，他论述时循序渐进，由此及彼，先是谈学习谈读书，谈生命的珍惜这些个人生活方面的态度等，进而，从社会世态，人的精神作风，领导者们的道德精神，特别是对当时影响社会进步等方面的政治思想上的空、假、懒惰等普遍的问题，进行了春秋笔法式的批评，联想到写文章时的历史情况，更能体会邓拓的曲笔微言。

很长一个时期，党内民主生活不健全，在工作中"政治流行病"——说大话、说假话、主观主义、形式主义的不良思想作风盛行。农业上放卫星，工业上搞浮夸风，政治上空话套话有市场，作风上的虚假轻浮，严重地危害了党的工作，危及了党的信誉。对此，邓拓先后在几篇文章中给予了明确有力的抨击。

在《伟大的空话》一文中，作者借用小孩子编写"陈词滥调"、"内容空虚"的"伟大空话"，讽谕一些不讲实际内容和效果，欺骗和吓人的空话、套话。那些不顾场合、搬弄一些内容空虚的字眼和词汇，"说了半天还是不知所云，越解释越糊涂，或者等于没解释。这就是伟大的空话的特点。"邓拓说，"奉劝爱说伟大空话的朋友，还是多谈、多想、少说一些，遇到要谈话的时候，就去休息，不要浪费你自己和别人的时间和精力吧。"这种直率而明快的语言，无疑是对那种好大喜功、搞空头政治的一个当头棒

喝。作者抨击的是浮夸和虚荣,提倡的是务实精神。在《说大话的故事和外国寓言》中,作者引用历史上说大话的故事和外国寓言中吹牛皮夸海口的破产的例子,启发人们的思考;"人们千万不要说大话,不要吹牛,遇事要采取慎重的态度,话要说得少些,事情要做得多些,名声更要小一些。"对于说大话,吹牛皮的人们,要慧眼辨识、谨防被欺。那种虚伪的自欺欺人,作者更是深恶痛绝。他写另一篇著名的《一个鸡蛋的家当》,把一个时期以来,社会生活中妄图凭着空想和说假话而自欺欺人的思想作风,进行了有力的鞭笞:"历来只有真正老实的劳动者,才懂得劳动产生财富的道理,才能够摒弃一切想入非非的发财思想,而踏踏实实地用自己的辛勤劳动,为社会也为自己创造财富和积累财富。"作者对时弊大胆抨击,痛快淋漓,醒人耳目。难得的是,作者在批评和抨击当时流行的错误思想倾向时,对社会组织管理中暴露出来的弊病,也不妨投诸深沉的一击。在《爱护劳动力的学说》一文中,作者从人的劳动力本身是最大的社会财富这一显见的论题议论开去,引用古代统治者也能懂得限度地"使用民力"的故事,有针对性而又严正地指出,"有许多事情必须估量自己能力是否胜任,决不可过于勉强。""我们应该从古人的经验中得到新的启发,更加注意在各方面努力爱护劳动力,从而爱护每个人的劳动,爱护每一劳动的成果。"

当我们读到"在农业上实行耕三余一,在整个国民经济计划上保持三年以上的积蓄,这是具有重大意义的"时候,联想到在那国民经济生活十分困迫的年代,不能不感到作者的忧虑所在。在《陈绛和王耿的案件》中,作者把"宋代封建政府用人行政的许多弊病",处理案件的"扩大化和复杂性"问题,揭示出来,用历史的掌故打开人的思路,不能不是作者对我国多年来在执行干部政策上的偏向和失误的警觉。作为千字文,作者从有趣的历史掌故中抽绎出给人思考的论题,把对不正常状态的忧虑和思索坦露出来,表明了作者的眼光和胆识。在今天,经历了多事之秋之后,更能体会到其良苦用心。

如果从涉猎广度来考察,邓拓把思考的触觉探向这一时期政治生活和社会人生的诸多方面,从种种社会世相和论题中,"热烈攻击所非,热烈主张所是。"① 他抨击个人主义做事不负责任，敷衍塞责的态度（《推事种种》）；鼓励青年解放思想，敢想敢干，发扬青春锐气（《胡说八道的命题》、《说志气》、《人穷志不穷》）；强调理论和实际、知和行的结合（《不要空喊读书》、《事事关心》、《文天祥论学》）；坚持实事求是和反对盲目从事（《放下即实地》、《磨光了金币》等）。大凡那个时期思想领域重要问题，邓拓在杂文中都有所涉及和反应，往往聚焦在一两个论题上，或从不同的侧面展开集中深入的论述，表现了批评者的坚守和韧劲，也表现出理论家的深沉和执著。这里，实践的观点，即实事求是、坚持群众路线的思想和不迷信盲从、敢于探索追求的思想，是他杂文中重点内容。一个成熟的作者在针砭时弊，描绘社会形象，批评错误思想时，一方面要正面狙击政治上的"庸人"和思想作风的不良倾向，同时又要剖析和挖掘其孳生和繁衍的思想根源，这就要借助马克思主义的解剖刀，借助唯物辩证法这个基本的思想武器。邓拓在这方面的是不惮其多次论及。他从纷繁芜杂的社会现象中，捕捉一些违反唯物论和辩证法的倾向，给予深刻的分析和阐述，使他的论述有强烈的针对性。在《主观和虚心》一文中，邓拓认为："为了彻底防止和克服思想上不同程度的主观主义成分，我们惟有要求自己，遇事都一定要保持真正的虚心。"在《文天祥论学》和《广阳学派》中，作者又强调指出，讲究实际、注重实践和实用之学的重要。在《放下即实地》一文中，作者讽刺了那些"不了解实际情况，心中无数，所以遇事没有把握，不知如何是好"的人，指出："人必须经过亲身的实际体验，才能知道事物的真相。"

坚持实践和注重从实际出发的观点，从根本上说来是党的群众路线。辩证唯物主义认为，群众是社会实践的主体，群众观点是无产阶级政党一切工作的出发点。在邓拓的杂文中，有许多篇是表明了他对这一思想的强调。在《王道和霸道》一文，作者认为历史上所谓提倡王道和霸道，是随机应变，朝秦暮楚，以政治上的投机为目的，但如果今天从古代的历史中

---

① 鲁迅：《且介亭杂文二集》，人民文学出版社 1973 年版。

找出经验教训，所谓王道就是老老实实的从实际出发的群众路线的思想作风；所谓霸道，就是咋咋呼呼的凭主观武断的一意孤行的思想作风。虽然这种解释不尽全面，可以看出作者对那些"不顾一切、依靠权势、蛮横霸道、颐指气使、巧取豪夺"的霸道行为是十分不满的。在《智谋是可靠的吗？》一文中，邓拓认为，"所谓智慧聪明只能来源于实际知识，而任何个人的实际知识都比不上广大群众的实际知识那样丰富。"作者从古人的"不必谋自己出"引申开来，批评说："有的人常常喜欢逞能，自作聪明，看不起群众，不管什么事情总是要自己出主意，企图出奇制胜而不接受下面群众的好意见。可是任何智谋都不是神秘的，不是属于少数天才的，而是属于广大群众的。"理论同实际结合，一个重要方面是知和行的结合。作者谈读书学习、谈思想修养时也是把实践作为一个十分重要的步骤。这些思想的吉光片羽，反映出作者力求以辩证唯物主义为指导，分析社会生活中的种种不正常状态。在作者几十年的革命生涯中，斗争的实践锻炼了他从实际出发、注重群众路线和努力求索的思想，形成了他思想的基本面貌，在他的一些杂文创作中也显露出这个特色来。他还从中华历史洋洋典籍中发幽抉微，把历史上一些有贡献的人物作为研究考证对象，或称颂他们某一方面的成就。他称颂"重视实用之学"、"以天下为己任"的广阳学派，褒扬明末"文学艺术上造诣很高的有骨气"的画家米万钟，对"昆仑山人"张诗的"不甘屈服的顽强斗争性格"也称道。这是他作为一个明清史家丰富的知识和研究兴趣使然，也透视出在追求真理、思考社会问题的斗争中，作者理想和人格的折光。

  邓拓说过："我写《燕山夜话》都是谈所见所闻所感的。如果仅仅所见所闻，那只是录音机，必有所感，才能成为自己的东西，成为有思想的东西。"所谓"自己的东西"、"有思想的东西"，主要是对现实中一些丑陋的事物和错误东西的否定，包括对长期以来政治生活中"左"的思潮和恶习的批评。因面，闪耀着智慧的光彩、深刻的思想哲理、对现实严峻的思索，是《燕山夜话》和《三家村札记》具有强旺的生命力，至今仍为读者所喜爱的一个原因。

当然，邓拓的杂文不仅是针砭时弊、抨击社会世相的丑陋、思考深沉的社会问题，还有相当篇什是一个学识广博的杂家，从一些知识性、趣味性说起，谈人生感悟，说生活哲理，解答生活疑难。这构成了他杂文的另一特色：知识性强，信手拈来尽斑斓。他的选题广泛，几乎对生活的各个方面都有涉猎。哲学历史、天文地理、农桑医术、军事棋艺，有风情习俗，有史实掌故等等。就摄取的题材而言，其总和犹如作者以丰富多采的知识描绘出一幅趣味盎然、启人心智的长卷画图。

人类文明史也证明，知识是思想的基石，没有知识的积累，是构筑不了思想大厦的。一个思想宣传者，也是一个知识的传播者。邓拓多次在文章中谈学习求知和读书思考的重要。他把知识的获得，文化的提高，视为社会发展、人生进步一个重要的途径。而饱学、博取、丰富，是他写作和工作获得成功的重要原因。他曾在《欢迎杂家》一文中说，应该欢迎具有广博知识的杂家，在我们思想界大放异彩。他的杂文写作就是这种实践。无论是《贾岛的创作态度》、《杨大眼的耳读法》等有关文化史上的掌故谈起，还是考证有关文艺学、民俗学的典籍，对历史知识的引用是信手拈来；关于《北京劳动群众最早的游行》、《北京的古海港》、《南陈和北崔》、《宛平大小米》、《谁最早发现美洲》等，他据史而论，对史实掌故运用自如，并辨识真伪，让读者获得知识同时又受到启发和教益。他写有十来篇关于农事生产的文章，体现出对某一类知识掌握的丰富和专业。他甚至像一个专家在谈论某方面的知识："养牛的好处"、"椿树的用途"、"甘薯的来历"、"围田的教训"，这些是人们生活中需要了解的，在作者笔下运用"古今中外"知识串联后，使读者获取更多的教益。他提倡"多养蚕"、"种晚菘"，说农林牧渔、物候天象、生产管理，甚至"植物猪肉"的新技术都有谈及。

传播历史知识，重要的是从历史故事中发掘新义，给读者以启示和收获。邓拓的杂文用典丰富，仅《燕山夜话》153篇文章中，就引述古书、典籍达470多处，有的一篇中也多达十余处。问题不在于引述的多寡，重要的是作者在引述中渗透着对历史知识的深挚感情，对中华文化的热爱与尊崇的情怀。即使在一些介绍古籍史实的文章中，也贯穿着这样一根主线。

在《欢迎杂家》一文写道:"清代学者洪亮吉的人口论著作,比达尔文早半个世纪。"

在《谁最早发现美洲》、《由慧深的国籍说起》中,作者引证历史资料,认为"最早发现美洲大陆的最突出人物之一"慧深,是我国梁代的人,比哥伦布早一千年。

在《宇宙航行的最古传说》中,作者引用我国古代公元4世纪的古书《拾遗记》记载,认为:"我们中国因为是一个历史悠久的国家,最古的传说往往都从这里产生,关于宇宙航行的最古传说也不例外。"

在《航海与造船》一文中,作者以《诗经》为证认为,要讲航海和造船的历史,也应该数中国为最久。

在《古代漫画》中,作者批驳了认为漫画是从西洋传来的说法,指出,我国古代也有漫画。

在《雪花六出》中,作者说,最早用文字说明"雪花六出"这个自然现象的,是中国人。

在《谁最早研究科学理论》中,作者认为《易经》是"人类最早的关于宇宙观和一切事物发展变化规律性研究的知识总汇"。而春秋时期老子的原子论思想比西方最早提出这一思想的希腊古代哲学家德谟克利特早约一个世纪。

在《平龙认》中,作者认为,人类最早知道氧气并能够分解它,并不是西方。中国人比欧洲人早了一千多年……

这些论述,虽是片断零碎的,言之凿凿,表明了一个对历史知识和古典文化传统相当熟悉的作者对中华文化的一腔热忱。

引导读者在知识世界里邀游,把祖国灿烂的文化遗产发扬光大,是作者所努力追求的,但作者"对历史知识和人物的评论,丝毫没有冲淡对现实的关注",这不仅表现在他在文章中对一些重要的思想理论问题发言,也表现在他对一些文史古迹的考证、钩沉及学术问题的创见。

《燕山夜话》文章一般是千字文,固定的专栏、固定的位置,限定的交稿时间,似乎限制了作者,尤其是不能够像大块理论文章那样,对一些学术问题发表见解，啃大题目，笔意纵横，洋洋洒洒，这也不合乎杂文要求。但是，短小的随笔杂谈，并非不能有作者学术思想的闪光。作者勾勒的学术思想独到之见，即使吉光片羽，同样也是对某一学术问题的贡献。邓拓作为一个史学家，他在写作《燕山夜话》时不忘对一些学术问题进行探索，他的许多考证、辨伪就是某个学术问题的一家之言。他关于古书同源的论证，关于学习书法选帖和临池的见解，关于诗词词牌格律，关于中国人最早发现美洲以及历史人物的有关史迹等，不乏有学术理论的光彩。特别是关于创作有没有灵感的见解是很有见地的。他不认同那种一提灵感就做唯心的解释，认为"灵感是人的创作思维高度集中的产物，而不是人的一切思维过程中都会出现的产物……它是物质性的"。他还分析了灵感同"偶然灵机一动"的区别。他说，对于一个艺术家的灵感来源，只有在平时对于实际生活深入体验的基础上，才有可能在某些时候接受某种偶然的刺激，或者由于某些事物的启发，引起某种联想，因而触动了蕴藏已久的灵感。但是，这和偶然的灵机一动是迥然不同的。"偶然的灵机一动往往没有经过对客观事物进行系统的分析和综合的过程，而仅仅根据临时的某些直觉的印象做出不完全的判断。"他运用唐朝裴旻将军舞剑，对吴道子和张旭的书画创作的启发作用为例，指出"这种启发作用，无论如何不能代替创作的灵感。真正创作的灵感，只能来源于现实生活"。

邓拓的杂文随笔，在写作方法上不仅是活用丰富的知识，在文中论天说地，旁征博引，娓娓谈吐，形成了独特的政论中见情趣，知识中见思想，熔史实与识见、情趣于一炉的风格，如同周扬在《邓拓文集序言》中所说："旁征博引、议论风生，把知识和思想熔于一炉，写得引人入胜，发人深省，富有知识性、文艺性。"同时，他的这种以小见大，谈天说地，娓娓道来，情趣知识融入其中，开创了报刊文章和专栏文字的新面貌。这种趣雅、古意的文体风格，说古论今，情趣盎然，短小精粹，实际上是继承了鲁迅当年所说的小品文的风格，但又比小品文专事针刺和批评，多了一份温情、一份情怀。

我国杂文传统源远流长，但却不断有新的发展。杂文作为一种活泼灵巧的文学样式，在鲁迅手里得到创造性的发展，形成了描写、议论、抒情、引证浑然一体的特色，在现代文学史上，誉有别开生面的"鲁迅风"美称。虽然鲁迅曾称之杂文是"古已有之"，但作为一种完全意义的文学体裁，是鲁迅的创造。鲁迅用精湛的笔力，把思想和知识熔为一炉，使杂文创作获得鼎盛发展，影响着和继续影响一大批作者。鲁迅杂文深刻的思想性和丰富的知识性成为今天作者所追寻的境界。但是在黑暗年月，作者"腹背受敌"，他以杂文为武器，主要是用来对付敌人——国民党反动统治者及其反动文人，鞭挞丑类，剔除封建主义毒瘤。对此，他曾说是"论时事不留面子，砭锢弊常取类型"，[①]这就形成了他独特的鲜明爱憎和冷峻隽俏的风格。鲁迅的时代锻造了鲁迅的文风，鲁迅的生活熔冶了鲁迅的笔法。但作者论辩的犀利、明快，思想的逻辑力量、引证的知识性等是启迪来者的。邓拓从这些方面继承鲁迅及杂文先辈的传统。邓拓的杂文写作是在20世纪60年代初，论辩对象和立论都迥于30年前的鲁迅，在手法上也不完全同于鲁迅。邓拓说他的杂文"是为工农兵服务的"，这就体现出作者同读者做朋友式的交谈，分析、论述和引证有如叙述家常，娓娓道来。即使是批评一种思想倾向、鞭笞一种丑恶现象时，作者也是以明快犀利的语言，和风细雨式的教化传播。以杂文大量地用来反映人民内部思想问题，挖除思想杂质，引导读者从历史的知识中激发对于社会美好和人生美德的赞颂，这是社会主义时期新型的人与人关系条件下的可能。这种服务的目的和论辩的需要，使邓拓的杂文不事"典型"画像，不做冷静刻薄的讽刺，而多是串联故事史实，明晰的说理，把思想哲理浸入知识情趣中。作者目光所及，虽是那一时间重要的社会思想和道德修养问题等，但并不耳提面命，以教训人的口气，而是平等式的交换意见，有如春风拂面，围炉聊天，以亲切温和示人。有时，在文章中并不直接说出，读者在卒读之后却不能不深深体会出作者的思考。邓拓在同编者一次谈话中说过，写文章反对教训人的口气，不能采取老子给儿子写信的口吻，引述故事，让人们在接受知识中获得对美和丑的鉴别，比作者长篇

---

① 鲁迅：《伪自由书》，人民文学出版社1973年版。

大论和高头讲章式的叙述，更能让读者容易接受。

在杂文写作的历史长河中，解放了的时代，社会主义民主新型的人与人的关系，给杂文作者探索新路奠定了客观条件。邓拓也以他的坚实的劳绩有了创获。50年代以后，当代文学创作园地里，杂文作为一枝艺术的花朵，曾经兴盛一时。马铁丁、龚同文等笔名撰写的杂文以及后来的夏衍等人的《长短录》等，都不同程度地反映出了这个艺术品种繁荣发展的趋势。由于众所周知的原因，而在这个园地里辛勤耕耘，成绩卓著者寥寥。

作为一个有影响的随笔杂文作家，邓拓文章的独特风格为当代文坛瞩目，也经受时间检验，其写作特色也为人们所评述。首先，在选题和立论上保持与读者密切的联系，文章有亲和力，有温情，也有针对性。作者曾就关于自己的写作目的，说是"为工农兵服务"，不仅在内容上想到读者，写大众感兴趣的内容，而且在文章发表后，或选题之前，听取读者意见和建议，有相当篇数是直接由读者提供题目。心中装的是读者，读者才会认同。也有文章发表后，热心的读者补充某些史实，或从一个新的角度提出题目，作者受到启发，又同读者进行交流形成文章。在《燕山夜话》第一辑出版前言中，邓拓就表述了这个思想。他说："迫切地希望朋友们多提出一些具体的要求。大家今后想要《燕山夜话》多介绍哪些知识，多谈论什么问题，无妨开一个单子寄来，我将尽量按照大家的需要去努力。"他把写作文章看成是同读者进行思想交流，特别是对青年朋友作"夜晚谈心"。在《人穷志不短》、《上山、下乡、下水》、《说志气》、《行行出圣人》、《共同门径》、《自学与家传》等篇，像一个老朋友似的同青年人谈思想道德修养、理想和前途等问题。对症下药，因而，颇受一些青年读者喜爱。另外，作者十分关注群众日常生活问题。他的杂文中论及如此众多的有关生活、生产方面的题目，是现代杂文写作中少有的。从客观条件说，是当时那个历史时期的投影；从主观上说，是作者深厚的群众观念、读者观念的体现。

其次，邓拓的杂文以集合式发表，短小精粹、用语直率，文风朴实，体现出报纸专栏文章的改革趋向。文章种类各种各样，短小精粹是读者最受欢迎、最为期望的，杂文作为报刊上常见的文体，它的时效性和现实感，

要求文章精粹凝炼。邓拓的杂文随笔,文字不长,内容精粹,作为晚报开辟的专栏文字,版面所限,论述不能挥洒扬厉,但是在写作中力求以少胜多,做到不芜杂枝蔓,讲究构思是不可忽视的原因。邓拓曾说过:"写作之前要'属思',即运用思考,把文章的中心思想和它的每一论点与论据,以及表述的方法,层次安排等等都尽量考虑成熟,形成了所谓的'腹稿'这就可以使写作的时候,减少阻碍,很快能够写成。"又说:"与其神气十足的说写文章,不如普普通通地说'写作'更好。"他对短文章也有过精当的意见,也可看是自勉:"短文章要能耐读,必须有新鲜精彩的内容,即要比长文章更多的解决问题,不为陈言肤词,不为疏慢之语。"这些主观要求上的明确,为他写作短小精粹的文章奠定了基础。在当时,由于党内民主生活不健全,不应有的失误,在一些政治运动中丧害了一部分作者的感情,也由于有的作者习惯于高谈阔论式的说教,在创作中特别是思想随笔类的文字不太景气,有的作者文章中的套话、假话远离现实生活,也有的多写风花雪月,不正视生活的严峻……这些虚饰的文风,从另一面表明作者坚持独立思考,表达己见是何等重要。1961年,邓拓在一次报刊联合座谈会上说,报刊写作要打开一条新路,摆脱公式化、教条主义的束缚。他还在结集第五集的"夜话"中说:"许多朋友来信问我,对这样的专栏杂文,应该如何看法,如何写法?应该提出什么要求?我认为这问题可以有种种答案,但是最重要的一点是要开门见山。许多文章的作者,即使有一二可取的见解或新鲜的知识,以及动人的事迹要传达给读者,但是他们往往不肯直截了当地写出来,却要写上一大套人云亦云的废话,然后才夹杂着写出自己一点点新东西。"这些明确的认识,是他写作实践的指导,也是成为及时感受时代脉搏和反映群众呼声的专栏文章受到欢迎的一个先决条件。

著名作家老舍在谈到《燕山夜话》时评价说,"大手笔写小文章,别开生面,不拘一格。"[①]这种以小见大、短小精粹的文章从一开始就赢得了

[①] 北京晚报编、顾行主编《我们走过的路——北京晚报三十年经验文集》,北京日报出版社1988年版。

读者，从大作家、学者教授到业余作者，以至高级干部等都给予了热情的关注。谢觉哉同志在内蒙寻访了昭君墓之后曾建议邓拓写《昭君无怨》的杂文。他还在看了作者的《发现火井以后》一文后，建议消防人员读读。一次，北京日报社报库失火，谢觉哉得知后，给北京日报社写了一封信，说戒火是要经常注意的事，"可否请马南邨同志引经据典写一戒火的短文"。语言学家朱德熙也曾因古字考证事宜，建议邓拓写成文章。这些，邓拓从善如流，都曾写进《燕山夜话》中。值得提及的是，邓拓以新闻工作者的快手，在一年半的时间写了一百五十多篇文章，大多是个把小时就定稿。他自己曾说过，写这种杂感是顺手牵羊。这当然要有敏锐的目光和丰富的知识，但作为对读者的赤诚心怀也是他留给我们的宝贵启示。

绘画艺术研究和诗歌散文创作

1962年11月，邓拓整理了《燕山夜话》最后一集（第五集），交由北京出版社出版。他在《奉告读者》的前言中写道："由于近来把业余活动的注意力转到其他方面，我已经不写《燕山夜话》了。"他还说，前一时期写《燕山

▲ 邓拓以马南邨笔名撰写的《燕山夜话》出版时的作者自序

夜话》是被人拉上马的，现在下马也是为了避免自己对自己老有意见，等将来确有一点心得，非写不可的时候，再写不迟。

这段话，是作者在"夜话"的最后一文《三十六计》发表后一个多月写的。①这些话，说的有点直白而简单，还不免淡淡的情绪流露。被人拉上马，走了一截，现在要下马，理由是为了避免自己对自己有意见。这也是一个令读者困惑的"下马"。虽然时间不长，却已是反映甚广、报纸每天下午一出人们争先阅读的是这个"夜话"专栏。可如今下马了，一个深受读者欢迎的专栏文章，忽然间消失，读者是关注的。曾有不少人写信给编辑部，问及作者为什么不继续写下去？那么，历时一年半，发表了一百多篇文章的《燕山夜话》作者为何搁笔了呢？

作者上面的话只是点示了问题的一面："把业余活动注意力转向其他方面"，"为了避免自己对自己老有意见"，这回答不能使读者满意。周扬同志在《邓拓文集序言》中分析了60年代初思想领域内复杂的历史情况，对当年开明的政策方针和严峻的政治形势给文学界带来的不同影响，特别提及邓拓写作的变化。他说："在1962年秋冬，'夜话'的发表也是作者衷心拥护和积极贯彻党中央这些正确方针的表现，但他在表达自己正当的不满时，仍然竭力采取委婉的方式；阶级斗争扩大化的指导思想重新抬头的时候，他就搁笔不写'夜活'这类杂文了。"②这是十分中肯的分析。邓拓在文章中抨击多年来形成的种种不良思想倾向甚或对一些"左"的教条主义的错误时有针砭，一旦习惯势力和恶俗陋习在某种合适的气候下抬头时，阶级斗争的口号又响起时，自然容不得这些鲜明有力的文字，于是作者由委婉的方式到最后不得不采取的沉默，是作者的悲剧，抑或是时代的悲剧？

所以，从实际来看，《燕山夜话》专栏创设后，作者和编者也听到一些不同的反映。文章发表了，有不同的意见和建议，甚至是反对的意见也

---

① 该文发表于1962年9月4日。
② 见《人民日报》1983年12月22日。

属正常。有时候，编辑部把这些意见反馈过来，邓拓视为对作者的帮助和爱护，可是，当上纲上线的、非正常的商榷之音，也时有出现，邓拓索性就避开了。当然，他的所谓"业余活动的注意力转移"，不能不是一个说法。

"业务活动"指的是绘画艺术的研究，这是作者多年来耿耿于怀的，到了写作《燕山夜话》的前后，他阅读了一些绘画艺术的史书，并对一些名画名作进行鉴赏，开始了对于中国古代绘画艺术的研究。早在1957年，邓拓曾打算写一部《中国美术史》。他认

▲ 1962年邓拓到北京古琴专家琴室调研、听琴

为，悠悠华夏古文明史，绘画艺术著称于世，而这一领域的研究十分薄弱。在研究史学的同时，他就收集了有关资料。后来终没能完成这一夙愿，但在资料收集和单篇论文方面的成绩可观。如今有了这个机会，也算是偿还他当年的心债。

为何这样的痴迷于古典艺术，为何对这个新的领域有如许的热情？邓拓说："现在我们为了更好地接受古代绘画艺术的丰富遗产，继承中国画的优秀传统，应该学习运用历史唯物主义的观点和方法，从头做起，把研究和整理中国古画遗产的任务担当起来。"这是一个宏大的初衷，也是一个思想宣传官最冠冕堂皇的理由，当然，还在于，他的研究兴趣和学养素质，使得他能够在众多的文艺领域里应付如裕，也都有所获。从借鉴传统，发掘古代艺术珍宝这一目标出发，他着重研究了一些有独特风格的画家。

1961年以来，邓拓先后写了《鉴赏新罗山人作品的感受》、《从石涛的

一幅山水画谈起》、《郑板桥和板桥体》、《李鱓和他的画》等文，论画及人，对画家的艺术和生活进行了简明的评述。作者品评这些画家的艺术风格和成绩时注意分析画家的政治态度和艺术思想，把画家的生活创作放到社会历史中研究。文章篇幅不长，并非是画家的全面研究，但却勾勒出画家的历史功绩、主要的特色。新罗山人的成绩是山水画，邓拓从画家的"笔尖刷却世间尘，能使江山面目新"的艺术追求中，认为画家不仅留下了许多有独创风格的作品，而且他在吸取中国画传统，并积极发展和革新方面，在用自己的画笔表现艺术创作的目的方面，对于后来中国画产生了巨大而深远的影响。评述石涛绘画成绩时，邓拓也是循着画家提出的"笔墨和生活的关系"这一艺术见解，认为画家高出于同辈之处，正是这一思想使他的绘画在晚年更臻成熟。继而，邓拓以画家一幅代表作为例说，"它的笔墨是这样老辣而豪放，意境是这样幽深而浑厚，气韵是这样生动而苍劲。"清代"扬州八怪"的代表人物郑板桥，是邓拓十分喜爱和推崇的近代画家。他在访问画家故居后曾写诗称赞郑板桥："一枝画笔春秋笔，十首道情天地情。"他认为人们在概括板桥风格时用"板桥体"的提法很好，应该包括板桥的思想和创作等各个方面，从画家的人生态度去考察，他认为"板桥体"的灵魂则是"自作主人，不当奴才"，"无论做什么事情，处处都以主人翁自居，自己踏出一条路来。"

研究古代绘画艺术成就，邓拓从洋洋大观的绘画海洋中，撷取几位他所钟爱的秉性独特的画家，是作者艺术创作的偏爱，也是艺术见解上的灵犀相通，还可是人格精神的契合。与其说邓拓推崇他们的艺术，不如说，更为欣赏他们独特的人生态度。他在《鉴赏新罗山人作品的感受》一文中说："在古代的中国，有一些劳动人民出身的画家，特别努力用功，发奋图强，他们在艺术上表现了巨大的创造力和革新精神，很值得赞扬，很值得学习。"新罗山人"扫尽人间蓝面者"、"笔尖刷却世间尘"的孤傲激愤，八大山人"墨点无多泪点多"的惆怅沉郁，以及郑板桥、李鱓等人愤世嫉俗、不甘屈服的精神，都是邓拓再三推崇追羡的。

除了研究古代艺术家的成就外，邓拓对古代绘画艺术考证辨伪、钩沉搜求，为收藏珍贵的历史文物做了辛勤工作。

自20世纪50年代中期起，邓拓注意收藏名人字画，尤其是古代的名画。作为进行绘画史研究的第一手资料，他多方访求，购买和鉴赏。他同一些收藏家交流藏品，观赏切磋，为写作收集资料。他同北京的吴作人、周怀民、黄胄、许麟庐等画家、收藏家们切磋频繁；同上海的谢雅柳、唐云，辽宁的杨仁恺等画家、收藏家也有过从。1961年，他几次为周怀民收藏的董其昌、仇十洲、文征明、王麓台、新罗山人等珍品作了题款。邓拓飘逸的书法，一挥而就，多是就藏品的意境、风格、纸质、裱工等，或诗或文，虽寥寥数语，却精到中肯。1983年春，我在老画家周怀民北京家中，看到他收藏的一幅明代仇十洲《溪山欣赏》画。邓拓题有诗句："十里溪桥隐士家，清樽明月话桑麻。仇英真迹无俗韵，邀得衡山锦上花。"并附上短语："此卷为周怀民同志珍藏精品之一，亦仇十洲作品中之特出者。盖寻常所见之仇氏面目多属纤细之工笔画，此卷则于工细之外兼有写意之笔，实属难能可贵。后幅文征明题跋诸多赞辞，非泛泛之论。好画好跋相得益彰。余于欣赏之余爱书数行未知鉴家以为何如？"于藏品之上题跋是古代文人雅兴，这不仅使文友之间增进了友谊，也反映了鉴赏家的欣赏水平。邓拓的题跋亦诗亦书，古意雅情几可与原作内蕴相谐，非一般文人所能达到。

最早辨识画作真伪的是，1959年他对南唐画家周文矩《太真上马图》的考证。他从朋友处收藏到一幅画周文矩画作，虽有人说不是真迹，但他力主真迹并撰写了《谈谈周文矩的〈太真上马图〉》一文，从作品本身画风、历史的记载辨析、与其老师周昉的名画进行比较等方面考察，认为这幅画系周文矩的真迹，"是古典写实主义的优秀作品"。虽然，学术探讨可以允许不同的结论和意见，但研究方法正确与否是很重要的。邓拓认为，"对于古画怀疑与否，首先和基本的着眼点是作品本身。"因此，他在对画的线条、绢丝的质地、设色的颜料以及印钤、题跋等辨识基础上，再参阅有关史籍，取得自己的研究所获。重要的是，作者抱着积极抢救文物、研究古代人物画的传统为今天的人物画艺术的发展和创新服务的思想，是他乐此不疲的原因。

正是这样的思想指导下,邓拓这一时期收藏了一批名画。他常去荣宝斋画店,看到一件心爱的古画不惜重金购买。到外地公干也不忘搜集古画。1960年底,邓拓到广东省博物馆买了十几件古画邮回北京。1961年,四川一位姓白老人拿来一幅苏东坡《潇湘竹石图》,由于年代久远,辨识困难,加上苏轼的画传世罕见,人们不好肯定这画的真伪。邓拓得知此事十分高兴。苏轼绘画事情在文献上虽有记载,却没见作品传世。对于研究中国美术史,这是不可多得的。他仔细辨认此画后,认为真迹可能性很大,决定买下来。卖主最初要价很高,后看到邓拓如此珍爱,以为遇到知音,降价为五千元。但邓拓一时筹集不了这么多钱。为了不让名画流散,他拿出自己多幅藏画对换,并找荣宝斋一位画家朋友商定,把所藏的二十几幅古画作价给荣宝斋,然后由荣宝斋支付三千元,又加上一部分稿费,邓拓买下了这幅古画。

后来,邓拓在《人民画报》上撰文,从历代的题款和苏轼生平创作活动进行考证研究,认为这画"可谓古画中杰出作品之一"。他说:"现在苏东坡作品已经摆在大家面前,就此进行多方面分析研究,还是刚刚开始,有待于文物鉴赏家、艺术评论家、国画家、收藏家及其他热心人士,共同努力考证,解释,更进一步接受这一珍贵文化艺术遗产。"对邓拓这一举动,有人颇有微词,认为邓拓太书生气。但"君爱文物非爱宝",(邓拓诗)他执意收藏是为了一幅伟大作品不致流散,也是为了研究古代文人画找到更多的佐证。对此,启功先生曾评价说:"豪举也罢,痴举也罢,在对民族文化有深厚感情的人说起来,这一举动的价值并不减于一卷苏东坡墨竹。"①1984年夏,由我国著名书画家组成的国务院中国古画鉴定小组认定《潇湘竹石图》是东坡真迹。

邓拓曾在一篇文章中,高度评价了民间收藏家的作用,他说:"一个国家,特别是有长期革命斗争传统的国家,历史文物非常丰富,光靠国家博物馆收藏是不够的。如果有一批民间收藏家,随时随地注意收藏革命的、

---

① 廖沫沙等:《忆邓拓》,福建人民出版社1980年版,第196页。

历史的、大大小小的各种文物，贡献给国家，那就方便得多了。"这也是作者自己收藏文物的初衷。不是玩赏于案头，而是为了抢救文物、献宝于国家，造福于社会，这种精神使得邓拓几十年"搜奇访古"不断，并先后多次把收藏到的文物古籍献给国家博物馆。1964年，他把珍藏多年的古画144件，悉数捐赠中国美术家协会作为国家藏品，其中包括苏轼《潇湘竹石图》在内的宋画5件、元代画9件、明画35件。有文征明、唐寅为代表的吴门画派格调秀逸的山水卷幅，有以高古清韵奇称的陈老莲人物画，以及传世稀少的明末倪云路的《洞天竹箭》和"扬州八怪"画派的作品。一个多年苦心搜求的鉴赏家，把心爱的藏品献给国家，他是无悔无憾的。正如邓拓在一首关于文物的诗中写的："君爱文物非爱宝，身为物主不为奴。"让古代的艺术成为人们共同的财富，为社会服务，自然是一般收藏家所不及的了。

　　对绘画艺术研究，不仅是勘误史实、辨识真伪，包括对某一幅画的作者、年代、款识的研究，披沙拣金，力主信实可靠。同时，在对一个画家、一种风格流派和画风的研究中，也是注重实事求是的考据，力求得出切合实际的答案，表现出作者鲜明精当的学术见解。对新罗山人的画，邓拓不同意有人关于新罗山人画的是一些鲜艳花鸟画，"粉饰太平、麻痹人民"的评价。他从新罗山人绘画的表现方法与同一画派的八大山人的异同，认为新罗山人的画所表现的创造性和反抗性同八大山人一样是十分深刻的。只是他们两人所采取的艺术表现手法却很不同。八大山人作为一个明朝封建贵族的子弟，对清朝封建统治极端憎恨，因而他看外界的一切都是可憎的，在他的作品中，自然界的山水花鸟简直没有一点鲜艳可爱的地方。而新罗山人却不是这样。在他的笔下，客观世界是充满生气的，是十分可爱的，而正因为这样，相形之下，人们对于当时封建统治的现实反倒觉得非常可憎。新罗山人的许多画都有这样独特的表现力，这正是它的可贵之处，为八大山人和当时一般画家所不可及。至于新罗山人的其他一些画作，直接讽刺社会的黑暗现实，那也是八大山人所不曾采用的手法。

邓拓在《燕山夜话》中曾戏称，他爱好古代的文化传统，一些老朋友开玩笑说他是复古主义者。这个玩笑也说明了一个事实：他对传统的文学艺术诸如古代诗词、书法绘画等，是十分爱好甚于痴迷的。但是，他对新时代艺术也热情的评品和推荐。50年代后期，没有繁忙的编辑公务，他利用外出采访参观机会，查阅大量艺术资料，写了一些有分量的古代绘画研究的文章。然而，研究古代绘画艺术，目的是"多多地学习传统，吸取营养"，他又十分关注当代绘画艺术的发展。首都举行各种美术展览，只要得暇，他便去观赏。一面孜孜于披阅史书古画，徜徉于古代艺术之宫，一面又不辞辛劳地流连在北海公园的画舫斋、琉璃厂的书画店、荣宝斋和美术馆等地，为当代艺术家的新成绩表示祝贺。他称赞"老画家的新创作"，称赞儿童画的风格清新优美；对海防前线的战士们的创作，他誉为"战火中迸射的艺术之花"；他介绍老画家钱松喦的山水画"为社会主义中国山水画创新出一条路子"；称颂黄胄作品的"三新"；对吴作人的艺术生涯和绘画成就撰写专文……他还有大量的为画家新作的题画诗。在一篇文章中，邓拓谈了研究一个画家的意义。他说："一个画家在创作实践的道路上，由开始尝试和摸索一种新的风格，到完全掌握住并且肯定地建立起一种新的风格，这是极为艰难的不断奋斗的过程。这个过程不论长短，总要经过若干曲折，其中必然会遇到一些重要的关键和转折点，系统地总结这个创新过程的具体经验，当然要依靠画家本人才能做好。但是，别人也可以从不同角度，提出意见和看法，帮助总结各个画家创新的经验。这种经验的总结是运用典型去指导一般的一个重要方法，它具有最大的说服力，比一切抽象的议论要有力得多。"这或可看成邓拓对当代画家和作品研究的一个原因。对于中国山水画如何在继承传统、吸取西洋画法方面创新？这是一个有争议的课题，但一些画家在实践中已做了回答。问题在于从理论上探讨，也要在总结实践的基础上，对画家创作的实践进行总结。邓拓对钱松喦的创作是从老画家在继承传统，但又从"表现新时代不满足于老一套画法，而必然要走上创新的道路"这一点出发，分析画家是"吸取了中国山水画传统的许多精华，也吸取了西洋画法的某些优点,融化到他自己的画法中去,形成一个新的统一的风格。"①邓拓对吴作人的艺术成就的分析,也是把画家对中国民族传统艺术的继承和对西洋艺术的借鉴(主要是技法)联系起来分析,着力挖掘画家有特色的民族风格。他认为画家把诗、书、画三者很好地统一起来,体现出画家的独特之处。"本来,诗画配合是中国的艺术传统中所特有的,在西洋的绘画作品中要直接题上一首诗就比较困难。但是,吴作人由于重视意境,他在从事创作的时候,不能抑止内心的激动,往往要像追求一种崇高的理想和美妙的诗篇一样地捕捉他的创作意境,因而他常常要把这些意境用诗歌的形式表达出来。读者只要把画家的画稿和他的诗歌放在一起,就更容易了解创作的意境了。"②

研究绘画,特别是古画,对印钤也需要有一定的研究。邓拓在这方面也下有功夫。他搜集印章达一百多枚,也刻有不少手章闲章。他对古代印章发展演化的历史曾作过研究,在一份保存的手稿上写道:"宋元以后士大夫文人,制作一些艺术欣赏的印章,遂使画、书、刻三种艺术融为一体。篆刻艺术在宋元时王求等人著录秦汉印章,作为欣赏。后来赵子昂、钱选、王冕等便从事这种创作活动。王冕使用青田花乳石后相习成风。明代文彭为第一流,推为一代宗师,对后来影响很大。何震与文彭合称'文何',他们力宗秦汉,提倡学汉印风格,仿古之风,以汉印为正宗。以后发展到清代为鼎盛时期,形成浙皖两大派。浙派的丁敬为浙西诸家之祖。皖派祖述何震,近世齐璜皆承前启后,独创一家。"虽是未刊文章,但见出邓拓对治印的研究心得,从古代梳理近世,简洁明了。为了搞好这一研究,他收藏和请金石家篆刻了一百多枚印章,并且在1958年他还到荣宝斋去学习裱工,以期丰富对于古书画整理的知识。1961年,为研究新罗山人绘画艺术,他在读了新罗《离垢集》四卷后,多方搜求新罗山人补集。他托藏书家阿英借阅。阿英先生了解到邓拓研究急需,很快亲自送书到邓拓家中,不巧,邓拓外出,阿英留下便条记下了两位文友的交谊,这也成为一段佳

---

①② 邓拓:《邓拓散文》,人民日报出版社1980年版。

话。为了深入研究绘画历史，邓拓藏书中有关美术名著就有几十本，其中《金石大字典》（22本）、《碧梧山庄石印》、《历代画史汇传补编》、《明清名人牍墨宝》（18册，石印）、《宋元明画家年表》、《近代中国艺术发展史》、《中国绘画史》（潘天寿著）以及一部分西欧等国的美术史等著作。由于种种条件所限，邓拓绘画研究多是一些单篇文章，评论某一画家或鉴赏某一名作，少有综合性研究，以及从史的角度研究并形成系统。或许这将是在他孕育却未问世的大著《中国美术史》中解决的问题，但最终没有付诸实施。

如果把绘画艺术研究作为邓拓文艺理论研究的成绩（他还写有戏评、剧评文章，但主要于此）的话，那他这一时期创作的诗词、散文，体现出文艺创作的新收获。前者是他作为丰富的古典文化修养的文艺鉴赏家和批评家涉足于绘画艺术宫殿，留下的辛劳足迹，后者是一个热爱生活、忠诚于大众，一位热情的歌手对现实生活的激情歌吟与深沉的思索。

无论是作为文艺家、史学家的邓拓，还是诗人、作家的邓拓，他以自己辛勤笔耕，展现出一个兴趣广泛、才识渊博、奋进不息、善于思考的跋涉者面影。自30年代，以刚健雄劲的韵律唱出铁板铜琶之声，一直到60年代初，他没有停止过诗歌写作。诗歌（主要是诗词）贯穿于邓拓文学活动始终，在不同时期风格内容上也有不同的变化。邓拓这一期间的诗作，在形式上并没有脱开他过去专事的近体诗、律诗、绝句，但是，其诗的风格多有发展和创新。风格的形成，包括了作品的思想内涵、美学价值，以及作品表现出来的艺术特色，是作品的内涵与形式的统一。邓诗在意境的追求上，凝重之中见灵动，含蓄之中有飘逸。从题材来说，这一时期诗作主要有三方面内容：一是旅游诗。1960年以后，作者几度去外地，到江浙、去粤南、上内蒙，"旅思添诗思"。[①]

他写了《江南二草》、《南游未是草》、《内蒙吟草》等组诗；再是题画诗。作者在研究古代绘画艺术和观赏阅览当代画家新作，或给古画题诗，或为

---

① 邓拓：《邓拓诗词选》，人民文学出版社1979年版。

一些画家新作赠诗；三是应报刊编者约请，创作节庆纪念诗，或唱和诗。后一类比重很小，多因时间、题材所限诗意较为直白，不是作者的代表作。这里，主要分析前两种诗作。

1960年7月，邓拓去南方公干，不久即将沿途创作的诗作，题为《江南未是草》发表。他说："近于病后漫游江南，到处气象一新，令人鼓舞。跃进声中，山川倍见壮丽，风物美不胜收。时有所感，辄成小诗。旅途为方便起见，以随时随地口占绝句最觉适宜。"他又说："不暇反复推敲，只是一些草稿。"歌颂革命建设新风貌，吟咏山川风物壮丽景象，渗透着作者的热情赤诚。感兴遣怀、驰骋想象的羽翼，把旅途游历的见闻感受，熔铸成一篇篇火热的文字，也为诗人久违的文事。如同以往这类他作一样，他多采用七言律体和五言绝句，描情状物，简洁洗练。有时对生活中某一景象的捕捉和描摹，有时又从某一事由生发出联想。这些限定的形式里，却片言居要，简明含蓄。在《萧山野外》的绝句中，诗人描绘了江南农家雨天劳作的情景："东风飞雨过萧山，百里田畴曲水间。蓑笠云烟浑入画，插秧人在白萍湾。"犹如一幅洗练的水墨画图，把对劳动和劳动人民的颂扬之情，透过对景物、人物的描摹，抒发得饶有情趣。在《南游未是草》组诗中，诗人观南海公司渔港有诗云："燕地冰封日，琼崖春雨天。蓬瀛称岛国，沧海胜桑田。浪起云龙动，船浮樯橹连。登临渔港阔，长啸绕堤边。"对于海港的建设和繁忙的劳动场面，诗人抑制不住赞叹之惰，长啸于堤，但作者用笔凝练，只用"浪起云龙动，船浮樯橹连"一句，把海南琼崖淅淅春雨里，壮阔的渔港，渔船在风浪中劳作的景象描画出来。留给读者联想的是：渔船千帆竞发，春水渔汛之时，或许渔船出海归来，依凭长堤，在风颠浪簸后小事休息……在作者的笔下，寥寥数语，渔港人和渔港工作景象跃然纸上。而这些都是规整的词句，精炼的句子，却画面生动盎然。

1964年，诗人到内蒙古召开华北局会议，他参观了包头等地后留下了十多首《内蒙吟草》，其中《包头旅次》一诗写道："钢花铁水铸新城，大漠醒时大厦成。杨柳丛生添野趣，沧桑巨变畅心情。人工更比天工巧，西市相沿东市名。亘古沙流今可治，黄河指日看澄清。"诗中对于大漠上铁水奔流,大厦建成的沧桑变化,对于人民巧夺天工,治服沙流的战绩,由衷地赞颂。诗人笔触所至,多是从彼时彼地的人情风物出发,歌颂社会主义建设日新月异的变化,褒扬劳动人民的干劲和精神。这一时期是我国经历了国民经济三年困难时期后,形势逐渐好转的年头。人民在党的领导下意气风发,为摆脱祖国贫穷落后的局面努力工作和斗争,也取得一些成绩。当作者投身于火热斗争生活中,了解到一些建设的成就,他的彩笔描绘出丰富多彩的画图来。

除此,邓拓的"纪游诗"中,有一些是在游历了各地名胜风物后,从一事一物感兴抒怀,既有对历史沧桑兴废世事的勾勒,也有在"发思古之幽情"同时的述怀,品评历史,臧否人物,表明史学家的博识和政论家的沉思。这些诗作是作者旅游诗中的佼佼者。

▲ 1962年邓拓在云南滇池畔

作为一个对文物和史籍十分爱好的诗人,每到一处披阅文物、观览名胜。"每从史迹迷茫处,辄悟兴衰指顾间。"在历代兴亡荣枯的感怀中凝为诗句。这些篇章著名的有《过东林书院》、《访高子止水》等。东林党人在明代同阉党魏忠贤之流斗争中,创设了读书讲学的书院,主张把读书同"事事关心"结合起来。邓拓于1961年秋写作的一篇"夜话",就是从东林首领顾宪成撰书的对联"风声、雨声、读书声,声声入耳;家事、国事、天下事,事事关心"说开去,说到读书和关心政治的关系,也是传诵人口的名篇。1960年,邓拓江南之行在江苏无锡参观了东林书院旧址,他在《过东林书院》诗中写道:"东林讲学继龟山,事事关心天地间。莫谓书生空议论,头颅掷处血斑斑。"在另一首《访高子止水》中写道:"力抗权奸志不移,东林一代好男儿；攀龙风节扬千古，字字痛心绝命辞。"诗中"龟山"、"攀龙"系指东林党人，诗中首两句点示了东林党人政治主张："事事关心天地间"，后两句是诗人从历史斗争引出的结论："莫谓书生空议论，头颅掷处血斑斑。"反思历史，诗思沉重，是警策告诫，也是血泪历史的形象概括和解读。随手写出，却成名句，故多为人所引述。当十年动乱，惨遭荼毒之苦的"书生"们，吟诵这首诗句时，更觉作者深沉的诗思。

标志着诗人这一时期创作成绩的另一类诗作是"题画诗"。邓拓诗歌活动虽历时有年，但绝大部分是这一时期写作的，而题画诗则又是其中的多数。诗人多年研究文史，一个史学家和文物收藏家，他的诗笔耕耘在文史艺苑，既从旅游形胜之中摄取典雅的文史诗题，又从众多画家朋友交谊中、从欣赏新作中采摘诗的花朵，丰富了他的诗题和诗风。诗人题画诗最早见于1958年3月。那时，《人民日报》副刊经常刊登画家新作，请诗人配诗，以"一诗一画"（后改为"诗画配"）栏目发表在文艺副刊上。这以后，诗人先后以左海、高密等笔名在《人民日报》、《光明日报》、《前线》等报刊上发表了多篇题画的诗和词。同诗人合作的画家有一些是画坛的宿将名家，也有初露头角的青年作者，也有农民画家。其中有缪印堂、华君武、蒋兆和、董希文、叶浅予、黄胄、杨先让、郁

▲ 1961年鲁迅诞辰纪念，邓拓为俞启慧创作的版画配诗

风、许一明、吴作人、李克瑜、张彤云、韩美林、俞启慧（木刻）、周怀民、许麟庐、赵丹、汪慎生、刘旦宅等均为画坛大家巨将。

邓拓的题画诗，不少是对古代名作的题跋，也有对画家新作的品鉴。品评画意，感受画作的艺术底蕴，对画作的思想内涵作诗的诠释。"入乎其中、出乎其外"，鉴赏品评时把这种艺术的感受又传导给读者，加深了画意的传播。1961年1月，诗人为画家张彤云的油画《祖国》题有《阮郎归》词："归来天末浪游身，侨居忆苦辛，老翁含泪痛前尘，去乡三十春。思祖国，盼亲人，朝朝闻革新。儿孙指点向家门，海滨云树村。"画面的形象在诗人笔下变幻成具体的实景，声影俱见，动感历历，文字的动感延伸了画意静态的局限，让读者在欣赏视觉艺术形象时又有更丰富的文字内容的扩展。诗人在1965年为黄胄《赛马》卷幅题诗："一代天骄属少年，青春幸福创新天。沙场跃马飞鸿影，关塞鸣笳满路烟。千里长驱无反顾，几回断后着先鞭。英雄儿女边疆去，倒转乾坤试铁肩。"画作的内涵，因诗味的概括而清晰明了：对于献身于草原边疆建设的有志青年，诗人热情地称赞是"一代天骄"，他们的事业是幸福的，为了祖国和人民敢"创新天"，义无反顾，壮志天涯。

在这组诗作中，有许多篇是作者为画家的山水画配诗，这类画作清新活泼，意蕴深挚，为古代文人画的一脉，尤为诗人所喜爱。1961年4月，诗人为画家吴作人《万年红》画题诗："北国飞霜雪，群芳凋谢时。奇花称一品，热血感三仪。烈火红心壮，东风大地吹；寒冬看已尽，春到万年枝。"这时期，我国国内社会经济形势十分严峻，国际形势也紧张，给中国共产党人以极大考验。诗人在同时期的"夜话"文章中也有着"提倡一种奋发向上的精神来，不愧于这个伟大时代"的题旨。他也借助于画意诗情，表达现实的感悟，或许这种寒冬霜雪、傲然独立的花的品格，能找到情感的契合点。在另一首《咏鸽》诗中，诗人描绘的"飞鸽精神"，实际上是革命者顽强坚韧的意志："历尽世途知苦乐，炼成火眼识安危。倘来风雨漫天起，奋翅关河任所之。"诗人还写有题"梅、兰、竹、菊"画的诗。我国古代文人习惯于在题诗中寄托情怀。邓拓一反过去题诗中消闲和忧怨，以革命者的情感寄怀自然草木以新意。在 1961 年冬日的题《梅》诗中，他称颂梅花："冰霜历尽挺雄姿"，"年年占得百花先"。1964 年，诗人的题竹诗中又写道："阶前老老苍苍竹，却喜长年衍万竿。最是虚心留劲节，久经风雨不知寒。"这里诗人用虚心、劲节，称赞"老老苍苍竹"，是对革命人生观的最高褒奖，实写竹而虚写精神。托物言志，是画家、诗人常见的创作手法。画家寄情于丹青，辅之诗人的妙笔润色，收到画龙点睛之妙。

邓拓诗歌写作，从他笔墨生涯开始一直到最后被迫停笔，贯穿其写作活动始终，他共写有五百多首诗。诗人擅长书法，每参观和出差到一个地方，被邀书写题诗，其中也有不少是即兴而作的，诗人自己也多次提到"多属草稿，不暇推敲"。这当然是作者自谦，有些诗作也不乏浅浮和直白，以及那个特殊时期留下的趋时之作。他才思敏捷，倚马可待，不少作品虽是急就章，却一气呵成，用典自然，嵌联景致藏头地名等，都妥贴合辙。这与其扎实的古文修养和诗词有关。他爱好古典诗词，尤以唐诗为其宗法的圭臬，他推崇"三李"（李白、李贺、李商隐），对杜甫也十分爱好。现代诗人他学习柳亚子、田汉的作品。他一生的诗歌创作中，以古风律体作为其艺术特色，坚持始终，日笃月深，显示了他的艺术追求。他的诗作明显地师法唐人风格。有些佳句似是对典故的信手拈来，是古诗的活化，有些佳篇可见出他所宗师的诗风。这里值得提及的是《赵丹同志二十韵》，该诗写于 1963 年 2 月，是诗人在元旦喜得演员赵丹《雁荡纪游图》后题写的。全诗洋洋洒洒，有对于画家艺术生涯简述，有诗人热爱画作的真切描绘，也有对于画图艺术的点评：

> 赵丹自昔多才气，侠骨豪情志不移。银灯照耀三十载，声誉飞扬中外知。抗战救亡历艰苦，解放翻身好展眉，频年足迹满天下，探险寻幽取景奇。山川形胜开怀抱，乘兴挥毫学画师。万壑千岩成顷刻，云烟浩渺竟无涯。尝闻早岁攻绘事，已擅生花笔一枝。我爱阿丹画，时时惹梦思。今逢元旦欣相见，把手欢谈不觉迟。猛忆浙游过雁

荡，峰峦突兀胜九嶷。愿得壁间一幅山水图，使我梦游其中坐卧复吟诗。阿丹闻我语，慷慨不推辞，遂就案头纸，走笔若龙蛇。中锋悬腕力透纸背有如疾风与骤雨，气势磅礴墨淋漓！刹时龙湫飞瀑来天际，看图更比登临危；恍惚纵身攀绝壁，奋翅盘旋正高危；不如腾空逐飞鸟，白云深处相追随。我见阿丹用笔，用墨，忽徐、忽疾、或浓、或淡，变化复杂而迅速，益感艺术创作非过人精力全神贯注不能为！古今画法数十种，终以造化为之师。石涛、雪个、渐江、石溪俱往矣，未来画苑奇峰突起应可期。

从这近四百字、数十行的诗句中，可以看出诗人以古人的长律，书写对画家人品、画品的赞扬，激情充溢，一唱三叹，或用典，或写实，或浪漫遐思，或纪实真切，谈画艺，说友情，所谓"益感艺术创作非过人精力全神贯注不能为"之咏，是对画家成功真谛的赞扬，也是对一切艺术共同门径的阐释。

值得重视的是，他在散文创作方面的新收获，不同于专栏文章，更加注重了纪实和写景的内容。散文的界定有多种，有人把它当作美文，包括绘事和抒情类的散文。有文学史家将其分为议论性、叙事性和抒情性三类。前类在后来逐渐独立演变为杂文，而现在谈散文多是指叙事和抒情的两类。沿此分法，邓拓60年代后散文创作多是叙事写实类的。其中有《一个新发现的神话世界》(1962年)、《令人怀念的漓江》(1963年)、《可贵的山茶花》(1962年)、《北京的古文物街——琉璃厂》(1962年)、《梅兰芳画扇题跋》(1962年)、《北京画苑一瞥》(1962年)、《听琴记》(1962年)等篇。

这些散文同《燕山夜话》一样，体现了作者历史学和文物考古方面丰富的知识。关于历史地理、植物生态、诗文典籍等方面旁征博引，读者能从丰富的知识引证中获得教益。与杂文随笔不同的是，作者在散文中抒情状物，细节生动，形象完整。《一个新发现的神话世界》和《令人怀念的漓江》是作者在游历了桂林山水之后写下的优美散文。在前篇中，作者对秀甲天下的桂林山水有惟妙惟肖的描绘，让"神话世界"跃然读者眼前：

> 芦笛岩和钟乳石，分外鲜艳玲珑，光辉耀眼，处处表现出五彩缤纷，如花似锦。红的如珊瑚，绿的如翡翠，黄的如琥珀，白的如玉石。整个洞府好像全都是用宝石、珠翠、珊瑚、象牙、绸缎和脂粉堆积起来的，简直和神话传说中的阆苑仙宫一样。
>
> 走进岩口不远，面前耸立着一座巍峨的台阁。周围奇峰突出，衬以浅红色和橙黄色的岩壁，像晚霞和夕照掩映在乱山疏林之间。正面出现一组乳白色的石雕，好比汉白玉砌成的宝座。上边有一位端庄美丽的瑶池仙女，身穿绫罗衣裳，长裙曳地，吴带当风。她的眼睛闪射幻想的光辉，含情脉脉，如有所待。在她的背后，挂着锦绣的帐幔，前头悬着两盏宫灯。站在这个宝石花的景色和人物面前，真要使游客如醉如痴了。
>
> 沿着马蹄形的通道前进，有时要钻过又低又窄的石门，有时要经历一段羊肠小道，有时左右削壁形成了钟乳石的山峡，有时上下相连树立着擎天的石柱，有时平地突起一丛一丛的石笋，有时路边石室挂着一层一层的珠帘，有时万笏垂空，有时九龙戏水，有的地方群仙聚会，有的地方猿猴戏耍，还有石狮子、石犀牛、石马、石龟、石鼓、石琴，以及花果山、水帘洞等等，无不惟妙惟肖。

这段描绘洞内奇景的文字，尽情铺展，挥舞彩笔，五彩斑斓，读之陶醉如身临其境。至于作者在对岩洞纪游文字的考证，也非知识丰富的大手笔所不能。当然仅是知识性和生动性不足以让散文的神韵得到展现，栩栩如生的描绘中还要表达出一定的思想意境。在《可贵的山茶花》一文中，作者借助山茶花比喻坚贞优美的人格。山茶花坚贞品格与人间关于山茶花的传说，交相印证，又从科学的（医药学、植物学）角度对山茶花品性作了叙述，并从历代对她歌颂的诗篇中，引述佳句，激发读者的感情联想。见物见情，见人见事，是散文的高妙之处。无论是从细腻入微的观察描绘，还是作品立意，语言的优美等，这篇散文是当代创作中别具特色的佳篇。

或许，一篇描绘默然而坚贞品格的花卉的文字，成为他在那个特殊年月精神追求的一种写照。

不屈的抗争

当代中国五六十年代，多事之秋，反右、文革，两个当代历史上最为狂乱的时期，人们心中留下难以磨灭的印记。

在这两个特殊时期，中国知识分子经历了极限的考验。面对特殊的历史，文化和知识在受难，文人和知识分子在受罪。在政治的急流和文化的高压中，他们或不幸落水，或引火烧身，或浴火重生，思想和文字都可能成为灾祸的诱因。社会动荡，文化受难，人们也在寻找和期待。邓拓是从旧社会拼杀出来，以生命的激情和信念的真诚投入革命事业中，投入到文化战线中，革命熔炉煅烧磨砺，文化的修养锤炼，他注定要把自己的全部投入到革命和组织中，他的思想指向尽可能从大局和全体的角度来考虑，他的忠贞和赤诚是为了他所忠爱的事业。这就是邓拓在五六十年代中，他的文章即便有众多的针砭和批评，但他还是在努力地校正自己寻求与形势合拍，与全局的认同，从本身多找原因，是一种承担，也是一个长期革命磨炼的高级领导、知识分子、文化战士彼时的心态。

而作为一个文人，文史艺术的多面手，一个辛勤笔耕的作者，邓拓在60年代初，杂感随笔写作、绘画研究和诗歌、散文创作等都一齐上阵。这是他在那个特殊时期，政治文化畸形发展中，最可能采取的一种文人式的方式。尽管，工作变动带来影响，文章知名度大、影响广远后突然的停笔沉思，令人猜疑，他面对如何继续着个人的爱好、完成多年学术心愿与不稳定的政治形势带来的踌躇、困惑，以及烦闷中的期盼，然而，壮年的人生岁月，革命人的担当，身份和职责的激励，他不甘心于闲懒，不愿意消沉，他的笔始终是在写着，在与时代的文化气氛合拍与疏离中艰难地行动着。于是，20世纪60年代初，在社会生活渐进的民主化情形下，只要是可能的思想之火能够燃烧，他就挥笔书写，蘸着生命的汁液，比如这影响广大的"夜话"文字。

然而，好景不长。1962年9月，邓拓写完《三十六计》以后，颇受读者欢迎的《燕山夜话》不得不停。这期间，党中央召开了北戴河会议，由于对形势估计的失当，阶级斗争扩大化的错误重新抬头。在文艺界，江青一伙鼓吹"革命化"、"大写十三年"，"左"的思想泛起。文艺园地百花凋零，学术研究万马齐喑。十年动乱开始，中国文化学术界"革文化之命"的悲剧，文化之殇，从这时候起就初见端倪了。

邓拓停笔《燕山夜话》后，他的这一类创作活动逐渐减少。尽管在《三家村札记》专栏里，他和吴晗、廖沫沙二位继续写作并持续到1964年7月。但这十数篇随笔文章，缺少《燕山夜话》的痛快淋漓、议论风生。到了1964年，当江青一伙抡起文化专制大棒时，他的写作活动保持着一时的沉寂。多变的政治风云，对一个屡经风浪，在旋流激浪冲刷的人来说，他不得不审慎、细致，何况已留下了大量被视为疾言厉词、不怀好意的文字，更何况，"文革"中江青一伙特殊的杀手锏——文字狱灾难已起于青萍之末。

1960年以后，邓拓除了担任北京市委文教书记外还兼任中共华北局候补书记职务。面对严峻的形势，他也许被迫放下笔，但他也没有停止文化人和知识分子的思考责任。从政治立场上同中央保持一致，在这一时期的社会活动，诸如会议报告（文化、教育会议、政治工作会议、学术团体年会等），调查研究（"四清"下乡调查）等工作中，及时地宣传党的方针政策，另一方面，对现实生活中某些不良倾向，他寻找表达自己思想的适当方式，坚持捍卫真理的原则立场。他反对在宣传中搞公式化、庸俗化、教条主义的倾向，提倡实事求是的作风。60年代初，林彪窃取军委大权后，大搞现代迷信。在对毛泽东思想的宣传中搞"天才论"、"顶峰论"。1964年3月，邓拓到内蒙古召开会议期间，多次同《包头日报》和有关同志谈报纸宣传坚持实事求是的问题，针对有些人在宣传中搞形式主义，他说："宣传毛泽东思想，宣传雷锋，既不能那么玄，又不能庸俗化，不要贴标签。一方面要提倡学习毛主席著作，一方面也不要轻易把一些事，都说成是学习毛主席著作的结果。你报道说是毛主席思想，实际上不是毛主席思想，让毛主席本人看了也不舒服。即使确实学到手，也不要贴标签。"①1962年，在一次会议上，他又说："学习毛主席著作，不能是形而上学，不要繁琐。现在有些人老是这儿念一段毛主席的话，那儿念一段毛主席的话。我们要具体分析毛主席的话是在什么历史条件下，什么情况下讲的，不要死去抠字眼。学毛主席著作主要领会精神实质。"② 这些讲话，在当时情况下，无疑是要有极大的勇气的。邓拓还反对利用学术问题搞政治阴谋。1960年12月，邓拓在北京市历史学会成立大会上的报告中认为，学术研究并不完全是政治问题。"这里，存在着学术与政治的界限问题，要把学术问题和政治问题分开。当然，学术研究发展下去会联系到政治问题，但是，首先要作为学术问题讨论。"1962年8月，他在北京市委召开的学校政工干部学习会上，对前些年开展的轰轰烈烈的大跃进运动，进行了分析。他认为："是吃了亏，得到了很大很严重的教训。"他还认为对这些教训可以展开讨论，"每个人对任何问题都允许有不同的看法，有保留意见，这应该成为党内生活的一条原则。""我们过去学术问题就是管得太多……学术自由讨论，科学文化才有发展……不要那样神经脆弱地怀疑人家是政治问题，只有这样，才能冷静地考虑各种问题。避免过火斗争。"③ 1965年11月10日，姚文元在上海报纸发表了《评新编历史剧〈海瑞罢官〉》，借批《海瑞罢官》搞影射、搞阴谋。对此，邓拓敢于表示意见。12月13日，他主持了市委大学工作部召集的一次文科大学生座谈会。他说："思想要解放，写文章不要有顾虑，不要怕你的观点是与姚文元不同，不要怕与吴晗有共同点，不要怕扣帽子。要摆事实、讲道理，力求创造一种'百花齐放，百家争鸣'的空气，改变过去讨论中的紧张气氛。要养成畅所欲言的习惯。自己是怎样的想法，就

---

① 转引自《内蒙古日报》1966年5月28日。
② 转引自《中国青年报》1966年5月21日。
③ 转引自《北京日报》1966年6月23日。

怎样写,不要有顾虑,不要一边倒。真正做了研究的,不是和人民根本利益对立的,有什么可紧张的呢?"[1] 在《北京日报》的一次会议上,他又说:"把《海瑞罢官》当作学术问题来讨论,不要加大帽子,要用商讨的语气,可以说吴晗错的地方,也可以举出他对的地方,对姚文元也一样。"

1965年12月,邓拓以"向阳生"的笔名在《北京日报》发表了《从〈海瑞罢官〉说到道德继承》一文,就学术问题同作者吴晗商榷。有些论点是一家之言,比如对《海瑞罢官》的创作思想,他基本否定了作者关于写历史人物"一些好的品德,也是值得我们今天学习的"观点,认为编写"新历史剧"是"宣扬封建统治阶级的道德",不同意吴晗提出的"道德继承论"说法。关于"道德继承论"是一个复杂的理论问题,邓拓在分析无产阶级道德同资产阶级以及一切剥削阶级道德的区别时,试图以历史唯物主义的原理分析,但他又完全割断其中的历史继承性,是有些片面的,也很难说清一些历史继承性与社会发展的历史联系。当然,邓拓以同志式的态度对学术问题进行磋商,是善意的,是正常的。他特别指出,因为道德继承问题是十分复杂的,应当允许不同的意见充分发表:"人人都要服从真理,在真理面目前人人平等。吴晗同志有什么意见,我也希望他继续写出文章。"他的真诚和善良,一如他的每一次对真理的坚持和学术讨论的赤诚。可是,这只是学者的愿望,而在半年后,形势急转直下,他和吴晗都成为最早被批判的对象。

早在1963年,江青、柯庆施等人在上海提出所谓"大写十三年"的口号之后,遭到文艺界领导的反对。周扬、林默涵等人认为这个口号有片面性,所谓只有写社会主义时期的生活才是社会主义文艺的论调是违背创作规律的。这对妄图以此来祭起文艺革命旗帜,妄称"旗手"的江青一伙是一个干扰。不久,江青为了从文艺领域找寻突破口,组织围剿昆曲《李慧娘》的文章《"有鬼无害"论》在《文汇报》发表。《李慧娘》是戏剧家孟超1961年创作的。这年8月,历史学家廖沫沙在《北京晚报》撰文称赞这个戏。康生在剧本写作前和演出后曾大加赞扬。到1964年夏天京剧现

---

[1] 转引自《中国青年》1966年5月14日。

代汇演闭幕会上,他为了讨好江青,摇身一变,从叫好到批判,把《李慧娘》视为"坏戏"典型,组织文章进行批判,并且诬陷作者孟超和廖沫沙是"用厉鬼来推翻无产阶级专政"。帽子之大令人恐怖,也透着杀机。到了1964青插手京剧现代戏汇演,企图贪"京剧革命"之天功为己有,自然对于一些有影响的历史剧和历史学家视为"异类",急于从关于历史剧讨论问题打开缺口,刮起"批判"妖风,实际是显示他们"唯我正确",借此抢夺"文化革命"大旗,对一些有名望的作家和作品,大搞残害诬陷,以图达到夺权的阴谋。

之后的1964年下半年,江青一伙加紧了行动,先在北京找人授意批《海瑞罢官》,遭到了拒绝。于是,她又多次潜行上海,与张春桥密谋策划。不久,姚文元的《评新编历史剧〈海瑞罢官〉》在上海出笼。文章多次按江青的调子修改,其间江青坐镇北京,由张春桥把文章夹在录音带中飞往北京。① 最后,急于抛出姚文元的文章,诬蔑吴晗写作《海瑞罢官》同所谓刮单干风、右倾风有联系,显然是为了把批判矛盾引向政治的判定。

就在邓拓文章发表后不久,一场更为隐秘而高级别的阴谋悄然开始。林彪、江青利用他们的权力,通过召开的部队文艺工作座谈会,抛出了全盘否定建国以来文艺成就的"纪要",这是后来搞乱文坛臭名昭著的文件。这样的形势下,山雨欲来,霜风凄冷,不同寻常。如果说邓拓前段时期还是寄希望有关历史剧问题讨论,从学术层面得到解决(他点名批评姚文元文章,也与吴晗作学术探讨),那么到了江青一伙赤膊上阵,大打出手,全盘否定文艺成绩时,他开始有了感觉,不一定是很清楚,但却有些看不懂,直到看到一些作家、艺术家不断地被点名批判,他逐渐觉察到江青、姚文元之流搞阴谋的险恶用心。对于参加思想批判,他并非没有准备。历经多次政治运动,他认为有了错误就要批判,无论多么复杂的问题在组织领导下会得到解决的。而这些在如今是何等的难得。他在1965年写的那首《记梦》诗中,曾表露了这种心怀。诗中写道:"五更风雨梦如飞,烟水苍茫夜色微。话到海山无滴泪,写来笔墨不沾衣。高情消尽千秋怨,碧

---

① 《吴晗和〈海瑞罢官〉》,人民出版社1979年版。

血凝成万古诗。默向长天寻新路,霞光芳霏映春晖。"诗中作者情意曲折,思绪万缕,用语沉郁,风雨中的梦,是一幅晦明不定的画面,而那"写来笔墨不沾衣"、"碧血凝成万古诗"的句子,又是一种什么样的感觉啊,是过往的总结,还是一种默然的期待?泣血文字,万古诗魂,何等之悲怆。当然,一个唯物论者,一个献身真理的寻路者,高情何能消尽,对"霞光"、"春晖"的期待,对历史的不可逆转的坚信,是他所奋斗的、信仰的力量所在,也是这首写在特殊时期的诗情寄怀,所期待和宣示的。

然而,这"记梦"之义,是谶语,还是邓拓早先的推断和担忧?不得而知。

这首诗发表后不久,妄图篡党夺权的林彪、江青,利用权势,在文学艺术界搅得乌云蔽日,肃杀一片。当江青一伙借批《海瑞罢官》作突破口、妄图搞乱全国时,他们向"三家村"举起了屠刀。对于为何江青之流把矛头对准几位历史学家、几位杂文作家、几位有着同样经历的有成就的文化人、几部或几篇文章与几出戏,一时难以找到明确的直接动因,也看不到任何材料说明。可以判断的是,从开始对昆曲《李慧娘》到《海瑞罢官》的批判,再到《三家村札记》,都有着邓拓、吴晗、廖沫沙三个作者的原因,写《李慧娘》的评论是廖沫沙,写"罢官戏"的是吴晗,写《燕山夜话》的是邓拓,三个人的组合推出《三家村札记》,无论是文还是戏,对某些历史人物和史实的阐述和表现,独具的思想性和个性化的表达,以及题旨内涵上的强烈历史感、思想性以及引起的反响,本就令"文革旗手"们极为不快,这对他们妄图在文化上寻找突破口,打击有影响的历史学家和文化人,标示自己的正确革命,自然是一种难得的机会,何况这三个老文化战士,还有组成可疑的"三家村黑店"。

1966年4月16日,《北京日报》刊发了《关于〈三家村〉和〈燕山夜话〉的批判材料》和《前线》、《北京日报》的"编者按"。这是最早公开批判"三家村"的文章。文章发表后,邓拓被勒令在家停职检查。突如其来的打击,对这严峻的形势邓拓不是没有感觉,但他总是从党和人民的事业这个大的功利上去考虑,审慎地思考着对于自己的批判。他愿意接受对自己错误的

帮助，但对于报纸上无限上纲、凭空捏造和歪曲诬蔑，他是不能接受的。那些炙手可热、凶险狠毒的文棍们，大打出手，一个被剥夺了工作权利的人，有什么办法去抗争呢！

5月8日，江青主持写作的化名"高炬"的文章《向反党反社会主义黑线开火》，以显著地位刊登在《解放军报》上，诬蔑"邓拓是三家村黑店的掌柜，是一小撮反党反社会主义分子的一个头目"。同日，《光明日报》也刊登了关锋化名"何明"的文章：《擦亮眼睛，辨别真假》，说北京市委"包庇'三家村'"，与高炬文章相呼应。这两家报纸同一天还联合刊载了预先炮制好的《三家村札记》和《燕山夜话》的材料摘编，每段都加上耸人听闻的"编者按"，定下批判的"口径"。过了两天，5月10日，上海《文汇报》、《解放日报》同时刊登了姚文元的文章《评"三家村"——〈燕山夜话〉〈三家村札记〉的反动本质》。文章说，邓拓、吴晗、廖沫沙"三家村"写作活动是"经过精心策划的、有目的、有计划、有组织的一场反党反社会主义的大进攻"。5月11日，姚文元评"三家村"的文章在《人民日报》上转载。5月16日，戚本禹在《人民日报》抛出《评〈前线〉〈北京日报〉资产阶级立场》，说邓拓历史上是叛徒，对他进行定性。

短短的几天或者半月时间内，批判的不断升级，在当时很是让人难以置信，也让当事人猝不及防。从"向阳生"与吴晗心平气和的讨论学术，到今天与他一起成为报纸"公敌"，党和人民的"公敌"，还有那么多的莫须有之罪，岂不是天大的笑话吗？这可是在一个堂堂正正的中国，一个党的忠诚革命者，一个曾经的党报总编，这些铺天盖地的批判文字，如此的滑稽与不解，也是邓拓没有心理准备的，难道这个社会的秩序如此的是非不清，黑白颠倒？作为一个历史学家，曾经沧海的新闻人，面对今天阵势只能是无语，无解，也无奈。他起初还是想用文字来回击那些陷害，而事情的发展，使他没有一点申述和争辩的机会，没法相信眼前的一切，用他的话说是被疯狗咬上了。但是，他还是想吐出自己的不服，他曾与夫人丁一岚说到，让事实证明他们的胡说八道。可是，从他多年的党报总编的身份判断，争辩反驳是没有机会了。即使有了机会，你能说得清吗，何况他们开动了全国的宣传攻势，何况他们以党和人民的代言者自居？言之凿凿的性质判定，通过他们的阴谋策划，上欺骗高层，下欺骗大众，也蒙蔽视听，而全国的舆论焦点，已把他和"三家村"作为一时的舆论中心，而还在一点一点加大热度。邓拓心中不免沉郁疑惑。

5月初，更大规模的批判文字铺天盖地袭来，令邓拓震惊。这是舆论给他和"三家村"定性了，当代以至中国共产党历史上这样大的批判规模极为少有，以他新闻官的直觉，这就意味着所有的文字已成为他们杀人放火的子弹，上面放行，无法无天，混淆视听，难有辩白的机会。如果说，起初的批评文章，还是山雨欲来风满楼之状，而四个多月的时间，眼下则是黑云压城城欲摧的阵势。这种洪水猛兽般的文字批判，在当事人邓拓心中，不能不顿感事件的严重与前景的暗然。

这段时间，邓拓没有去工作。他静观形势变化，读着这些颠倒是非的文字，内心忍受着对于他的污蔑和陷害。面对着报纸上充满杀机的文字，邓拓想这伙人是要动作了。当时丁一岚在市邮电系统参加社教运动，回到家里带回外面的一些情况，相对默默无语凝噎。只是借整理一些书报求得心灵平静。不让工作，不让外出，不能享受公民起码的人身权利，这是一个矢志奋斗几十年的革命战士应该得到的吗？是一个曾经几次身陷敌阵、多次在枪林弹雨中逃生的共产党人应有的归宿吗？那颗沉重的心怎能平静下来呢？此时，邓拓的偏头疼病发作了，他的颈部渗出血渍。身体和精神都在摧残着他。

5月16日，北京市委派人通知邓拓，参考文件不给送了。这给邓拓很大刺激。这是组织上的结论吗？难道戚本禹等人血口诬陷就判定人罪？邓拓不理解。

一个共产党员有什么比剥夺政治权利更叫人痛心！他对爱人说，这些人是欲加之罪。我是相信党组织的。我的历史是清白的。我要申辩，他多次对家人们说。

丁一岚这些天回家晚也很少，看到大篇大版的批判文章，在单位她躲着人们的视线。回家看到邓拓，默默地翻阅书报。她想安慰他，想对他说，老邓，你得挺住，但她也是被这些政治公审一样的文章，弄得情绪不宁，但她相信这位二十多年革命伴侣，他坚信老邓对党对工作是忠诚而负责任的。她对孩子们说，照顾好爸爸，不要让他生气。

1966年5月17日深夜，在家人都熟睡后，邓拓拿起了那支驰骋几十年的笔。像平日一样，坐在书桌前。然而他被剥夺了写文章、写汇报的权利，只是用那支熟悉的笔，写下他的"申辩"——也是他留给人们的最后文字。

邓拓给老领导彭真、刘仁同志写了一封长信，对报纸上的诬陷和诽谤进行了抗争。他陈述了一些被姚文元诬陷的文章写作的情况，对姚文元的批判，表示十分愤怒。他说：

"仔细查阅我写的东西，与报上三次摘要和批语对照，联系自己当时思想，我认为有许多问题要进行具体的分析和批判。"他举例说："《说大话的故事》、《一个鸡蛋的家当》和《两则外国寓言》，意思很明显，不应该引起误解。《说大话的故事》是听见当时有的地方弄虚作假，谎报情况而写的。《一个鸡蛋的家当》是针对当时有些社队又出现搞投机买卖和进行剥削行为而写的，文字表达的意思比前一篇更为明显。《两则外国寓言》写在苏共二十二大以后，所讲的竞技人的吹牛和山雀的夸口，显然是把古巴事件以来赫鲁晓夫之流的嘴脸，比作'西方贵族老爷'及其子孙们的交际场合司空见惯的一样。文中说到列宁用这个例子讽刺马赫派。我对好几个同志说，从杂文的观点来看，马赫派正好可以说成是披着马列主义外衣的赫鲁晓夫修正主义派。文章的含义究竟如何？我希望组织上指定若干人再做一番核实。《燕山夜话》和《三家村札记》中我写的文章171篇，有问题的多少篇，是什么性质的问题，我相信这是客观存在的，一定会搞清楚的。"

对有关批判文章的不实之处，邓拓也予以澄清："这几天报上刊登的我在北京日报座谈会上的谈话，在北京大学历史系半工半读开学仪式上的讲话等等，有一些重要地方与原话有出入。比如我不只在北京日报座谈会上，而且在别的会上讲话中，都一再地说，听党的话，我从来认为就是要听毛主席的话，听中央的话，不是我们这些人或者别的什么人可以把自己的话当作党的话，要大家听，而是要大家把我们说的话，和毛主席、党中央的话对照一下，哪些地方我们说错了，不符合毛主席和党中央的精神，大家都要提出批评。因此，我希望那些记录应该好好地查对一下。"

对戚本禹诬陷的所谓叛徒问题，邓拓回顾了解放前两次被捕的情况，给以明确的辩驳，认为是不实的，是陷害，要求组织上再作审查。

写完给彭真、刘仁同志的信，邓拓又给爱人和孩子们留下了热情眷念的文字。这时已是次日凌晨。他平日习惯于晚上开夜车。为了工作和写作方便，很长一段时间自己住一单间。他有严重的失眠症，都是在睡前吃上安眠药，才能入睡。可是，自停止工作后，他几乎天天彻夜不眠。当夜，这一切都将成为过去。桌子上的报纸上充满杀机的文字、图画，刺人眼目；严峻的政治高压，使人颇感冷寂。今夜风狂雨骤，何时有尽头？他有话要给组织上说，要向党说。可是，他没有了这个权利。他要申辩，却被禁绝在家里。姚文元、戚本禹之流的文字，反党、叛徒、黑帮头子的标签贴在他清白的历史上。他困惑于在这动荡的政治形势下，这难道是一个共产党员应有的待遇？看着那些杀气腾腾的文字，他实在是有些支持不住，摸着几瓶镇静的药物，让他心头不觉有一丝阴影掠过：为何让这帮家伙活活地摧残呢？他沉痛而毅然地拿起笔，给市委老领导写上了这样沉重的也是血泪凝成的文字："作为一个共产党员，我本应该在这一场大革命中经受得起烈火见真金的考验的，遗憾的是我近来旧病都发作了，再拖下去徒然给党和人民增加负担。但是，我的这一颗心永远向着敬爱的党，向着敬爱的毛主席。"

人啊，你的名字叫善良！

一个刚直不屈的生命毁灭了。邓拓是带着无限的愤怒、惆怅和遗憾，带着对党的赤诚忠心，也带着满身无妄的污垢悄悄地离去的。虽然，他在悲愤和不平中写下了他多年一样的对党和领袖的忠心，在他离开人世前，他的悲痛还是没有化解。然而，他心如明月，天地可鉴。他像一株独立高洁的大树，不见容于世，不与这高压的权势者们同流，他的忠贞坚韧却是宁可玉碎，而不瓦全的。

我们不能知晓一个为党和人民事业奋斗一生的文化赤子、一个忠诚的共产党员，在这个晦暗寂静的凌晨如何结束生命的，或者，他临终前的心情如何面对这样无边风雨四处肃杀的时辰的。可以想到的是，他仍然以对革命和人民的忠诚，对组织的忠诚，以对文化的热诚和生命的眷念，走完生命最后一刻的。

"伏清白以死直兮，固前圣之所厚。"诚然，追慕古代知识分子刚直不阿的精神，铸就了他的坚毅性格。"朝闻道，夕死可矣。"他曾把追求真理作为矢志奋斗的崇高目标，但他毕竟是一把历经粹火，坚韧、硬实的钢刀，为了保全名节，捍卫真理和正义，不惜拼洒热血以明心志。在十年动乱中，老舍、翦伯赞、吴晗、李达、孟超等一大批知识分子，以身殉道，显示了文化人不甘屈辱的高风亮节。而邓拓是这些不屈灵魂的最早的一个。

不能忘怀的纪念

邓拓去世后的不几天，一个风雨交加的夜晚，他的遗体被通知秘密地送去火化。没有花圈、没有哀乐，也没有送葬的人群，只允许丁一岚和他的二姐护送到火葬场。报纸上的点名，在那个时候是被当作组织结论的，何况他是一个"自绝于人民的叛徒"。批判声不绝于耳，一个"反党反社会主义的黑帮"、"叛徒"，后事草草可想而知。亲人永别，丁一岚万分悲痛和愤慨。这位"风雨同舟"二十多年、有过"山海风波定白头"之盟的战友，咽着悲痛的泪水，有时默默无言以自责：这些日子里，她好像有一种预感，总觉得不知在哪一天会发生不敢想象的事。万万没料到，竟来得这样突然。送亲人远行，这是最后的离别。丁一岚顾不得什么风险。她穿着整洁合身的藏蓝色西装，披上缀着雪花图纹的白纱去火葬场，在东单花店，她还买了两束鲜花，又从自己院内采了邓拓喜爱的紫藤萝花，扎在一起。来到火葬场停尸房，丁一岚低声哭泣着：云特，什么也听不见了。安安静静地睡吧！她把手中的鲜花安放在邓拓的肩旁，让它们带着战友、亲人的眷念和哀思，伴随着一个不屈的灵魂安息。从火葬场回来，天公似有恨，风雨夹着雷电，更烘托那悲哀、激愤的气氛。那时，丁一岚给邓拓写了一封长信，然后又默默地烧掉。这以后八年，每在邓拓去世这一天，她都要写上几句哪怕是几十个字，即使后来她被当作"走资派"关在"牛棚"里，没有纸和笔,她也默默地默念几句,用这种特殊的方式来祭慰亲人的灵魂。

1966年5月底,报纸发表了中央关于文化革命的《五一六通知》,从此一场以批判"三家村"为先导的"文革"风暴席卷全国。江青、姚文元等以批《海瑞罢官》和《三家村》打开缺口,搞垮北京市委,进而搞乱全国,阴谋夺权,由于党中央的主要负责同志对形势判断不当而逐步得逞。

黑云压城,钟毁釜鸣。一时间,在全国掀起了抓"三家村"黑爪牙、"孝子贤孙"的黑风恶浪。有多少无辜者,尤其是青年学生受到株连。北京的一位中学生因邓拓曾给他的画题过诗,被当作"三家村"的小喽罗而锒铛入狱;山西一位青年农民对《燕山夜话》说了几句公道话也被视为"小邓拓"而遭囹圄;全国各地、各阶层、各单位都把抓"三家村"、"四家店"的黑爪牙,当作政治任务,大搞群众过关。真是冤狱遍于国中。遭迫害,受牵连的何止千万。粉碎"四人帮"后,丁一岚收到不少来信揭露了"四人帮"一伙在各地为了抓"三家村黑党",陷人以罪的行径。然而,在政治高压下,人们不会忘记对邓拓的尊敬,对一个思想战士的怀念。一个被打成"邓拓黑爪牙"的大学教师在信中说:"他们诬蔑诽谤我,折磨我的身体,但是夺不走那颗思念的心,当我想起邓拓的文章和才华,我就想起古人的诗句:李杜文章在,光焰万丈长。"

"四人帮"的株连九族政策,作为"黑掌柜"的家属亲友,更是不能幸免的。"文革"全面展开后,丁一岚在单位被揪了出来,有人将她剃去半边头发,说是把"三家村黑店"的老板娘拉出来"示众"。她不得不借来一顶帽子戴上。丁一岚怕孩子们因信任和维护父亲,产生不满情绪,她尽量让孩子们不要同党和群众对立。这次被剃了头,她怕孩子们受不了刺激,回到家,先对孩子们解释。这才敢把帽子摘下来。这以后,丁一岚被赶到河北农村,后来回单位扫厕所、铲煤灰,什么脏活、累活都干过。几个孩子因父亲问题不能升学,被迫改名换姓流落到山西、陕北,天各一方。邓拓的文稿和书信全都作为黑材料收缴了,只有珍藏在丁一岚棉衣里的一首邓拓题诗的丝帕,是亲人唯一遗物。在农村、干校、牛棚,小小诗帕曾给丁一岚带来些许慰藉,但更多的时候是担忧。这种非人的日子何时才有尽头?她不敢多想。那年月,国家主席,政府总理,部长不是都被当作各种名目的坏人惨遭迫害吗?

长夜漫漫何时旦,蒙冤多年潜悲辛。丁一岚忍受着失去亲人的悲伤,忍受着人们的白眼和训斥,也忍受着天人两隔的思念。她有无限的悲愤、不尽的怀念和艰难的等待,有绝望有无奈,也有期盼。十年生死两茫茫,不思量,自难忘。这一等,长长十二年。

1978年底,粉碎"四人帮"两年后,党的十一届三中全会为彭德怀、陶铸、薄一波、杨尚昆等一大批受迫害的领导同志平反,认真纠正"文化大革命"左倾错误,拨乱反正,一批批冤假错案相继昭雪平反。这时,已经恢复工作的丁一岚从报纸上看到给一些老同志平反,受到启发。她想,邓拓的问题也应该平反了。她把这个想法告诉了几位一直关心她的老战友,主要是当年晋察冀和人民日报社的老同志,得到了他们的支持。于是,她写了一份材料交给了人民日报社的领导,报社登在内部情况上,很快送给中央。不久,中央批复北京市委调查处理。

1979年2月,北京市委对所谓"三家村"反党一案进行了彻底平反。至此,在当代历史上,长达13年之久的骇人听闻、震惊全国的一场冤案,是党的十一届三中全会的春风吹拂,才得以纠正。

也许是沉默得太久,也许是冤案制造者罪孽太深,当严冬过后,春风和煦,人们的怀念思绪如奔涌的春潮,滚滚不息。1979年2月,《新闻战线》首先发表了丁一岚的《忆邓拓》一文。不久,邓拓的好友、同事、学生纷纷写文章追忆故人,献上迟到的祭奠。邓拓生前的老首长、老领导聂荣臻同志撰写了《光明正大、耿直不阿——对邓拓同志的怀念》一文,深情地回忆了邓拓在晋察冀时的工作,高度评价了他为党和人民作出的贡献:"他是有名的报人、历史学家和诗人。他博学多闻,才华出众。他忠于党、忠于人民、忠于马列主义、毛泽东思想。他耿直不阿,正大光明、坚持真理、嫉恶如仇……可惜这样一位好同志,年仅54岁,正是积累了丰富的工作经验,为党作出更大贡献的壮年时期,竟被林彪、'四人帮'一伙奸人迫害致死。"1980年,福建人民出版社把发表的几十篇悼念文章收集一起,出版了《忆邓拓》一书。

1979年9月5日，中共北京市委为邓拓召开了追悼会。在梦魇般的日子，多少精英惨遭迫害，多少志士受到摧残，多少捍卫真理的勇士捐躯，这是林彪、"四人帮"欠下的血债。当春日来临，人们隆重举行追忆悼念，尽管是迟暮了多年，不如此不足以表达对志士的崇敬，对故人的深情。在邓拓追悼会上，党和国家领导同志胡耀邦、叶剑英、邓小平、李先念、陈云等送了花圈。李先念、彭真、胡耀邦、薄一波、姚依林、刘澜涛等邓拓的老首长、战友一千多人参加了追悼会。当时的中央宣传部长胡耀邦主持追悼会，北京市委第一书记林乎加致悼词。悼词回顾了邓拓一生的战斗历程，全面评价了一个革命者、共产主义战士的历史功绩。悼词说："邓拓同志忠于党，忠于人民，忠于马克思列宁主义，全心全意地为人民服务，把自己一生献给了中国无产阶级的新闻宣传事业。"在评价邓拓解放后的新闻工作成绩时，悼词说，在主持人民日报社工作期间，他忠实地听从毛泽东同志和周恩来同志的指挥，积极宣传党的路线、方针和政策，反映人民群众的呼声和要求。他一贯遵循马列主义和普遍真理同中国革命的具体实践相结合的基本原理，坚持一切从实际出发，坚持实事求是的观点和方法，

▲ 1979年9月经中共中央批准，为邓拓同志彻底平反并召开追悼会

反对主观唯心主义、形而上学和各种歪风邪气。悼词虽是当时流行的评价平反昭雪后的当事人所用的规范用话,但特别提到邓拓忠实于毛泽东指挥,并对各种歪风邪气的反对,显然是对"文革"中江青一伙诬蔑的平反。

追悼会场上悬挂着95幅挽联和挽诗。当年晋察冀的老战友、老同事、人民日报社同仁、北京市委的领导以及《燕山夜话》的读者们踊跃参加,用他们对故人的悼念深情和对"四人帮"的愤恨,或诗或文,悼念邓拓,锥心泣血,如诉如泣。

刘澜涛同志的挽联,概括了邓拓一生功绩,寄托了晋察冀时期的老领导一片情感:"四十年出生入死挥笔扫千军传播马列鞠躬尽瘁昭日月;两百天血雨腥风横眉对群丑壮志愈坚忠魂永在仰高风。"

廖沫沙同志作为"三家村"唯一的幸存者,以挽诗表达对战友、文友的爱:"岂有文章倾社稷,从来佞幸覆乾坤。巫咸遍地逢冤狱,上帝遥天不忍闻。海瑞罢官成惨剧,燕山吐。凤化悲音,毛锥三管遭横祸,我欲招魂何处寻?"字字如锥,句句带血,壮士赤诚,文人胸襟,跃然纸上。对当代历史的深刻凝练的概括,勾起人们的回忆,引发深深的共鸣。一首诗成流传远,成为世所传诵的名篇。

崔月犁评价赞扬了邓拓的铮铮铁骨:"博学多才有卓识,不苟同、不曲从、宁死不屈真英烈;是非分明写实话,战敌顽、战邪风、疾恶如仇是吾师。"

张天泰等的挽诗,追忆了文才胆识:"岂料身后洗沉冤,一掷头颅斥巨奸。才气文斗南闽秀,书生戎马太行艰。龙蛇笔走人民报,碧血心凝前线刊。夜话千篇丝不尽,风流百代禄燕山。"

作家肖军的挽诗回顾了战友情谊,一唱三叹:"卅四年前喜识君,夜阑杯酒共论文,春风紫塞张家口,结伴还乡哈尔滨。杨柳依依天外路,征尘滚滚岭头云,何堪此日成追忆,岂有苍苍丧斯人。"

邓拓平反后,他的作品先后得到出版和重版。人民文学出版社出版了《邓拓诗词选》,人民美术出版社出版了《邓拓书法选》,人民日报出版社出版了《邓拓散文》、《燕山夜话》和历史著作也重版。《燕山夜话》共发行一百多万册,并译成日文在国外出版。

第六章　结束语

　　追寻邓拓的历史脚步，对他的革命实践和写作活动作了一个回顾。在革命文化战线上奋斗一生，邓拓成绩是多方面的。哲学历史、新闻政论、文学艺术等他都涉猎并有成功。他博学多才，是一个知识丰富卓有成绩的杂家，是一个勤奋刻苦的学者，是党内一个不可多得的新闻人才，也是党报难得的也绝少的、有学识和胆识的总编辑。同时，他作为我党较早的左翼文化战士之一，历经铁窗斧钺的奋斗，历经边区文化建设和新中国社会主义建设的磨砺，成长为一个文化宣传战线的领导者。在他身上体现了中国古代知识分子传统美德和当代革命者的品格和气节结合。这突出表现为：坚贞不渝，注重名节，坚持真理、刚正不阿，是一代新闻学人的楷模。

　　首先，从邓拓所走过的道路中，可以看到，贯穿他一生的是一种勇于探索和积极进取、一种不断追随时代的顽强精神。无论是早年的思想和知识的发轫期，抑或是在参加革命斗争后思想逐渐成熟和发展，他的思想之箭历经磨砺和淬火。20世纪30代初，他同各种形式主义、唯心主义的哲学论战，认真学习马列主义。30代后期，他年青敏锐，在史学论文中，以历史唯物主义为指导，一直到五六十年代中期，他自觉的进行思想探索，正是由于执着地追求真理，不迷信，不盲从，他的思想以求实、坚毅为其特色。他关于毛泽东思想的宣传，对60代中国政治生活不正常状态的批评，成为他思想深邃的主要标志，在某种意义上是有先驱者功绩的。

　　其次，邓拓的思想发展历程是沿着一条深沉开阔的方向前进。这不仅

在于他的一生中追求进步、坚韧不拔，还在于他开拓着广阔的思想和知识领域。既有新闻宣传方面的突出贡献，又有在文、史、哲诸多方面的收获。这种集众多成绩于一身，跨领域，多学科的特色，在当代文化史上也不多见。新闻工作由于它的特殊的历史使命，不但要求有深刻的思想和敏锐的政治目光，要有执著的探求精神，同时还要有丰富的知识。我国古代所谓"德、识、才、学"是我们今天做好新闻工作的一个准绳，邓拓的一生得到很好的结合。

最后，邓拓作为一个共产主义战士，"久历艰危多刚介"，在一生革命斗争中，锻造了他坚韧顽强的思想作风，同时，中国古代传统文化的熏陶和家学谨严的教育，他有温文尔雅、志行高远、谦虚正直的传统品德。在工作中，同志关系上，个人得失上，他坚持原则，从党和人民利益出发，留下了好的口碑。

可是，这样一位在党的文化事业上作出过重要贡献并有多方面的成绩、一个勤奋的有才华的新闻工作者，在江青、姚文元一伙篡党夺权的"文字狱"中，毁灭了笔和生命。这是"四人帮"摧毁人才的一大罪证。同许许多多在"文化大革命"中受林彪、"四人帮"反党集团迫害的老干部、作家、艺术家一样，一代新闻家邓拓的不幸，表明健全社会主义民主和法制是多么的重要。血的教训，文化之殇，令人发指，也给正直善良的人们以深思。

1985 年 8 月底　完稿

附录一　邓拓生平年表

1912年（1岁）

2月26日，出生在福建省闽侯（今福州市）道山路一个清寒的知识分子家庭。父亲邓鸥予任中学国文教员，母亲严佳绮是家庭妇女。祖父母以做酱菜生意谋生。

1919年（7岁）

夏天，入道山路天皇岭小学读书，取学名邓子健。

1922年（10岁）

开始学习书法、绘画，收集文物古董。常同二哥用自制的"扫帚笔"蘸着清水在砖头上练习书法。

1925年（13岁）

秋天，进入闽侯县三牧坊中学。上中学后，开始了大量阅读，并和同学们远足郊游。

1926年（14岁）

这一年，因北伐军入闽，福州的一些公立中学进行调整，三牧坊中学同另一中学合并，成立省立第一高中。邓拓（子健）转入高中，分到普通科文史地系。因大革命形势的高涨，福州学生运动得到很大发展，在一些青年学生中传递着进步书刊，邓拓开始从《新青年》、《新潮》等刊物上读到宣传社会革命的文章。

1927年（15岁）

由于国民党右派叛变革命，高涨的形势受到破坏。福州国民党右派大搞"清党运动"，搜捕共产党人，围剿"赤色刊物"。反动军阀王永泉以发"赤色刊物"为借口，搜查了一些学校并逮捕了一些学生，这件事对邓拓很大的震惊。

1928年（16岁）

邓拓和同学傅衣凌、郭则遑等组织"野草社"并出版《野草》油印刊物。严酷的现实，使青年学生对时局格外关注，学校经常组织学生进行演讲比赛。在一次演讲会上，邓拓获得第二名。据当事人回忆，他作了关于时事的演讲。

1929年（17岁）

夏天，在福建第一高中毕业，暑假到乌石山图书馆收集和阅读有关张际亮（鸦片战争时期闽籍文人）的诗文，拟撰写有关评述文章。

秋天，到上海赴考，并考入上海光华大学政治法律系。

冬天，到上海求学后写《别家》一诗寄赠家人。

1930年（18岁）

"自传"写道：6月于上海光华大学肄业。秋冬，参加"社联"（即中国社会科学家联盟——笔者注），并开始写作。先后任"社联"、"上反"（即上海反帝大同盟——笔者注）区党团书记。

暑假休学回福州，致力于古代诗词的研究，主要对闽籍清代诗人张际亮和谢甸男的研究。

又据中学同学李拓之回忆,这一时期,邓拓写有关于国际时事问题的杂谈,并以晓晶的笔名发表了散文《紫金山下》,发表在李拓之编辑的《南华日报》的"明日"副刊上。

冬天,由姓郝的同志介绍秘密地加入了中国共产党。

1931年(19岁)

夏天,转入上海法政学院经济系。从事党的地下活动,任中共上海法南(法租界和南市)区委宣传干事,后为部长。这一时期,同中共上海社会科学研究所支部书记张稼夫同志联系工作。

1932年(20岁)

随着上海党的地下活动的展开,上海一些大学的学生在党组织秘密领导下深入到工厂、码头、居民区进行宣传活动。法政学院的部分同学到打蒲桥一带的纺织厂,贴标语、传单、游行等,邓拓化名丁丙根。

12月,在纪念广州起义的一次活动中,被捕。先是送到南京,后解押到苏州军人反省院。

1933年(21岁)

在狱中利用废纸片、火柴杆等写作《狱中诗》八首。出狱后曾以明末抗清诗人夏完淳的《南冠草》诗集题名。后收入《邓拓诗词选》。

秋,由父亲托人保释出狱。回福州后在家复习功课,准备参加转学考试。10月,在《新中华》半月刊第23期上发表了《形式逻辑还是唯物辩证法》一文。署名邓云特。就有关唯物辩证法等马克思主义哲学问题同张东荪进行争辩。

年底,在蔡廷锴等爱国将领的率领下,驻守在福州的国民党十九路军举行起义,成立人民政府。邓拓参加人民政府文化委员会的工作。后因寡不敌众和国民党反动集团的破坏,人民政府宣告失败。邓拓匿迹在家,攻读历史和外语等课。

1934 年（22 岁）

春天，接到同学李拓之来信，到上海一所中学任教。

夏天，大哥邓伯宇从开封来信，要邓拓"到那边读书"。

9月到开封后，先在济汴中学任英文和历史教员，后插班到河南大学历史系就读。该系主任罗仲言（罗章龙）为他的毕业论文进行指导。

1935 年（23 岁）

冬天，"中国民族解放先锋队"（简称民先）运动逐步在全国开展。邓拓任开封总队的队长。同北平支部派来的联络员联系工作，组织开封学生运动。

在《中山文化教育馆季刊》第二卷上发表了《中国社会经济长期停滞的考察》，署名邓云特。这是他首次发表历史研究的文章。

1936 年（24 岁）

秋天，护送前来河南联系工作的地下党员刘子厚同志回北平。住在北平西城双塔寺，向"民先"运动总部负责同志汇报工作。不久，回到开封。继续研究和发表了几篇关于中国封建社会经济历史问题的文章。

1937 年（25 岁）

6月，在一次"民先"活动中被捕。一个多月后，国民党右派迫于"七七"事变后抗战救国的压力，释放一批政治犯而出狱，即被派到国民党河南省商震主席组织的战地服务团，到河北束鹿一带服务，半月后解散。

9月，为躲避日寇轰炸开封，同大哥大嫂乘火车到郑州。后邓拓经太原，同地下党负责同志黄敬联系，经五台山到达晋察冀边区。

11月7日，晋察冀边区军区成立。聂荣臻同志任司令员兼政委。晋察冀边区在军事上建立统一领导机构。

12月11日，边区军区政治部主办的《抗敌报》创刊（三日刊）。社址在阜平县城文娴街。

冬,被分配到边区党校讲授政治哲学课。年底,边区省委党内刊物《战线》创刊,参加编辑工作。

进入边区前,完成了两篇历史论文,分别发表在《中山文化教育馆季刊》第4卷第1、8号上。

用文言文写成的《中国救荒史》由上海商务印书馆出版。

1938年(26岁)

4月,《抗敌报》改为边区党的机关报,邓拓担任编辑部主任,负责报纸领导工作。

8月16日,《抗敌报》第63期由石印改为铅印(四号字),由三日刊改为隔日刊,发行2700份。报社有三四十人。邓拓发动大家自制油墨,自制铅字,解决战时补给困难。

11月7日,边区举行军区成立周年纪念大会,有边区的文艺团体的节目。邓拓有感于盛会,写《一年》(诗)发表。

本年度,先后以恽忒、殷洲、关白、弗政等笔名发表文章、诗歌。

1939年(27岁)

2月26日,边区文化委员会召集部分文艺家座谈会,邓拓作了《三民主义的现实主义》的报告。聂荣臻、彭真等领导同志出席并作了关于"三民主义的现实主义"的讲话。

4月,边区文化刊物《边区文化》创刊。

8月,敌人以八万之众向边区进剿。邓拓带领报社人员转战在易县境内,跨越河流、密林,为适应战争环境,发动大家"三千字内做文章"。

本年度,抗日战争进入艰苦的相持阶段。

1940年(28岁)

3月,中国青年记者学会晋察冀分会成立,邓拓等九人选为理事。

11月7日，中共晋察冀分局决定《抗敌报》改名《晋察冀日报》，邓拓任社长。改刊时，聂荣臻和彭真等分别题词。

本年度，八路军在敌后发动了著名的"百团大战"，晋察冀边区部队在南面正太路向娘子关、井陉一带出击，从北面向涞源、灵邱地区敌伪的地点攻击。邓拓带领报社从阜平出发，跟随作战部队，报道"百团大战"的战事。

1941年（29岁）

3月，《晋察冀日报》开辟《文化思想》专栏，邓拓以"狄曼公"笔名发表《唯物辩证法简编之一》的连载文章。

5月，报社开展"红五月突击计划"。邓拓身先士卒，参加自制油墨、铅字等项技术革新工作。

1942年（30岁）

4月12日，晋察冀中央分局决定成立由聂荣臻同志领导的报社委员会，邓拓任书记，李常青、姚依林、潘自力、胡锡奎任委员。

7月，《晋察冀画报》在边区创刊，邓拓发表了《晋察冀舵师聂荣臻——敌后模范抗日根据地及其创造者的生平》（署名肖斯）的长篇报告纪实。同月，发表了悼念八路军名将左权将军的《〈祭左权文〉读后》一文。

冬天，同边区四分区平山县妇女工作会的丁一岚同志结婚。

这一年，康生等在延安整风运动中，搞所谓"抢救"运动，诬蔑河南地下党是"假党"、"烂了"，这股邪风也刮到晋察冀，为此，邓拓曾受隔离审查。

1943年（31岁）

2月，边区召开第一届参议会议。会上，聂荣臻、阮慕韩、张苏、刘奠基、宋劭文、吕正操、于力、邓拓等同志倡议成立"燕赵诗社"。邓拓推举写《结社缘起》。其中写道："古来燕赵，豪杰所聚，慷慨壮歌，千秋景慕。方今板荡山河，寇氛未消，黎明前夜，国难犹殷，有志之士，奋起如云，边区民主，谠议宏开，定反攻之大计，期必胜于来朝。窃谓盛会不常，机缘难遇，诚立昂扬士气，激励民心，以燕赵之诗歌，作三军之鼓角，为此倡议立社，邀集联吟，所望缙绅耆老，硕颜鸿儒，踊跃参加，共襄斯举。"

夏天，战友司马军城（顾宁）在边区白军屯突围战斗中牺牲，写诗《祭军城》一首。

1944年（32岁）

春，在边区召开的新闻通讯工作会议上作了《改造我们的通讯工作和工作方法》的长篇报告，从全党办报的思想出发，提出新闻工作"群众路线"的思想。

5月，在晋察冀中央分局领导下，主持编辑出版了《毛泽东选集》。这是我国革命史上第一部"毛选"。邓拓亲自撰写的《编者的话》中，高度评价了毛泽东同志的历史功绩，评价了毛泽东思想对于中国革命发展的指导作用，并涉及毛泽东思想是毛泽东同志和中国共产党人的集体智慧这一重要内容。

1945年（33岁）

9月12日，晋察冀日报社迁移到张家口市出版。邓拓除负责报社领导工作外，兼任晋察冀中央宣传部副部长工作。

10月22日，在边区及张家口市文化界隆重纪念鲁迅逝世九周年的会上，发表讲话。

11月12日，边区举行欢迎艾青同志率领的华北文艺工作团到达张家口市的大会，邓拓发表讲话。

1946年（34岁）

2月，张家口市文化界成立"北方文化社"，并筹备出版《北方文艺》半月刊。邓拓被选为编委，另有周扬、成仿吾、丁玲、肖军、肖三、艾青等作家、文艺家十数人。

10月10日，因国民党军轰炸张家口市，邓拓率领报社撤离，夜晚行军过桑干河，向涞源方向进发，后到达阜平县马棚村出报。

秋，率前线记者团到大同等地采访。

秋冬，边区召开党的高级干部会议，邓拓在会上作了重点学习汇报，发言题目是《现阶段革命基本任务与统一战线与和平民主新阶段》。发言被当作"党内学习文件之六"印发。

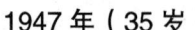

1947年（35岁）

秋天，任华北局政治研究室主任，半年后改任中央政策研究室经济组长。

本年度，在中共中央土地会议召开后，由赵振声（李葆华）同志带队，邓拓参加了土地改革工作团，赴涞水县开展土改工作，为农民讲解土改意义等。

1948年（36岁）

6月，中共华北局宣传部决定《晋察冀日报》同晋冀鲁豫边区的《人民日报》合并，改为中共华北局党报。邓拓暂时离开了战斗十年的新闻工作。

6月14日，《晋察冀日报》终刊，共出版2800多期。邓拓为此写《终刊》一诗。诗中写道：毛锥十载写纵横，不尽边疆血火情；故国当年危累卵，义旗直北控长城；山林血满胡蹄过，子弟刀环空巷迎。战史编成三千页，仰看恒岳共峥嵘。

秋天，奉命同彭真、赵振声、刘仁、赵毅民等同志为中央指派的"接收大员"，转战良乡，待机进京。

1949年（37岁）

3月，随部队由西苑进入北平。《自传》写："1949年初任北京市委宣传部长。"

6月1日，由华北人民政府主席董必武签署任命为华北高等教育委员会委员。

9月21日，中国人民政治协商会议第一届全体会议在北平隆重举行。邓拓作为解放区新闻代表之一出席了大会。

秋天，受中央委托，出任《人民日报》社总编辑，社长是范长江。

12月6日，被北京大学法学院聘为兼职教授。

1950年（38岁）

5月，毛泽东同志在文化界人士有关会议期间，召集邓拓、安岗、温济泽同志谈新闻工作。

6月12日，在燕京大学（北京大学）做"谈科学态度和科学方法"的讲座。

6月17日，在民主建国促进会座谈会上讲"中国革命前途"问题。

6月18日，在清华大学作"新革命中党的领导和建设问题"的报告。

年底，将父母从福州老家接到北京居住。

1951年（39岁）

8月底，在北京四所大学联合举行的土改工作学习会上做关于土改工作的动员报告。并在北京大学经济系担任"土地问题与中国革命"一课的讲授任务。

11月，先后到北京大学、辅仁大学作关于抗美援朝的形势报告。

1952年（40岁）

3月2日，向部分赴朝作家谈"有关形势和写作问题"。

本年度，组织报社编委会进行了关于报社建制和新闻改革的讨论。

1953年（41岁）

4月1日，在中央直属机关座谈会上做关于学习问题的发言。

6月，在报社编委会作"关于改进报纸工作方案"的报告，并召集地方记者会议。

11月11日，同部分漫画家谈党的总路线问题。

1954年（42岁）

2月，应苏联《真理报》的邀请，率中国新闻代表团出访苏联。

夏秋，先后四次到北京门头沟地区参观小煤窑，为写作历史论文搜集资料。

9月，当选为第一届全国人民代表大会代表。

1955年（43岁）

受聘为中国科学院哲学社会科学部委员。

1月9日，发表了《论〈红楼梦〉的社会背景和历史意义》。

1956年（44岁）

担任中华全国新闻联合会主席，并选为"国际新闻联合会副主席"。

春，率中国新闻代表团参加华沙国际新闻工作会议。

夏天，到北京崇文门下唐刀胡同葡萄手工艺世家——常家访问参观。

7月，主持《人民日报》改版。

9月，中国共产党第八次全国代表大会召开，被选为代表参加会议。

本年度，写作长篇历史论文《从万历到乾隆——关于中国资本主义萌芽时期的一个论证》。

1957年（45岁）

2月，参加最高国务会议第一次（扩大）会议，听取了毛泽东《关于正确处理人民内部矛盾的问题》的报告。

3月，参加全国新闻工作会议，并作了发言。

5月，发表著名杂文《废弃"庸人政治"》。

6月29日，由中央决定改任《人民日报》社社长。

年底，参加宝成铁路通车典礼。先去西安，后乘火车到达成部，沿途进行采访。

1958年（46岁）

夏，去湖北、江苏等地采访参观。

9月，任中共北京市委书记处书记，负责文教工作。

11月，主编北京市委理论刊物《前线》，前十期内邓拓写有十篇社论。

冬，受中华书局委托，主编《新编唐诗三百首》，卷首写《编选例言》。

1959年（47岁）

2月，人民日报社举行欢送会。会上，写诗《别人民日报社诸同志》。

4月，当选为第二届全国人民代表大会代表。

5月，担任中国科学院哲学社会科学部古籍整理和出版规划小组成员。

年底，《论中国历史的几个问题》由三联书店出版。该书收入30年代在河南写作的几篇关于经济历史问题的文章。

1960年（48岁）

3月，因病住北京友谊医院。

7月，病后南游，写《江南吟草》诗数首。

11月，任中共华北局书记处候补书记。

1961年（49岁）

2月20日，在北京市历史学会报告会上，做题为《毛泽东思想开辟了中国历史科学的发展》的报告。

3月9日，在《北京晚报》副刊上以马南邨笔名开辟《燕山夜话》专栏，并向编辑解释说："燕山，是北京的一条主要山脉，夜话，是夜晚谈心的意思。马南邨是笔名。马兰村原是我们办《晋察冀日报》所在的一个小村子，我对它一直很怀念。"

7月28日，召集《北京日报》、《前线》、《北京晚报》、《北京文艺》等单位部分同志在北海公园召开座谈会，讨论报纸改革要创新。邓拓把这次会议称为"神仙会"。

9月，约吴晗、廖沫沙二同志以"吴南星"笔名写作《三家村札记》专栏文章，并在《前线》上刊登。

10月，邓拓发表了第一篇"札记"《伟大的空话》。

秋天，以五千元的价格收藏一幅苏东坡的《潇湘竹石图》。

冬天，到江苏、浙江参观采访。

年底，翻阅清代画家华嵒（新罗山人）的《离垢集》等书，为撰写给书画艺术理论文章准备资料。将《中国救荒史》一书改写成白话文，由三联书店再版。

1962年（50岁）

年初，到广西采访。同广西日报社同志座谈新闻宣传工作。

9月20日，《燕山夜话》专栏最后一篇文章《三十六计》发表。

1963年（51岁）

6月下旬，参加北京市举行的首届经济学年会并作报告。

本年度，研究郑板桥作品和资料。应《河北文学》之约，将晋察冀时期创作的部分诗作，以《北岳吟草》为题发表。

1964年（52岁）

2月23日，去内蒙古自治区参观采访。先后在呼和浩特、包头等地参观了博物馆、钢铁厂和文物古迹等，并题词题诗。在同包头日报社同志座谈中，认为新闻宣传工作不要贴标签，不搞绝对化、庸俗化。

7月，写作《前线》专栏《三家村札记》的最后一篇文章《知难而进》。

12月，当选为第三届全国人民代表大会代表，参加会议。

本年度，将收藏的144件古画捐赠给中国美术馆，其中有1961年重价收购的苏东坡《潇湘竹石图》。

1965年（53岁）

2月，参加华北地区话剧歌剧观摩演出会议开幕式，代表中共华北局致词。

12月12日，以"向阳生"笔名发表《从〈海瑞罢官〉谈到道德继承论》。

年底，先后在《北京日报》座谈会、市委工作部召开的市高校文科学生"关于《海瑞罢官》讨论"座谈会上讲话，指出"不要把学术问题当作政治问题来搞"，"姚文元的文章不是结论，吴晗同志不是一无是处。"

1966年（54岁）

4月16日，《北京日报》以三个版篇幅刊登关于"三家村"、"燕山夜话"的批判材料，以及《前线》、《北京日报》的编者按。不久，被停止了工作。

5月8日，江青主持写作的以"高炬"化名的文章《向反党反社会主义的黑线开火》刊登在《解放军报》上。

5月10日，姚文元在上海《文汇报》和《解放日报》上同时发表《评〈三家村〉——〈燕山夜话〉〈三家村札记〉的反动本质》。说"三家村"是"经过精心策划的、有目的、有计划、有组织的一场反党反社会主义的大进攻"。从此，一场政治大迫害迅速遍及全国。

5月16日，中共中央发出《五一六通知》，号召向党、政、军、文各界的"资产阶级代表人物"猛烈开火。

5月18日晨，邓拓在家吃安眠药致死。

5月，邓拓家被查封。

1979年（去世13年）

7月，中共中央批准，中共北京市委决定为所谓"三家村反党集团"冤案彻底平反。

9月5日,在北京八宝山革命公墓礼堂为邓拓隆重举行追悼会。叶剑英、邓小平、李先念、陈云、王震、乌兰夫、胡耀邦、聂荣臻、彭真、薄一波、姚依林、刘澜涛等领导同志送了花圈。李先念、胡耀邦、彭真、薄一波、姚依林、刘澜涛等同志参加了追悼会。追悼会由胡耀邦主持,林乎加致悼词。

1982年(去世16年)

11月,在北京中国美术馆举行了《邓拓藏画书法展览》,共展出邓拓收藏古画一百多幅和书法数十幅。

1985年(去世19周年)

北京出版社出版的《邓拓文集》四卷本开始出版。

(说明:此资料截至时间为1986年)

附录二 邓拓主要著述目录

［注（1）此表只收辑现存的作者发表过的文章。除诗外，均不注明文章体裁；（2）只收录署名文章。（3）《燕山夜话》、《三家村札记》以及部分诗作，因合集出版，不再列单篇目录］

一、单篇

1933年 《形式逻辑还是唯物辩证法》，邓云特，《新中华》1933年第23期

1935年 《中国社会经济长期停滞的考察》，邓云特，《中山文化教育馆季刊》1935年第2卷第4期

1936年 《中国历史上手工业发展的特质》，邓云特，《中山文化教育馆季刊》1936年第3卷第2期

《再论中国封建制的"停滞"问题》，邓云特，《时代论坛》1936年第1卷第8号

《论中国经济发展史中的奴隶制问题》，邓云特《新世纪》1936年第1卷第8期

《中国封建制停滞的历史根源》，邓云特，《时代论坛》1936年第1卷第11号

1937年 《中国近代资本主义发展的过程及其特性》，邓云特，《中山文化教育馆季刊》1937年第4卷第1号。

《中国长期封建社会农业生产关系的变化》，邓云特，《中山文化

教育馆季刊》1937年第4卷第8期

1938年 《春耕中的劳动编制问题》，邓拓，《抗敌报》1938年2月12日

《迅速开展春耕运动》，邓拓，《抗敌报》1938年2月17日

《抗敌报五十期的回顾与展望》，殷洲，《抗敌报》1938年8月27日

《历史的壮观》（诗），殷洲，《抗敌报》1938年7月8日

《伟大豪壮的七七纪念大战斗》，殷洲，《抗敌报》1938年7月16日

《这一年来》，殷州，《抗敌报》1938年12月11日

《晋察冀行军》（歌词），邓拓，《抗敌报》1938年5月20日

《追祭鲁迅》（诗），关白，《抗敌报》1938年10月23日

《纪念本报一周年并勖报社诸同志》（诗），关白，《抗敌报》1938年12月11日

1939年 《三民主义的现实主义与文艺创作诸问题》，邓拓，《边区文化》1939年第1期

《对苏德缔约的认识》，关白，《抗敌报》1939年8月28日

《大众化问题在边区》，尹堤，《新长城》1939年第2期

《三载——悼念鲁迅》（诗），关白，《抗敌报》1939年10月17日

《以德波问题为中心的国际形势》，温洲，《抗敌周报》1939年第15期

1940年 《纪念世界革命的圣人——列宁生日》，温洲，《抗敌报》1940年4月22日

《一党专政还是民主宪政》，温洲，《抗敌周报》1940年第25、26合期

《三年间——世界中国与边区》，温洲，《抗敌报》1940年7月7日

1941年 《理论与实践的开篇》，狄曼公《唯物辩证法简编》（之一），《察冀日报》1941年8月2日

《事物的相互联系与制约》，狄曼公《唯物辩证法简编》（之二），

《晋察冀日报》1941 年 3 月 12 日

《对事物运动的认识》，狄曼公《唯物辩证法简编》（之三），《晋察冀日报》1941 年 4 月 5 日

《事物从量到质的飞跃》，狄曼公《唯物辩证法简编》（之四），《晋察冀日报》1941 年 4 月 13 日

《事物内在的矛盾和斗争》，狄曼公《唯物辩证法简编》（之五），《晋察冀日报》1941 年 5 月 13 日

《辩证法的各种表现形式》，狄曼公《唯物辩证法简编》（之六），《晋察冀日报》1941 年 5 月 27 日

《辩证认识的客观规律性的过程》，《唯物辩证法简编》（之七），狄曼公，《晋察冀日报》1941 年 5 月 27 日

《主观的辩证法与客观的辩证法》，《唯物辩证法简编》（之八），狄曼公，《晋察冀日报》1941 年 6 月 12 日

1942 年 《敌伪"治安强化运动"三次的总清算》，温洲，《晋察冀日报》1942 年 1 月 21 日

《晋察冀舵师聂荣臻——敌后模范抗日根据地及其创造者的生平事》，肖斯，《晋察冀画报》创刊号

《〈祭左权同志〉文读后》，温洲，《晋察冀日报》1942 年 7 月 5 日

《挽何云同志》（诗），邓拓，《晋察冀日报》1942 年 7 月 12 日

《时事问题座谈会发言（摘要）》，邓拓，《晋察冀日报》1942 年 8 月 15 日

《在纪念记者节边区新闻界大会的讲话》，邓拓，《晋察冀日报》1942 年 9 月 4 日

《十月节之夜观〈史可法歌剧〉有感》，邓拓，《晋察冀日报》1942 年 11 月 20 日

1943 年 《边区第一届参议会志盛即步皓青老人七律四首原韵》（诗），邓拓，《晋察冀日报》1943 年 2 月 5 日

《恸雷烨》，肖斯，《晋察冀日报》1943 年 5 月 10 日

《三个国际组织变迁的回顾》，殷洲，《晋察冀日报》1943年8月4日

《斥所谓〈中国文化的统一性〉篇中关于历史人物与典故的注释（一）》，曼公，《晋察冀日报》1943年7月28日

《斥所谓〈中国文化的统一性〉篇中关于历史人物与典故的注释（二）》，曼公，《晋察冀日报》1943年7月30日

《关于历史人物与典故的注释（三）》，曼公，《晋察冀日报》1943年7月31日

《斥所谓〈中国文化的统一性〉篇中关于历史人物与典故的注释（四）》，曼公，《晋察冀日报》1943年8月1日

《从土地所有权说起》，曼公，《乡村文化》第1期

（注：《乡村文化》为晋察冀边区通俗读物，1943年7月创刊，仅出1期）

1944年 《锦热路北的血战》，殷洲，《晋察冀日报》1944年5月18日

《改造我们的通讯工作和报道方法》，邓拓，《晋察冀日报》增刊1944年9月1日

《悼韬奋先生》（诗），邓拓，《晋察冀日报》1944年11月2日

《聂荣臻将军怎样创造晋察冀解放区》，肖斯，《群众》第9卷第23、24期

1945年 《耕一余二的聂荣臻》，肖斯，《晋察冀日报》1945年1月24日

《鲁迅逝世九周年大会讲话》，邓拓，《晋察冀日报》1945年10月22日

1946年 《柳亚子先生》（诗），邓拓，《晋察冀日报》1946年5月28日

《大众的鲁迅与鲁迅的普及》，曼公，《晋察冀日报》1946年8月5日

《现阶段革命基本任务与统一战线与和平民主新阶段——在党的高干学习会议上的发言》，邓拓，载1946年《党内学习文件》之六

《蒋介石与明英宗》，曼公，《晋察冀日报》1946年10月10日

1949年 《〈中国青年〉和恽代英同志》，邓拓，《中国青年》第23期

1950年 《谁领导了五四运动》，邓拓，《人民日报》1950年4月29日

《整风运动在国家建设中的重要性》，邓拓，《学习》第2卷第11期

《彻底批判命令主义》，邓拓，《学习》第8卷第1期

1951年 《关于党的政治路线和组织路线》，邓拓，《学习》第3卷第9期

《中国的五四运动和马克思主义的宣传》，邓拓，《中国青年》第4卷第64期

《加强思想工作，展开思想斗争》，邓拓，《学习》第4卷第9期

《思想改造必须是自觉行动》，邓拓，《学习》第5卷第4期

《和青年团员们谈谈群众路线问题》，邓拓，青年出版社1951年版

1953年 《向苏联学习是我们的行动纲领》，邓拓，《学习》第4期

1954年 《多棱宫的夜宴》，邓拓，《文艺报》1954年第16期

《关于报纸的社论》，邓拓，收入《中国报刊研究文集》一书，上海人民出版社1959年版

1955年 《论〈红楼梦〉的社会背景和历史意义》，邓拓，《人民日报》1955年1月9日

《让农业合作社办得更多更好》，邓曼公，《人民日报》1955年8月23日

《中国人民在社会主义道路上前进》，邓拓，《争取持久和平，争取人民民主》1955年10月

1956年 《今年是关键性的年度》，邓拓，香港《大公报》1956年1月29日

《天山南北的奇迹》，邓拓，《人民日报》1956年6月7日

《访"葡萄常"》，邓拓，《人民日报》1956年7月28日

《从万历到乾隆——关于中国资本主义萌芽时期的一个论证》，邓拓，《历史研究》1956年第10期

1957年 《废弃"庸人政治"》，卜无忌，《人民日报》1957年5月11日

1958年 《东风第一枝》（诗），邓拓，《人民日报》1958年1月1日

《英雄的路——宝成铁路正式通车有感》，邓拓，《人民日报》1958年1月2日

《高潮日日高》，邓拓，《人民日报》1958年2月5日

《思想作风的大跃进》，邓拓，《人民日报》1958年2月8日

《挽黄敬同志》（诗），邓拓，《人民日报》1958年2月14日

《"流动办公室"和"现场会议"》，邓拓，《人民日报》1958年2月17日

《一诗一画》，左海，《人民日报》1958年8月4日

《新闻战线上的社会主义革命》，邓拓，《学习》1958年4月号

《老画家的新创作》，左海，《美术》1958年7月号

《陈仓道上》，左海，《旅行家》1958年第7期

《目前中东的形势》，邓拓，《学习》1958年第15期

《论中国大众画》，左海，《人民日报》1958年8月30日

《新闻工作者红专道路》，邓拓，《新闻战线》1958年第8期

《公社千秋》，邓拓，《人民文学》1958年10月号

《从天安门到全中国》，左海，《新观察》1958年第19期

《中国救荒史》，邓拓于1958年由三联书店再版，作者把原来的文言文改为语体文，还增加了一个附录：《中国历代救荒大事年表》

1959年 《谈"将才"》，单文生，《人民日报》1959年4月9日

《五月的历史性号召》，邓拓，《中国青年》1959年第9期

《马克思主义哲学和新闻工作》，邓拓，《新闻业务》1959年第5期

《儿童画的风格》，左海，《人民日报》1959年6月1日

《进一步加强和巩固工农联盟》，邓拓，《红旗》1959年第12期

《挖掘右倾机会主义的思想根源》，于遂安，《政治学习》1959年第20期

《农业在我国国民经济中的重要地位》，于遂安，《政治学习》1959

年第 21-22 期

《农村两条路线的斗争》，于遂安，《政治学习》1959 年 23-24 期

《论中国历史的几个问题》，邓拓，三联书店 1959 年 11 月出版

1960 年 《新年谈杨柳青年画》，左海，《光明日报》1960 年 1 月 1 日

《学习和运用毛泽东思想是我们胜利的保证》，于遂安，《政治学习》1960 年第 1 期

《大搞群众运动是领导工作的根本路线》，于遂安，《时事手册》1960 年第 2 期

《物华天宝　人杰地灵》，左海，《人民日报》1960 年 1 月 28 日

《给美术创作带来新的生命》，邓拓，《人民日报》1960 年 2 月 13 日

《六十年代的第一个春天》，左海，《新观察》1960 年第 8 期

《美术创作的中国风格和中国道路》，邓拓，《北京日报》1960 年 7 月 21 日

《延庆道上》，邓拓，《北京日报》1960 年 7 月 21 日

《西湖组诗》，左海，《光明日报》1960 年 7 月 27 日

《江南吟草》，左海，《诗刊》，1960 年第 7 期

《农业战线上贯彻实现毛泽东思想》，邓拓，《前线》1960 年第 20 期

1961 年 《鉴赏新罗山人作品的感受》，左海，《美术》1961 年第 1 期

《毛泽东思想开辟了中国历史科学发展的道路》，邓拓，《历史研究》1961 年第 1 期

《从借书谈起》，鸥子，《人民日报》1961 年 1 月 23 日

《怎样才能正确执行党的政策》于遂安《时事手册》1961 年第 4 期

《宋画岳阳楼面世》，左海，《美术》1961 年第 2 期

《谈李鱓和他的画》，左海，《光明日报》1961 年 2 月 14 日

《纪念我国古代十大画家》，左海，《人民日报》1961 年 3 月 4 日

《你看山水风景美不美》，左海，《前线》1961 年 8 月 25 日

《新罗山人的画》，左海，《人民画报》1961年第4期

《给毕业同学的一点赠言》，邓拓，《中国青年》1961年第9期

《中国古代绘画的光辉艺术成就》，左海，《人民画报》1961年第12期

《论群众核算必须同专业核算正确结合》，左海，《大公报》1961年7月12日

《怎样才能做好农村社会主义教育》，于遂安，《时事手册》1961年第24期

《一块瓦片》，鸥子，《人民日报》1961年12月31日

1962年《南游未是草》（诗），左海，《羊城晚报》1962年2月10日

《可贵的山茶花》，左海，《人民日报》1962年8月7日

《一个新发现的神话世界》，左海，《人民日报》1962年8月11日

《北京的古文化街琉璃厂》，左海，《人民画报》1962年第5期

《苏东坡潇湘竹石图卷题跋》，左海，《人民画报》1962年第6期

《看看黄山有多美》，左海，《摄影艺术》1962年第6期

《从战火中迸射出艺术之花——看了海防战线写生画展以后》，左海，《人民日报》1962年9月27日

《北京画苑一瞥》，左海，《北京日报》1962年10月11日

《听琴记》，马南邨，《光明日报》1962年10月27日

1963年《赠赵丹同志廿韵》，《光明日报》1963年2月9日

《漫谈"穆桂英挂帅"》，左海，《光明日报》1963年2月23日

《北岳吟草》（诗）左海，《河北文学》1963年第2期

《从石涛的一幅山水画谈起》，左海，《文物》1963年第4期

《高甲戏的艺术特色》，左海，《人民日报》1963年6月2日

《令人怀念的漓江》，左海，《人民画报》1963年第6期

《黄胄作品中的"三新"》，左海，《人民画报》1963年第7期

《曹雪芹和"红楼梦"》，左海，《人民画报》1963年第10期

《郑板桥和"板桥体"》，左海，《光明日报》1963年11月21日

1964年《内蒙吟草》(诗),左海,《草原》1964年4月

《中国山水画创新的道路》,左海,《前线》1964年第7期

1965年《高举毛泽东思想红旗,进一步实现戏剧艺术的革命化——在华北区话剧歌剧观摩演出会开幕式上的讲话》,邓拓,《北京日报》1965年8月11日

《从〈海瑞罢官〉谈到"道德继承"论》,向阳生,《北京日报》1965年12月12日

1966年《吴作人的艺术生涯》(遗文),见《邓拓散文》,人民日报出版社1980年版

二、合集

《中国救荒史》,邓云特,商务印书馆1937年版,《中国文化史丛书》(第二辑之七)曾翻译成日文,1958年三联书店重版

《燕山夜话》,马南邨,1963年第一版、1979年新版重印、1981年翻印成日文在日本出版

《邓拓诗词选》,人民文学出版社1979年版

《邓拓书法选》,人民美术出版社1979年版

《邓拓散文》,人民日报出版社1980年版

《三家村札记》,(与吴晗、廖沫沙二同志合著),人民文学出版社1979年新版

《论中国历史的几个问题》,三联书店1979年新版

(注:资料搜集截至1986年)

后 记

当写完本书最后一个字时，我十分惶恐。我没有如卸重负的释然，也没有敝帚自珍的快慰。面对着这很不成熟的东西，没有什么值得欣然的。

这不是谦虚。实在说，这些很粗糙的东西，愧对自己研究对象。记得一位与鲁迅共同战斗过的学者、作家说过：鲁迅是博大精深的。对于一个中国文化革命的旗手，一位伟大的思想家、文学家，人们的口碑，表达了敬佩、钦慕之情。邓拓同志是在马列主义思想指导下成长起来的无产阶级文化战士，在党领导的革命文化战线上，奋斗几十年，辛勤笔耕，在哲学、文学、历史、新闻等方面都取得了成绩，做出了积极有力的贡献。他一生追求真理，认真学习，严于律己，从一个青年学生成长为坚强的共产主义战士。特别是在中国当代历史上"左"的思潮开始泛滥的时候，他敢于说真话，用杂文随笔表达对社会主义和党的事业的美好感情，批评违背客观实际的不良倾向，批评违反马克思主义、毛泽东思想的思想作风，留下了深受读者欢迎的《燕山夜话》、《三家村札记》等著作。他才高识广，思想明快敏锐，作风朴实，为人谦和，是中国当代知识分子的优秀代表。这样一位有成就的、受人尊敬的文化界领导、老新闻工作者，对于我们后辈是高山仰止、景行行止。自己的拙笔不能很好表达出这种感情，想到这些，确是惶恐之至。

何以为自不量力地选了这个题目。话要说得远些。五年前，我因毕业论文写作，同原北京广播学院现代文学副教授田本相同志谈及定选题事，他建议我们新闻专业毕业论文可以研究新闻界有成就、有影响的前辈。于是我就开始搜集有关邓拓的资料。一年后，在导师、作家袁鹰同志指导下，完成了关于邓拓生平和写作成就的论文。在整理材料、研究写作中，又想到这样一位受林彪、"四人帮"文字狱迫害的坚强文化战士，应该有较系统的研究文章，褒扬他一生的功绩，同时对于"四人帮"在"文化大革命"中强加的一切不实之词予以批驳和澄清，让他的才学识见得到更为广远的流布。后来，这个想法得到邓拓夫人丁一岚同志的支持和帮助。她把收藏的有关邓拓资料，包括一些手稿等全部借给我，并给我联系和寻访一些采访对象，还多次邀我去长谈。文章写完后，她又亲自过目，核准史实。另外，邓拓生前的一些领导、战友、亲属等，也给我采访以极大方便。在众多同志热心地帮助和鼓励下，我利用两年多时间，完成此书初稿。

从本书写作体例来说，我是以传统的人物传记写法，用人物生平活动为经，以各个时期写作成就为纬，结构文章。为了明晰地反映邓拓作为无产阶级文化战士一生的贡献，我择其主要，把邓拓生平活动分为几个部分，而其中关于写作成就又是重点。这样也许有沉闷冗滞之虞，但我觉得像这样一个思想文化战士，一位政论作者，评述其有关著述成绩和贡献，也许更为符合作为邓拓"这一个"研究对象的特点。当然，限于资料、时间和水平，并没有完成好，有不少评述不当，以及遗漏的地方，是希望读者和专家指正的。

本书能够完成，感谢在写作中给予帮助的各位老师和同志。廖沫沙老人不顾八十高龄，特为本书写序使笔者感激。出版社同志不嫌其粗陋，同意出版问世，以及人民日报图书馆、档案室，热情借阅资料，都使我十分感动。

像一名课堂上交出作业的学生，我交出这份不合格的作业是诚惶诚恐的，也是为了让读者老师们批评指正。明年是邓拓同志去世二十周年纪念，首都新闻界将隆重纪念他，届时，这本小书能有幸赶上，也算是我献给一位不屈的英灵前的一朵小花吧！

后记

王必胜

1985年8月底

修订补记

　　这本写于近三十年前的（1986年6月由群众出版社出版）书，置放了好久，犹如一件衣服，现在拿出来总是觉得它有些不合时宜，不太时尚，有太多的嫩稚和丑陋。几乎在我记忆中忘却的这本书，能够又提起，还能再细读它，并做些修订，我得感谢人民日报社出版社的领导和编辑。今年，是我写的传主邓拓诞生百周年，5月份只有中国作协的纪念会和邓拓家乡福州的一个会，但出版社的同志却捕捉到我曾经出版过这本书的信息，他们宽容的接纳，得以再面世，这不仅是对一本书的关爱，是对邓拓这位文化、新闻大家的尊重和怀念，特别是作为他曾经付出过心血以至生命的人民日报社的出版社，有这样的胸怀以这样的方式纪念他，更是有着特殊的意义。

　　作为第一本邓拓的传记，当年我写这本书的时候，白手起家，尽可能搜集素材，较为全面地写出主人公的文化贡献和生平历史，但囿于当时的认识水平、资料欠缺和某种可以理解的原因，我采取了较为粗线条地展示邓拓的主要成绩，主要是文化贡献，我曾经以"文化赤子"概括他对文化和新闻事业的贡献。所以，以社会历史为经，以传主写作为纬，是本书的基本结构，对邓拓后期的工作经历，特别是被中央领导人批评后的有关史实，稍有谨慎，也大而化之，自己当时就有些遗憾而是自觉无能为力的。于今已有些时日，这段历史明白了些，但说清也难，凭我之力完成也是不可能的。而且，我也没有太多的深入的研究，也视为难题。再是因为，书出后，因为工作原因，再没有时间作深入下去的研究。阙如者也只好如此而已。

本书出版后有一些反响，不少后来研究者们引用、抄录，有的是内部文章，也有是公开出版物，北京的福建的都有。虽没有标明出处，但如果追究不难取证的，我只当是帮助传扬而显得淡然而已。

因为多年没有再研究之故，这次再版出版社让我可作些改定，我只是对少数地方进行了修删压缩，除了个别地方有些新的评述外，没有太多新资料补充，一是时间关系，再是因为保存原貌，也许更有价值，即使幼稚也问心无愧。

最后，重新写读之时，不禁想起曾经给我很大帮助的邓拓夫人丁一岚先生，她几乎把手头的资料悉数给我任意取用，有的地方我已在文中注明。她过世有年，但她那温暖的目光和仁厚的情怀，以及对史实的严谨作风，让我感动，也让我常常想到她是在看着我的写作。借这本书的再修订，当是为她的在天之灵做一次天地间的祭奠吧！

王必胜

2012 年 7 月 15 日晨，时在石家庄旅次